王天蓉　徐　谊／著

Problem-Systematized Learning

20 年 的 探 索 实 验
寻 找 教 学 变 革 的 本 土 方 案

问题化学习

—

让学习在每一个日常课堂上
真实而主动地发生

—

教育科学出版社
·北京·

出 版 人　郑豪杰
责任编辑　方檀香
版式设计　京久科创　杨玲玲
责任校对　张晓雯
责任印制　米　扬

图书在版编目（CIP）数据

问题化学习 / 王天蓉，徐谊著 . —2 版 . —北京：
教育科学出版社，2023.8（2024.1 重印）
ISBN 978-7-5191-3536-2

Ⅰ.①问⋯ Ⅱ.①王⋯ ②徐⋯ Ⅲ.①中小学—教学
研究 Ⅳ.① G632.0

中国国家版本馆 CIP 数据核字（2023）第 139427 号

问题化学习

WENTI HUA XUEXI

出 版 发 行	教育科学出版社				
社　　　址	北京·朝阳区安慧北里安园甲9号		邮　　编	100101	
总编室电话	010-64981290		编辑部电话	010-64981252	
出版部电话	010-64989487		市场部电话	010-64989009	
传　　真	010-64891796		网　　址	http://www.esph.com.cn	
经　　销	各地新华书店				
制　　作	北京京久科创文化有限公司				
印　　刷	天津市光明印务有限公司		版　　次	2010年7月第1版 2023年8月第2版	
开　　本	720毫米×1020毫米　1/16				
印　　张	21.5		印　　次	2024年1月第3次印刷	
字　　数	319千		定　　价	68.00元	

图书出现印装质量问题，本社负责调换。

前　言 💡

由何：学习是为了追寻意义

记得有一次在上海人民广播电台《市民与社会》节目中，主持人秦畅老师问我们：能说说你们培育"问题化学习者"的意义在哪里吗？我们说：打个比方吧，在孩子遇到问题时，我们是希望他（她）把问题当成一个麻烦，还是将问题视为一个挑战呢？当他（她）面对一个新情境时，是沿用老的套路来解决问题，还是享受这个新问题带来的全新的生命体验呢？这是不同的生命状态，我们希望他（她）是积极的并且乐在其中的。

学习不是走流程，是为了追寻意义、创造价值。"如果孩子不能自己提出问题，所有的问题都来源于教师，他们就会找不到学习的意义。"问题化学习始终将对人的关注放在第一位，研究如何让学习真实而主动地发生。

为何：寻找学生与学科的桥梁

问题的发现与解决是人认识世界的最一般的形式。纵观人类社会，无论是思想的发展史、社会的进步史，还是科学的发现史、技术的革新史，无不是在不断地发现新问题中解决问题，又在解决问题中发现新的问题。而每一个独立的个体，都是在不断地自我追问中追寻自己的精神家园。然而，学校教学由于知识传授的需要，在一定程度上迷失了学习的本义，背离了知识产生的过程。

现代教学一直致力于改变传授式教学的弊病，然而我们的教师似乎还是"固执"于"教"。这里的原因很复杂，但其中一个现实问题或是实践瓶颈却是显而易见的：如何在课堂的有限时间内，兼顾学科知识体系的高效建构与学生真实问题的有效探究。客观来说，本轮课程改革所倡导的自主、合作和探究学习，在综合实践课程领域获得可喜进步，然而大部分学科课堂并没有太多改观。一言以蔽之，寻求学科逻辑顺序与学生学习心理顺序的沟通，摆脱学科学习被动接受的路径依赖，是教育界一个多世纪以来的核心追求之一。

是何：问题化学习的核心要义

与一般意义上"基于问题的学习"不同，问题化学习（problem-systematized learning）的一个显著特征是系列问题的持续发现与解决。它要求学习活动以学习者对问题的自主发现与提出为开端，用有层次、结构化、可扩展、可持续的问题系统贯穿学习过程和整合各种知识，通过系列问题的解决，实现知识的整体建构、学习的有效迁移与能力素养的逐步形成。

所以，问题化学习的课堂重点不在基于教师设计的优良的教学问题展开教，而在于基于学习任务，让学生"自主发现并提出问题、学会追问并持续探索、学会判断并聚焦核心问题、学会自主建构问题系统、学会合作解决问题、学会自主规划及反思问题"。它的核心理念是让学习者经历问题的自主发现、解决和学习的持续深化、优化过程，从而回归知识产生的过程，回归学习的本原。

问题化学习作为本土建构的理论成果，其广义的问题解决适用于不同知识类型的学习，实现了学科逻辑顺序与学生心理顺序的沟通：一是依托"三位一体"聚焦核心问题，即"以学生的问题为起点、以学科的问题为基础、以教师的问题为引导"，在追求个人学习意义、满足个性化学习需求的同时，实现学科的素养目标；二是依托问题系统化，在持续解决问题中建构学科知识体系，发展高阶思维，实现学习经验多维度结构化，使学生发展核心素养得以落地。

如何：建构问题解决的本土方案

我们以为，课堂本质上遵循的是问题的逻辑，即它是一种师生围绕问题及问题解决而展开的交往活动。问题化学习系统化、理论化了课堂的这一问题逻辑。它主要包括："三位一体"首要原理，即以学生的问题为起点、以学科的问题为基础、以教师的问题为引导；指向问题解决能力培养的"五力模型"，即"问题的发现力、建构力、解决力、反思力与问题化学习的设计力"；"六大学会"的操作体系，即"学会提问、学会追问、学会判断核心问题、学会建构问题系统、学会合作解决问题、学会自我规划与设计"；等等。同时，基于国情，提出了变革课堂的实施路径：课堂发端于自主提出问题，突围于聚焦核心问题，深化于追问建构问题系统，成长于合作解决问题，持久于自我设计学习。在20年的探索实验中，问题化学习在9大基础性学科课程领域获得了较为广泛的应用，取得了良好的成效，为基础教育的改革与发展提供了教学改革的本土方案。

2016年，问题化学习母体实验学校（上海市教育学会宝山实验学校）创办。它从立德树人、"五育"并举的视角，基于问题化学习的"底层算法"，全面设计培育问题化学习者的价值体系、目标体系、制度体系、任务体系和保障体系，聚力深化并集成创新问题化学习研究。经过几年艰苦探索，它全方位拓展了问题化学习作为一种学习方式的内涵和意义，系统地发展并丰富了问题化学习的理论体系和实践体系，形成了问题化学习的学校行动方案（具体参阅《问题化学习学校行动手册》），并且真正让问题化学习作为"开源代码"，在全国整个实验群体中实现复制和再创造。

问题化学习以转变学生学习方式为出发点，最终建构起以学习方式转变倒逼教学方式变革、促进课堂转型以及学校系统改进的基本完整的理论体系与实践路径。它也有幸荣获2022年基础教育国家级教学成果奖一等奖。

若何：学以聚之，问以辩之

20年来，问题化学习始终致力于培养面向未来的具有理性精神和主动适应能力的学习者，它与我们今天的教育改革与学生培养的价值目标一致。我们始终认为，问题化学习只是通往未来理想教育的一条路径，并不希望学校教育者们将它当成一味"万能药"。澳大利亚墨尔本大学约翰·哈蒂教授在《可见的学习：对800多项关于学业成就的元分析的综合报告》一书中指出，影响学生学业表现的诸多变量有教师、课程、教学、家庭、学校和学生自己等。透过这些主要变量，我们可以发现更多次级、更次级的变量。而所有的实证数据无不在告诉我们一个事实，学校教育是一个复杂而庞大的系统，学校和教师的每一个行为都很关键，每一个孩子的学习都值得敬畏。由此，在这样复杂的教育系统和学习个体面前，任何所谓的"万能药"一定是不严肃、不科学的。

事实上，问题化学习坚持在复杂的学校教育大系统中，去解决最常见的问题，即"学与教"的变革，以此转变学校育人和质量增长方式。在这一行动研究中，我们逐步形成了"问题导向、目标导向、创新导向，聚焦学习、扎根课堂、立足本土、整合创新"的原则和策略。我们始终强调，不限于特定的理论、不囿于固定的模式，立足学习科学，汲取中外智慧，优化教学方式，提升育人质量。事实上，发现、支持与成就不一样的学习者，不仅是问题化学习追求的理想目标，也是 20 年的探索经验对我们这群人的教育——每一个学生、教师和学校的问题都不同，这些不同的背后既有普遍规律，又有独特性。我们要做的就是深刻把握普遍规律，然后尊重差异、基于差异、灵活施策。教育教学没有"万能药"，问题化学习不是，任何单一的学习方式或教学模式也不是。

让我们再次体会问题化学习中"化"的深意，问题化学习是问题解决的变化之学、演化之问，问题推陈出新、生生不息，核心问题的化解，新问题的再次产生，带来学习的变化、深化、转化乃至进化。这一过程，不仅是学习者在持续地与历史、现时和未来对话，也是在不断丰富着自己的精神世界，汲取着源源不断的精神力量。而这不正是教育的目的吗？学以聚之、问以辨之，问是学之道。

王天蓉　徐　谊

2023 年 6 月于上海

目 录

第一部分　问题化学习的原理与方式

第二部分　问题化学习的课堂与教学

第三部分　培育问题化学习者

第一部分
问题化学习的原理与方式

第一章 绪论

纵观人类社会，无论是思想的发展史、社会的进步史，还是科学的发现史、技术的革新史，无不是在不断地发现新问题中解决问题，又在解决问题中发现新的问题。人类对于问题的探索，是一种本能。是问题，更新了我们对世界的发现。而每个人，在不断地自我追问中寻找自己的精神家园。

第一节 问题化学习研究的缘起

一、问题化学习的提出

1. "创新教育猜想"的启示

1984 年 5 月，著名华人物理学家、诺贝尔奖获得者李政道教授在拜访邓小平时，提出了国内大学应该办博士后流动站的建议。邓小平问："博士的知识既然已经很博了，为什么还要有博士后呢？"李政道解释道，在大学阶段老师出题目给学生做，学生按老师教的方法去答题；到了研究生阶段，老师给学生出了题目，让他们按照各自的想法去解决问题，老师不一定有预设答案；而在博士后阶段，学生要自己出题目，独立进行研究，这是培养独立工作能力的阶段。①

可是，有多少人能经历博士生阶段和博士后学习呢？到了高等教育阶段再

---

① 齐欣，林娟，佳盈．邓小平与六十人［M］.上海：上海人民出版社，2000：307.

来让学生发现问题，太晚了！为此，华东师范大学祝智庭教授在20世纪90年代提出了"创新教育猜想"，即通过让基础教育阶段的学生经历"学解老问题、学解新问题、解决疑难题与发现新问题"的学习循环，来寻找创新教育的突破口。祝智庭教授将其称为"问题化教学"。2002年，祝智庭教授依托全国教育科学"十五"规划国家重点课题"教育信息化理论与实践模式"（课题批准号：AYA010035），在全国11个省市百所学校开展问题化教学实验。我们利用一线教研实践的优势，在中小学开展问题化教学实验。在问题化教学思想的指引下，我们进行了先期的探索性实践。之后，在祝教授的指导下，申报了"基于网络的问题化学习"课题，于2003年被立项为全国教育科学"十五"规划青年基金课题（课题批准号：CCA030047）。鉴于中国教师根深蒂固的侧重教的基本状态，我们确立了"以学习为基点"的研究方向，于立项之日起，正式提出"问题化学习"的概念。

所以说，我们以祝教授"创新教育猜想"为研究起点，一路前行，继承了问题化教学从单个问题的解决走向系列化问题的解决的路径，又从"问题化教学"走向"问题化学习"，通过建立"以学习为中心"的"问题化学习"方式，而非教学模式，来实现自建构的学习，通过学习方式的变革重构教学实践模型，实现课堂转型，优化课程实施，并最终走向培育面向未来的问题化学习者。

2. 确立"以学习为基点"的研究方向

现代教育所确立的班级授课制让学科课程的实施主要基于两条主线来进行：一是学生需要获取哪些知识与技能，二是怎样让学生更高效地获取这些知识和技能。就教师来说，前者可以简单地理解为处理教材，后者表现为思考教法。因此，一直以来，教师对于"如何教"的关切远胜于"如何学"，教学研究的聚焦点更多在于教材和教法，并且形成了基于教材和教法的研究范式。就教育研究来说，最重大、最深远的变革在于研究基点的转移；就教育实践来说，最艰难也最深刻的变革莫过于实践范式的重建。无论是我国新世纪启动的基础教育课程改革，还是当前世界基础教育中的教学变革，都以"学习"为基点，推动从"教为中心"向"学为中心"的深层变革，成为大家共同的努力方向。正是基于对传统学校教育和课程教学的反思，基于对各国基础教育变革与学习科学领域研究的认识，问题化学习确立了"学习为基点""学习为中心"的研究方向，一路伴随中国基础教育的改革，持续汲取时代力量，努力构建问题解决学习的中国方案，不负历史赋予当代教育研究者和实践者的重要使命。

3.探索系列化问题的解决

作为一种问题解决学习，问题化学习又是基于怎样的一种创新视角来研究、实践并突破的？简单地说，我们研究学习者如何基于系列问题的解决而不是单个问题的学习——学习者在解决前一个问题之后，如何解决后一个问题，前后问题之间又有着怎样的联系，系列问题又构成怎样的一个整体（即问题系统）——来影响学习的发生、发展和结果。你也许又会问，为什么要研究系列问题的解决呢？打个比方，我们不能只让孩子们学习"种瓜得瓜""种豆得豆"，而且要让他们进一步探索，当他种瓜时会不会影响豆的收成，不能让孩子只见树木不见森林，而要让他们知道，种下这棵树，接下来该种什么树，它与前一棵树又是什么关系，而整个树林在森林中又处于怎样的生态地位。我们希望学习者通过对一个问题系统内诸多问题的持续性解决，产生智慧，从而从整体上建构知识体系，并获得举一反三的问题解决能力。系列问题的解决促使我们从更宏观的角度、从更系统的高度，思考问题解决，研究学习如何发生、发展及获得怎样的结果，这在以往的问题解决学习研究中往往是被忽略的。

二、"学习为中心"的课改之路

从 2003 年开始，我们就致力于基于问题化学习实现课堂转型，即从讲授中心的课堂转向学习中心的课堂，让学生真实的学习能够发生并且展开。我们通过让学生自主提出问题来撬动"以教为中心"的课堂；通过学生持续追问形成的学习过程，重建课堂结构；通过学生自主建构问题系统带来的学习路径个性化，引发教学支持的全面调整；通过学生合作解决问题，改变师生互动方式，优化课堂生态。问题化学习试图让我们的孩子在学习中，在对系列问题的追寻中，慢慢建构起知识结构，在系列问题的解决中慢慢形成认知结构、思维结构乃至能力结构，养成一种不断探索的精神与品格，使知识为本的教学转变为以能力、素养为导向的教学。

1. 课改依然任重道远

课程改革以来，学校课程的结构与体系不断优化，但课堂却转不了型。在当下的学科教学中，知识灌输和技能训练仍然是教学的主要内容和基本方式，学生总体上不爱学习和被动学习的局面并未根本改变。我们也试图通过丰富课程的类型、开展多样的课程评价、倡导新型的学习方式来改良学校教育教学生态，改进课程实施行为，但在各种功利需求、现实矛盾和实践障碍面前，多数学校和教师最终"说说激动""做做不动"。这里最核心的一个问题，就是如何解决好服务学生现时考试与兼顾学生未来发展的问题。就基础教育最本质的特征也是学校最重要的使命——夯实基础而言，尤其是在知识体系良好的学科教学中既保证学科知识和技能系统性获得，又兼顾知识技能获得过程中学生主体精神、思维能力、科学方法等关键能力和必备品格等的持续发展，即在有限时间内让学生既有分数又有能力、素养，就是问题化学习着力探索和解决的核心问题。

自本世纪之初始，问题化学习直面基础教育改革的这一难题，对基础学科课程学习方式转变进行创新与本土探索，以转变学生的学习方式为出发点，倒逼教师教学行为转变，从而建构起新型的教学实践模型，以此突破改革难点，从认识到方法，从理论到技术，帮助基层学校和一线教师实现教育教学实践方式和质量提升方式的真正转型。

2. 基于问题化学习的课堂变革

长期以来，我们课堂的基本状况用孩子们的话说，就是：上课就是老师提问，我们回答问题，我们回答不出，老师就自问自答。孩子们疑惑：老师的问题是从哪里来的？解决这些问题对于他们学好这门学科有什么意义？一项面向初中生的调研发现，80%的学生并没有建立起教师的问题与个人学习意义之间的联系，上课就是被动解答老师提出的问题。问题化学习认为：如果学生没有提出自己的问题，真正主动的学习就没有发生；要使学习更具有个人的意义，那么课堂就应该从孩子自己提出问题开始。

3. 素养落地在于学习方式的转变

在中国基础教育新课标全面实施的今天，培育核心素养，发展学科关键能力、必备品格、价值观念成为学科教学的最高目标和根本任务。这不仅仅需要课程内容的变更与升级，更需要课程实施方式尤其是学与教方式的变革。联合国教科文组织在其发布的《教育：财富蕴藏其中》报告中，提出了终身学习的四大支柱——学会认知、学会做事、学会共同生活和学会生存，并于 2003 年进一步提出"学会改变"的主张——以发展个人、组织与社会顺应和引导变迁的能力，并将其视为终身学习的第五大支柱①。与此同时，经济合作与发展组织、欧洲联盟等不约而同以终身学习素养培养为目标，提出个体在一生中应拥有持续自我评价和反思的能力、规划和决策的能力，具有学习意愿和责任意识、主动行动与持之以恒的能力，具有自主学习的能力、人际交往的能力、团队合作的能力，以及具备个人应变能力、创新能力和问题解决能力等。②

也就是说，教育改革与发展的目标在于培育学生的终身学习素养，而素养的落地在于学习方式的变革。问题化学习以学习为中心，通过让学生主动发现问题、建构问题、解决问题以及反思与合作，学会认知、做事、共处、生存与改变，从而获得面对未知的、复杂的世界时所需要的主动适应能力与问题解决能力。

三、回归人类学习的本质

人类学习的本质是发现并解决问题。然而，老师们在学科实践中，往往把学习等同于记住书本上的内容，等同于用记住的知识和学会的方法解答学科的问题。要真正实现学习方式的改变，需要深刻理解人是如何学习的，回归学习的本质。德国哲学家伽达默尔说，我们可以将每一个陈述都当作对某个问题的反应或回答，而要理解这个陈述，唯一的办法就是抓住这个陈述所要回答的那个问题。这句话阐释了学习的本质。我们发现，人类就是在不断地发现新问题中解决问题，又在解决问题中发现新的问题，是在对问题的主动求索中，认识自然、发现自我、改造社会的。因此，问题化学习就是让学习回归对问题的探求，在问题解决学习中，让学习者增长知识、转识成智，发展技能、适应变化，持续发展理性的精神，不断获取精神的力量。

---

① UNESCO Institute for Education. Nurturing the treasure： vision and strategy 2002—2007［R］. Hamburg： UNESCO Institute for Education, 2003.
② 马东明，郑勤华，陈丽.国际"终身学习素养"研究综述［J］.现代远距离教育，2012(1)：3-11.

发现问题与解决问题是学习者学习的基本活动形式。就学科学习而言，问题化学习就是学生、教师、学科（文本的作者、故事中的角色、历史人物、历史学家、自然规律的发现者）之间，基于问题发现与解决的持续"对话"的过程，以"问题"延展学习内容，融通学习领域，实现对教材的超越，以"问题的演化"突破学习时空，实现科学世界与生活世界、物质世界与精神世界的有意义联结，使学习更具有生活的意义与生命的价值。

四、培育面向未来的学习者

在《市民与社会》的一期节目中，面对上海人民广播电台主持人秦畅的提问，我们回答："打个比方吧，我们在想：孩子将来在遇到问题的时候，是把问题当成一个麻烦，还是将问题看作是对自己的一个挑战？当他（她）面对一个新情境时，是沿用老的套路来解决问题，还是享受这个新问题所带来的全新生命体验？"这是两种不同的生命状态，我们希望他（她）是积极的、成长性的，并且是乐在其中的。

真正的学习从发现问题开始，我们着力培养的是面向未来的问题化学习者，也就是面对不可预测的世界时能够表现出主动适应性能力的人。其关键能力与必备品格包括了面对未知世界所表现出来的好奇心与学习热情、觉知洞察力与问题解决力。因此，问题化学习者是学习的自主建构者、问题的合作解决者与人生的自我教育者。

第二节　问题化学习的实践演进

一、教学改革的难题是什么

对于教师而言，教学改革面临的实践难题就是：如何通过优化学习方式，使基础教育学段的学生在提升应对未来的关键能力和综合素养过程中，更有效地建构学科知识体系。问题化学习从基础教育最难撬动的学科教学出发，**发端**于学生自主提出问题，**突围**于"三位一体"聚焦核心问题，**深化**于持续追问建构问题系统，**成长**于合作解决问题与自我规划设计，探索素养落地的实践路径。20 年所经历的改革行动总结起来就是**"直面真问题，摸着石头过河"**，以此最终建构起基于问题学习的中国教学改革之路。

二、六次行动串起学习革命

1. 解决主动学——学会提问

问题化学习通过课堂上让学生自主发现与提出问题来实现主动学习。因为学生的问题能够一下子就撬动"以教为中心的课堂"，但课堂风险也随之而来。比如研究蚂蚁，学生会提问：蚂蚁吃什么？蚂蚁为什么要搬家？蚂蚁什么时候会打架？蚁穴具有怎样奇妙的结构？蚂蚁怎么生"宝宝"？蚂蚁能活多久？……学生的问题天马行空，而且一个一个解决这些问题，容易使知识碎片化，课堂时间也不容许，原定的教学目标难以达成。传授式教学的弊病是能力与素养的缺失，学生学得被动肯定是不对的，但是教学中没有知识体系也肯定是不行的。

2. 解决有效学——"三位一体"① 聚焦核心问题

具体来说，就是"以学生的问题为起点、以学科的问题为基础、以教师的问题为引导"三位一体聚焦课堂核心问题，保障课堂学习的有效。与传统课堂中教师设定的核心问题不同，问题化学习中核心问题的底层代码、形成逻辑不是教师的预设，而是从学生的问题开始，以学生的问题为起点，通过教师的引

---

① 　"三位一体"是问题化学习课堂实施的首要原理，"三位"是指"以学生的问题为起点、以学科的问题为基础、以教师的问题为引导"，"一体"是指核心问题的聚焦。首要原理强调了"以学生的问题为起点"，彰显了学生主体意义与动机价值，加之"以学科的问题为基础、以教师的问题为引导"，在操作层面基于问题较好地处理了学生、教师与学科之间的关系。

导，连接上学科的问题。同时，这个阶段保障课堂有效的另一条路径，就是把学生碎片化的问题系统化。

在课改的路上，老师们感到最纠结的问题就是"主动"重要，还是"有效"（学科重点的把握）重要？老师们只要稍有犹豫，不破解"学科知识建构与学生自主探究"这对实践矛盾，就很容易回到"以教为中心"的老路上去。

3. 解决持续学——学会追问

随着学生学习能力的提升，原先由教师聚焦核心问题，后来逐步转化为学生自主判断核心问题。学生不仅要提问，而且要追问，让主动学习得以持续。例如，一般认为"康乾盛世"是中国封建王朝的鼎盛时期，所以学生的第一个问题通常是"'康乾盛世'盛在哪里？"当看到《英使谒见乾隆纪实》描述中国不是富裕的国度而是一片贫困的土地时，学生产生了疑问："'康乾盛世'盛吗？"在探究的过程中，他们又会进一步辩证思考"如何理解'盛中有衰'？"。（见图1.1）这是指向高阶认知的追问，因为学生不仅要掌握知识，还要有思维的发展。

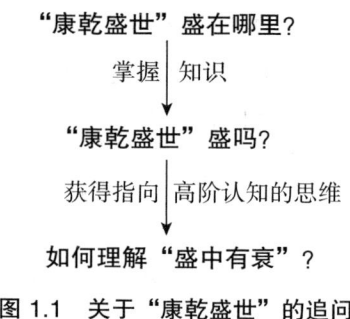

图 1.1 关于"康乾盛世"的追问

4. 解决深度学——建构问题系统

这是指由教师组织问题系统，发展为学生自建问题系统，从而把问题解决引向自建构的深度学习。比如，在诗歌阅读中，当学生对"写什么、为何写、怎么写"以及"景（物）、情（理）、人（事）"进行追问并形成一种系统性联结的时候，就建构了此类问题解决的问题系统，通过问题系统连接起知识的系统掌握与思维的认知建构。这就好比说：学习既要见树木，也要见森林；一个问题是想法，一组问题是思路；一个问题一个脚印，连在一起是一条路。至此，问题化学习渐入佳境，然而这些对于课堂改变还远远不够。

5. 解决互动学——合作解决问题

课堂不只是个体的认知加工过程，而且是学习共同体的集体行为。从学习者的视角来看，课堂上有自己、和自己一起学习的同伴，还有能够帮助"我"的老师，这是从当事人的视角体认到的课堂三主体，而非从旁观者的视角观察到的课堂二主体（教师与学生）。对于问题化学习而言，学生和同伴在一起合作解决问题，既是学习，也是共同生活。

6. 解决终身学——学会规划与反思

这是指让学习成为一个自我设计的完整的自觉行动过程，并以此来统领问题的发现、提出、解决与反思。

问题化学习研究团队从一开始在"学得主动"与"教得有效"（保障知识体系）两极之间做艰难的挣扎，最终回归学习的本原，经过 20 年探索找到一条"以学习为基点"的自救之路。20 年的问题化学习实践经历了学习方式的发育和完善，六颗石子（课堂行动）最终串起以学习为中心的课堂变革路径（见图 1.2）。

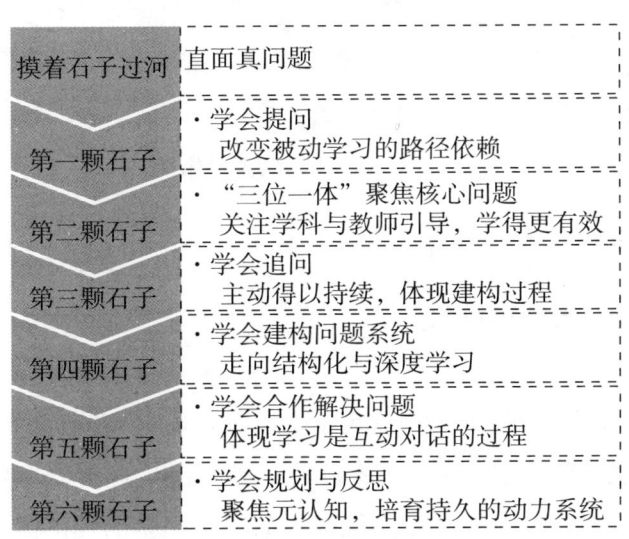

图 1.2　问题化学习的变革路径

- 第一颗石子：学会提问（改变被动学）。
- 第二颗石子："三位一体"聚焦核心问题（让主动学更有效）。
- 第三颗石子：学会追问（让主动得以持续，让建构的路径更为清晰）。
- 第四颗石子：学会建构问题系统——不仅是教师组织问题系统，更是学生自主追问建构问题系统（走向结构化与深度学习，实现知识体系建构并形成问题解决能力）。

• 第五颗石子：学会合作解决问题（学习不仅是个体认知建构的过程，更是互动对话的过程）。

• 第六颗石子：学会规划与反思（指向终身学）。

至此，由六次行动串联起来的问题化学习"六大学会"操作体系（见图1.3），作为一个较为完整的学习系统，成为破解教改难题、实现学习者自主发展的一条路径。

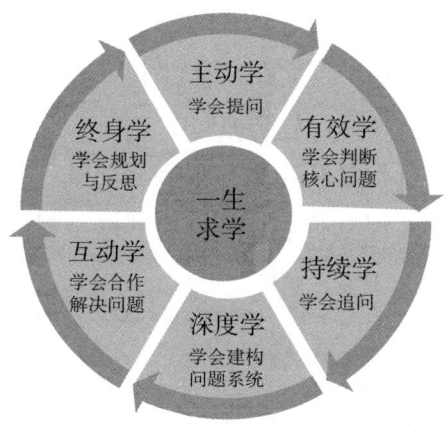

图 1.3 问题化学习操作体系

三、六个场域探索改革路径

从2003年开始，问题化学习立足学生学习方式变革，建构课堂新样态，创建具有中国特色的问题解决学习方式，最终建构起以学习方式转变倒逼教学方式变革、促进课堂转型以及学校系统改进的基本完整的理论体系与实践路径。在"以学习为基点"的研究过程中，逐步建构起问题化学习的学习方式，问题化学习者的能力体系，基于问题化学习的课堂教学、课程实践、教师发展与学校建设的研究体系，并通过实践变革不断完善。

1. 发现不一样的方式

从"问题化的教"走向"问题化的学",问题化学习经历了三个阶段的演进:"变教师设问启发学生思考为让学生自己提出问题,从而让学习主动发生""变教师组织问题推进为培养学生自主建构问题系统,从而让学习深度发生""变教师追问为培养学生相互追问、自我追问,从而让学习持续发生"。

学生从一开始仅仅提出自己感兴趣的问题,到提出有探讨价值的问题,逐步学会判断核心问题,提出一系列问题,再到能够为核心问题的解决自主建构问题系统,为解决问题设计学习任务,并为完成任务设计学习步骤,这是学生围绕问题化学习实现自主学习的进阶路径。

问题化学习从学生自主提问、学会聚焦核心问题、自主建构问题系统、学会持续追问、合作解决问题,乃至自我规划与反思,形成了一个基本完整的学习系统;与此同时,围绕发展问题化学习力,系统建构了问题化学习的能力结构,即问题的发现力、问题的建构力、问题的解决力、问题的反思力以及问题化学习的设计力,用来指导并评估这样一种自主建构的学习。

2. 实践不一样的课堂

问题化学习有一条首要原理,即"以学生的问题为起点、以学科的问题为基础、以教师的问题为引导","三位一体"产生有效的学习问题。问题化学习有一个核心特征,即建构问题系统优化学习,学生在老师与同伴的帮助下持续提出问题、自主建构问题系统,在问题系统化、系统图式化、图式可视化中建构知识体系,寻找学习路径,发展学科思维。这两点构成了基于问题化学习进行课堂改进的逻辑起点。

根据首要原理,"学生的问题""学科的问题""教师的问题""解决问题的学习环境"构成了问题化学习课堂的基本要素。"学生的问题"成为课堂的关键要素。在传统课堂上学生主动提出问题是很难的,但要突破传授式的课堂,这恰恰又是最关键的。学生的问题提出来后,教师往往会面临"失控"的课堂,问题化学习是通过一个怎样的课堂机制,把失控的课堂逐步建构为一个自组织的课堂,而不是一个由教师主控的课堂呢?有三条路径:自组织路径一,是课堂"核心问题的聚焦";自组织路径二,是"问题系统的建构";自组织路径三,是"合作解决问题"。总结起来,就是学生提问、学生追问、学生建构问题系统，从而解构了传统的"以教为中心"的课堂，而"三位一体"产生有效的学习问题、聚焦与解决核心问题、形成与优化问题系统，以及合作解决问题，又建构了"以学为中心"的课堂新结构。

所以说，问题化学习让我们看到了所有的教学必须以学生学习为主线去设计，必须让学生真实的学习过程能够发生并且展开。课堂以"问题的发现与提出、问题的组织与聚焦、问题的实施与解决、问题的反思与拓展"为基本线索，形成学习的基本过程与课堂的一般流程。

从2003年开始，基于问题化学习的课堂实践经历了三个阶段。第一阶段，基础型学科课程课堂先行，实现了高利害考试科目课堂学习方式的转变。第二阶段，进行"基于单元学材的问题化学习"课堂实施，完成国家课程校本化实施的三次转化：教材向教程转化——从基于内容的设计走向基于标准的设计；教程向学材转化——教学设计从"教"走向"学"；单元学材向课时学单转化——解构"教的流程"，重塑"学的结构"。实践课程视野下"基于单元学材的问题化学习"课堂，突破单课时实施在课堂结构、教学时间、教学流程上的束缚与困境。第三阶段，基于问题系统连接分科课程与综合课程的教学实施，探索在课程视野下基于问题化学习的学科课程与跨学科课程的整体实施与课堂转型。

3. 建构不一样的课程

面对当时学校相对"碎片化的课程结构模式""浅层化的课程学习模式""工业化的课程实施模式"，2015年，我们从筹建问题化学习的母体实验学校——上海市教育学会宝山实验学校开始，尝试通过问题建构课程的认知逻辑，通过持续的问题化学习建设充分连接的课程结构，通过问题化学习者共同创造可以生长的课程。

我们以"培养面向未来的问题化学习者"为基本目标，以"三性"（丰富性、选择性、延展性）、"三化"（问题化、学程化、个性化）为基本特征，逐步丰富、持续改进、不断完善，最终建成能够让学习实现"持续主动发生"、让学生实现"多元个性发展"、让学校实现"自主高效适应"的"无边界"的课程体系。

问题化学习者的理想课程，是通过"问题化学习者""问题""问题化学习""问题解决的适应性成长"对课程目标、课程内容、课程实施以及课程评价进行升级优化。首先，依据问题化学习者的培养目标与关键能力，在课程目标上贯彻国家意志，达成课程标准，体现学校育人目标；其次，依据问题建构课程内容，协调学科逻辑与认知逻辑，进而使课程内容更凸显认知的规律；再次，基于问题化学习实施课程，使学习的发生与发展重回主体培育的教育价值；最后，依据问题解决的适应性成长状况评价判断学习的成效，在课程评价上实现"面向综合素质＋聚焦核心素养"。

在学校课程体系构建的过程中，我们以学生身心发展规律为基础，从三个维度思考并构建连续的课程体系。维度一，从分科到综合，建构让科学世界与生活世界紧密联结的学校课程连续体。维度二，从必修到选修，建构让基础学力与个性潜能紧密联结的学校课程连续体。维度三，从个体到社会，建构让身心逻辑与认识逻辑紧密联结的学校课程连续体。

4. 培育不一样的学生

2015 年，我们提出"问题化学习者"的概念，着力培养面向未来具有主动适应性能力的问题化学习者，作为学习的自主建构者、问题的合作解决者与人生的自我教育者。其关键能力包括面对未知世界所表现出来的好奇心与学习热情、自主发现与提出问题的能力、聚焦与解决核心问题的能力、持续探索与自我追问的能力、深度建构问题系统的能力，以及自主规划学习任务与步骤、持续思考行动与合作创造学习成果的能力。

问题化学习者关键能力的形成是一个过程，体现了自主建构的进阶路径与自我教育的终极价值。问题化学习既是对外部世界的发现与探索，又是精神世界的自我觉醒。

随着问题化学习实践的深入，基于学习者不同的问题，我们发现了学习者不一样的学习，包括不一样的层次、不一样的视角、不一样的路径、不一样的方法、不一样的风格，以及不一样的阶段。

5. 成就不一样的教师

我们发现，"追问的自我修炼"是教师成长为一个问题化学习者的必由之路，而发展审辨式思维是其关键。教师作为问题化学习者，其关键能力如下。

（1）问题化学习力。这包括提问——驱动性问题的设计，追问——推进性问题的演进（分解、联系、扩展、转化、归纳、深化），以及判断核心问题、建构问题系统、运用学科思想方法解决问题。

（2）问题化学习的教学设计力。这包括把握学科关键确定学习目标，"三位一体"预设核心问题，"三位一体"预设问题系统，设计问题情境，设计学习进程，设计学习活动，设计学习评价。

（3）问题化学习的课堂实施力。这包括课堂聚焦核心问题，建构问题系统；课堂应对学生问题，组织有效交流；课堂推进问题解决，组织有效分享；课堂促进反思回顾，形成学习经历。

（4）学生问题化学习的培育力。这包括指导学生发现与提出问题、聚焦核心问题、建构问题系统、持续追问，支持学生独立与合作解决问题，促进学生自主反思问题，指导学生规划学习方案。

6. 建设不一样的学校

自 2016 年问题化学习母体实验学校——上海市教育学会宝山实验学校正式开办以来，我们聚焦育人本位进行学校综合改革实验：从学习方式的变革到建构新课堂，再到优化课程结构，从建构理想的课程生态到实现学校整体育人，也就是从立足问题化学习到关注培育能够面向未来的问题化学习者，我们几乎经历了学校教育所有领域的挣扎与实践。

由学校整体推进的行动路线所建构起来的问题化学习的底层结构与逻辑体系，已经深化了问题化学习作为一种学习方式的教育意义。无论是学科建设、课堂教学、学生成长，还是教师修炼、学校管理，都能基于问题化学习进行系统深化。这就使问题化学习不仅成为学习方式，而且具有方法论的意义，并最终形成基于问题化学习的，包括课程教学、育人方式、教师发展等在内的学校系统变革的实践体系。

第三节　问题化学习的基本内涵

一、问题与问题观

1. 什么是问题

先来探讨一下什么是问题。英语中，有关"问题"的词语很多，表达的意义也不尽相同。例如：issue，议题、论题；problem，问题、难题；question，疑问、问题。英国著名历史哲学家柯林伍德认为问题就是困难（或疑难或困境），波普尔认为问题是已知与无知之间的张力，也有哲学家认为问题是客观事物之间的矛盾在人头脑中的反映，或把问题看成智慧迷宫。现代认知心理学认为，问题就是指在信息和目标之间有某些障碍需要加以克服的情境。

从认知心理学观点看，一个问题可以分为客观与主观两个方面。问题的客观方面，反映问题的客观存在，包括问题的任务领域（task domain）。问题的主观方面，是解题人对问题的主观理解，也就是问题空间（problem space）。所谓表征问题，就是问题解决者在头脑中以某种理解来呈现问题，使问题的任务领域转化为问题空间。问题空间是问题解决中的一个基本范畴，是个体对一个问题所达到的全部的认知状态。问题空间一般包括以下三个基本成分。

（1）给定条件（given）：是指一组已经明确知道的关于问题的条件的描述，即问题的起始状态（initial state）。

（2）目标（goals）：是指关于问题结论的明确的描述，即问题要求的答案或目标状态（goal state）。

（3）障碍（obstacles）：是指问题正确的解决方法不是显而易见的，必须通过一定的思维活动才能找到答案而达到目标状态。

任何一个"问题"，都是"给定条件""目标"和"障碍"这三个成分有机结合的产物。

我们可以以逻辑学中一个著名的问题——过河问题，来理解问题的三个要素。①明明牵着一只狗和两只小羊回家。②路上遇到一条河，没有桥，只有一条小船，并且船很小。③他每次只能带一只狗或一只小羊过河。④你能帮他想想办法，把狗和小羊都带过河去，又不让狗咬到小羊吗？在上述问题中，①②③就是给定条件，其中③是限制性条件。④就是目标，即按照要求过河。障碍就是需要设计一个往返的方法策略，使明明、小羊和狗都能过河。障碍就是阻碍达到目标的因素。

在具体的课堂中，问题一般通过设问形式出现，最常见的有"是什么""为什么""怎么样""假如"等形式；也可以呈现为有待完成的任务，如在创设的情境中，或是在真实的状态下，学生所面临的困惑、挑战等。"问题"可以是练习中的习题，也可以是课堂中讨论的议题，更可以是值得探究的课题。

马克思主义哲学站在系统的高度，用辩证的方式，开放发展地看待问题。在《问题的哲学研究》一书中，张掌然从哲学的高度指出问题可以从微观（单个问题）、中观（一个问题系统或问题域）、宏观（问题全域、问题总体或问题网络）三个层面来考察。[①] 先前逻辑学、心理学、学习理论中涉及的问题解决研究，大多是从问题的微观特征着手，研究什么是真问题、问题的结构、问题的条件、问题的解决过程、问题的答案、如何来表述问题、谁来解决问题等等，却忽略了从中观与宏观的层面去思考问题与解决问题。引入张掌然教授的问题系统概念，可以为我们研究问题与解决问题打开全新的视野。

马克思主义哲学又启示我们，由于问题是发展的，所以发现和解决问题也应该是发展的，从而问题观也应该是发展的。没有一成不变的问题，今天对我们来说的新问题，明天可能就是老问题了，所以也没有一成不变的解题模式。我们不仅要从发展的角度去认识问题与理解问题，还应不断适应问题的发展变化，在发展中通过发展解决问题。我们要把握事物的运动发展和相互作用的规律，要为变化做准备，用发展的眼光看问题，随时接受新问题的挑战。这样的问题解决观念能够动态地、发展地理解问题的要素，即给定条件、目标、障碍，通过发展来改变问题的要素及其相互关系，从而使问题的性质和类型以及在问

---

① 张掌然.问题的哲学研究 [M].北京：人民出版社，2005：204.

题系统中的地位发生改变，朝着有利于问题解决的方向发展。

由此，我们秉持广义的问题观、系统的问题观与动态发展的问题观。

2. 我们的问题观

（1）广义的问题观：问题化学习中的问题涉及事实性问题、经验性问题、创造性问题，包括是什么、为什么、怎么样、假如什么的问题，也包括老问题、新问题与疑难题。

（2）系统的问题观：包括从系统的高度透视问题与问题之间的关系，把握每一个问题的诸要素及相互关系，关注这个问题在全局中的位置，也包括从更广阔的视野全面多视角地透视某个问题系统，或对问题全域或问题网络进行全方位透视，把握问题系统之间的联系，并在问题系统的相互联系中理解问题、分析问题和解决问题。[①]

（3）动态发展的问题观：通过问题生发问题，通过发展来解决问题。比如，要让小学生解决"如何判断磁铁的南北极"问题。也许学生还没掌握磁铁同极相斥、异极相吸的科学原理，还不具备解决这个问题的知识基础，但没有关系，我们可以让学生去探究。他们在探究中会产生问题："为什么磁铁的两头碰在一起时有的会相吸、有的会相斥呢？……"在学习的过程中他们不断生成新的问题、解决问题，然后又生成新的问题。

二、问题化学习与PBL

1. 问题解决、PBL、问题化学习

在探讨什么是问题化学习之前，我们不妨先来梳理一下与问题化学习相近的问题解决、基于问题的学习等概念，以及它们之间的区别与联系。

问题解决是智慧技能和高级规则的学习与应用，是由学习者运用规则以达到一定目标的一系列事件[②]构成的一种学习形式。问题解决是一种学习类

---

① 张掌然 . 问题的哲学研究［M］. 北京：人民出版社，2005：152-153.

② 加涅 . 学习的条件和教学论［M］. 皮连生，王映学，郑葳，等译 . 上海：华东师范大学出版社，1999：177.

型，而在全球范围内流行的 PBL，作为一种教学方式，包括"基于问题的学习"（problem-based learning）与"基于项目的学习"（project-based learning）。

基于问题的学习强调把学习设置于复杂的、有意义的问题情境中，通过让学生以小组合作的形式共同解决复杂的、实际的（real-world）或真实性的（authentic）问题，来学习隐含于问题背后的科学知识，以促进解决问题、自主学习和终身学习能力的发展。基于问题的学习 1969 年由神经病学教授巴罗斯（H. Barrows）在加拿大的麦克马斯特大学首创，在医学教育中逐步发展起来。

基于项目的学习是以学科的概念和原理为中心，以制作作品并将作品推销给客户为目的，在真实世界中借助多种资源开展探究活动，并在一定时间内解决一系列相互关联着的问题的一种探究性学习模式。[①]20 世纪 70 年代，在北欧，以丹麦的奥尔堡大学和罗斯基尔德大学为代表，一些研究者将基于问题的学习引入工程学领域，进而提出以问题为导向、以项目为基础的新型 PBL 模式。

无论是基于问题的学习，还是基于项目的学习，如今已经广泛应用于教育学、工程学、建筑学、法学、经济学、管理学、数学、自然科学、农学、社会学等领域。两者有着相同的理论基础，相较而言，基于项目的学习更侧重围绕项目最终形成研究的产品，有清晰的作品意识。在我国第八次课改中，PBL 模式被引入基础教育领域，在综合实践活动课程中获得了较为广泛的应用。

PBL 的两种模式都强调通过问题来学习隐含于问题背后的科学知识，以促进问题解决、自主合作学习和终身学习能力的发展。在这些方面，问题化学习与其有着共同的价值追求。由于 PBL 关注的是真实性劣构问题解决，立足于跨学科学习，因此很难适用于知识结构良好的学科学习，所以 PBL 引入中国之后，并未改变大部分学科课程的教学方式。

在本世纪之初的这场课改中，问题化学习一开始就致力于改造学科课程长久以来的教学方式，基于系统论、矛盾论、实践论以及问题的哲学视域，以学习科学、学习共同体理论、教学做合一理论为基础，从学科学习突破，联通跨学科学习，孕育中国本土经验。

---

① 刘景福，钟志贤 . 基于项目的学习（PBL）模式研究［J］. 外国教育研究，2002（11）：18-22.

因此，在研究产生的背景、理论基础、内涵特点、问题性质、要素构成等方面，问题化学习与 PBL 都存在较大差异（见表 1.1）。

表 1.1　PBL 与问题化学习比较分析

项目	基于问题的学习	基于项目的学习	问题化学习
产生背景	医学教育	工程教育	学科学习的课堂变革
问题特点	结构不良	结构不良	广义的问题，包括结构良好的学科问题以及真实情境中结构不良的问题，强调问题与问题之间构成问题系统
问题性质	真实情境问题	真实情境问题	学科学术问题、真实情境问题
问题来源	与生活联系	与生活联系	以学生的问题为起点、以学科的问题为基础、以教师的问题为引导
问题领域	跨学科学习	跨学科学习	学科学习、跨学科学习
主要特征	1.学习方法：真实性问题解决 2.学习内容：跨学科学习 3.学习形式：小组合作 4.学习主体：以学生为中心，自主探索 5.学习目标：激发高水平思维，注重反思	1.有一个驱动性或引发性问题 2.有一个或一系列最终作品 3.开展跨学科学习 4.注重合作 5.强调社会效益 6.在现实生活中探究 7.运用多种认知工具和信息资源	1."三位一体"聚焦核心问题解决 2.遵从学科的逻辑与学生的心理规律，通过"三位一体"问题系统的建构和优化，建立学习的逻辑
理论基础	建构主义理论、发现学习理论、情境认知理论、迁移学习理论、合作学习理论	同"基于问题的学习"	问题的哲学理论、系统论、矛盾论、实践论、学习科学理论、学习共同体理论、教学做合一理论
基本要素	问题、学习小组、问题解决程序、自主学习	内容、活动、情境、结果	提问与追问、问题与问题系统、学习者与共同体、"三位一体"与学习环境

续表

项目	基于问题的学习	基于项目的学习	问题化学习
基本过程	1. 组织小组 2. 开始一个新问题 3. 后续行动 4. 活动汇报 5. 问题后的反思	1. 选定项目 2. 制订计划 3. 活动探究 4. 作品制作 5. 成果交流 6. 活动评价	自主提出问题——问题的发现与提出 聚焦核心问题——问题的厘清与聚焦 建构问题系统——问题的组织与建构 持续探索追问——问题的演进与延展 合作解决问题——问题的解决与增值
问题提出	教师设计驱动性问题	围绕项目来设计探究活动	引导学生自主发现与提出问题
结果	解决问题	作品	心智模式
方法	探究、调查	设计、制作	运思、推理等思维方式
知识组织	以问题为中心组织	按照社会性主题组织	实现问题与学科知识的联通

在这里，需要进一步厘清的是，学习理论中的问题解决是一种学习类型而非学习方式。根据加涅的理论，对学习的分类是指向学习结果的。而基于问题的学习与基于项目的学习，以及本研究所指向的问题化学习，本质上讲都是一种学习方式，它们通常指向学习过程。

以问题为中心的 PBL 模式，可以追溯到美国的项目教学法（project method），它的理论渊源是杜威（J. Dewey）的"做中学"（Learn by doing）。根据美国巴克教育研究所（Buck Institute for Education）的描述：项目学习是一套系统的教学方法，它是对复杂、真实问题的探究过程，也是精心设计项目作品、规划和实施项目任务的过程，在这个过程中，学生能够掌握所需的知识和技能。[①] 当前对于项目化学习，斯坦福大学的琳达·达林 - 哈蒙德（L. Darling-Hammond）、学习科学领域的约瑟夫·S. 克拉斯克（ J. S. Krajcik ）、巴克教育研究所等更强调对知识的深度理解，在做事中形成专家思维，引发跨情境的迁移。这种类型的

---

① 巴克教育研究所. 项目学习教师指南：21 世纪的中学教学法：第 2 版 [M]. 任伟，译. 北京：教育科学出版社，2008：4.

项目化学习已经脱离了活动的窠臼，而表现为严谨的学习设计，通过驱动性问题，与课程标准中的核心知识相关联，将标准作为评价学习结果的重要依据之一。[①]

上海市教育科学研究院夏雪梅博士在中国开展了"项目化学习"的研究，她把项目化学习定义为：学生在一段时间内对学科或跨学科的驱动性问题进行深入持续的探索，在其调动所有知识、能力、品质等创造性地解决新问题并形成公开成果的过程中，形成对核心知识和学习历程的深刻理解。她提出在强调培养学生素养的背景下实施项目化学习，一是指向个体和社会价值的整合，二是指向核心知识的深化和思维迁移，三是关注学科和跨学科课程的协调。[②]从2018年开始，她致力于在学科中进行项目化学习，通过双线设计融通学科素养与跨学科素养，提出学科项目化学习的本土实践路径：（1）转化学生提出的真实问题；（2）基于某个关键知识网进行创造性、批判性的问题解决；（3）某个学科关键知识在多学科情境中的创造与实践。

2. 基于问题的教学设计模式

近年来，国际上出现了更多基于问题的教学设计模式，比较有代表性的有：麦卡锡（B. McCarthy）的4MAT模式（又称自然学习模式）。他认为具有不同学习风格的人感兴趣的问题不同：具体 – 行动型学习者偏好是何（what）类问题，关注概念；具体 – 反思型学习者偏好为何（why）类问题，关注意义；抽象 – 行动型学习者偏好如何（how）类问题，关注应用；抽象 – 反思型学习者偏好若何（if）类问题，关注创造。[③]

梅里尔（M. D. Merrill）的"首要教学原理"，又称"五星教学原理"，强调有效的学习环境是根植于问题的，学习涉及四个阶段，即"激活原有知识""展示论证新知""尝试应用练习"和"融会贯通掌握"，共有15个要素[④]：（1）交代学习任务；（2）安排完整任务；（3）形成任务序列；（4）回忆原有经验；

① 夏雪梅.从设计教学法到项目化学习：百年变迁重蹈覆辙还是涅槃重生？［J］.中国教育学刊，2019（4）：57-62.

② 夏雪梅.素养时代的项目化学习如何设计[J].江苏教育，2019（22）：7-11.

③ 胡小勇.问题化教学设计：信息技术促进教学变革[M].北京：教育科学出版社，2006：26.

④ 盛群力，等.教学设计[M].北京：高等教育出版社，2005：249.

（5）提供新的经验；（6）明晰知识结构；（7）紧扣目标施教；（8）提供学习指导；（9）善用媒体促进；（10）进行目标操练；（11）逐渐放手操练；（12）变式问题操练；（13）实际表现业绩；（14）反思完善提高；（15）灵活创造应用。同时，辅之以"指引方向、激发动机、协同合作和多向互动"四个教学环境因素。该模式的实质是将教学任务置于实际问题情境中来完成，即先向学习者呈现问题，然后针对各项具体任务展开教学，接着展示如何将学到的具体知识运用到解决问题或完成整体任务中去。

还有乔纳森（D. H. Jonassen）的面向问题解决的设计理论（Toward a Design Theory of Problem Solving，DTPS）。乔纳森在良构型问题与劣构型问题的连续体中鉴别定义了11类问题：逻辑问题、算法问题、情节问题、规则运用问题、决策制定问题、故障排除问题、诊断问题、策略运用问题、个案分析问题、设计问题与两难问题。

美国亚利桑那大学的梅克（J. Maker）等提出了问题连续体理论，按解决问题所需要的创造性程度对问题进行了分类，即根据问题的结构性来划分问题的等级。他们从教师和学生两方面出发，就问题本身、解决问题的方法、问题结论的已知或未知状况，以及问题的答案是唯一的、系列的还是开放的这些维度，建构不同层次问题的连续体矩阵，简称问题连续体。[①] 类型一：师生知道该问题及解法，但问题的答案只有老师知道，学生不知道；问题、方法、答案各只有一个。类型二：问题已为师生所知，但问题的解法与答案只有老师知道，问题、方法、答案各只有一个。类型三：问题为师生所知，有一系列方法可以解决问题，且有一系列答案或结论，解决方法及答案对学生来说是未知的。类型四：有一个定义清楚的问题，且问题为师生所知，但师生都不知道解决方法与答案。类型五：对问题的提出者与解决者而言，问题、答案、方法都是未知的。

在国内，问题教学（有时候也称提问教学），是教师们经常采用的一种教学方法，它倡导通过"提问—答问"的过程来教授知识，启发学生的思维。其中比较受关注的是苏格拉底式问答法，这种方法不直接传授各种具体知识，而是通过问答、交谈、争辩、诱导或暗示，把学生导向预定的结论，重视通过问题

---

① 陈爱苾.课程改革与问题解决教学［M］.北京：首都师范大学出版社，2004：105.

来让学习过程"学思结合"，使学习者在获得知识的同时又能获得思维方法，因此受到研究者的肯定与赞赏。这种方法对教师的素质要求甚高，教师必须随时应对、适时引导。同时，问题选择与呈现的艺术性非常重要。[①]

华东师范大学祝智庭教授提出问题化教学，胡小勇博士将其定义为用一系列精心设计的类型多样、质量优良的有效教学问题（教学问题集）来贯穿教学过程，培养学习者解决问题的认知能力与高级思维技能，实现其对课程内容持久深入理解的一种教学模式。[②]胡小勇博士强调了教学问题集在教学设计中的中心地位，以及对学习者发挥学习潜能的作用。问题化教学与其他基于问题的教学设计模式相类似的是，都通过教师设计问题优化教学设计，但最终并未能建立起一种学生自建构的问题发现与解决方式，从而变革教学。

问题化学习起源于问题化教学，并继承了问题化教学中提出的教学问题集的思想并进一步将之发展为问题系统。两者的不同之处在于，问题化学习以学习为中心，重点不在于让教师设计质量优良的教学问题，而在于发展学生"自主发现并提出问题、学会追问并持续探索、学会甄别并聚焦核心问题、学会自主建构问题系统、学会合作解决问题、学会自主规划及反思问题"的自建构学习系统。

三、什么是问题化学习

"问题化学习"，是指学习者在情境中自主发现并提出问题，聚焦核心问题，持续探索追问，形成问题系统，独立及合作解决问题的自我建构学习。其显著特征就是通过系列问题来引发持续性的学习活动，它要求学习活动以学习者对问题的自主发现与提出为开端，用有层次、结构化、可扩展、可持续的问题系统贯穿学习过程和整合各种知识，通过系列问题的解决，实现知识的整体建构、学习的有效迁移与能力素养的逐步形成。

---

① 胡小勇.问题化教学设计：信息技术促进教学变革［M］.北京：教育科学出版社，2006：20-21.

② 同① 50.

与其他问题解决学习相比较，概括起来，它有五大要点：

- 回到解决问题的前端——自主发现问题。
- 把握主要矛盾与焦点——聚焦核心问题。
- 经历系列问题的解决——持续探索追问。
- 走向结构化深度学习——建构问题系统。
- 贯通"双基"、能力与素养——建构知识体系，形成问题解决能力。

四、"化"之内涵

化，后缀，加在名词或形容词之后，表示转变成某种性质或状态，如绿化、美化、恶化、电气化、机械化、水利化。**问题化学习，就是通过调整问题的状态而进行的学习**。在"问题化学习"这一概念中，"化"同样表示一种状态与特征，意指围绕问题的学习是一种无处不在、无时不有的行为状态。

另外，"化"也表示在变化中，是动态的。就如化学是"变化之学"，问题化学习是"演化之问"，不是静态地解决一个固有的问题，而是一个不断生成的矛盾运动，变化观念与平衡思想是其基本特征。具体来说，问题是不断变化的，又是对立统一、联系发展及动态平衡的。

"化"之内涵一：围绕问题的学习是一种"彻头彻尾、彻里彻外"的基本状态。所谓彻头彻尾，就是指问题化学习是一个永无止境的矛盾运动过程，是在发现问题中解决问题，又在解决问题中发现新的问题，如此循环往复、生生不息。所谓"彻里彻外"，就是指问题化学习通过一个小问题可由内而外得以无限拓展，也可通过破解一个大问题由外而内抽丝剥茧、无穷无尽。在这个过程中，小问题的提出促进大问题的解决，新问题的提出深化老问题的理解。思考不止，问题无尽。

"化"之内涵二：问题化学习强调系列问题的连续解决，连续化地提出问题、系列化地解决问题、系统化地建构思考。其实现形式就是"问题系统化、系统图式化、图式可视化"。问题化是问题与问题之间的连接，问题化学习是在问题与问题解决的连接中形成无穷无尽的新发现、新思考，从而生成智慧。

　　所以，问题化学习是问题解决的变化之学、演化之问。问题的推陈出新、变化无穷、生生不息，体现了道生一、一生二、二生三、三生万物的东方智慧。"问"是学之"道"。

五、问题化学习的广泛适用

　　1. 广义的问题解决适用于不同知识类型的学习

　　从研究范围看，问题化学习中的问题涉及事实性问题、经验性问题、创造性问题等，因此是一种广义的问题解决。在学习理论中，与问题化学习概念最接近的是狭义的"问题解决"与"基于问题的学习"。从学习方式的角度看，三者都是通过问题来建构自主学习过程的活动。但问题解决涉及高级思维水平的智慧技能。基于问题的学习则侧重于复杂的、真实性、劣构性问题的自主合作解决。从学习类型来说，它也属于狭义的问题解决。图 1.4 反映三者在问题范围上的差异。

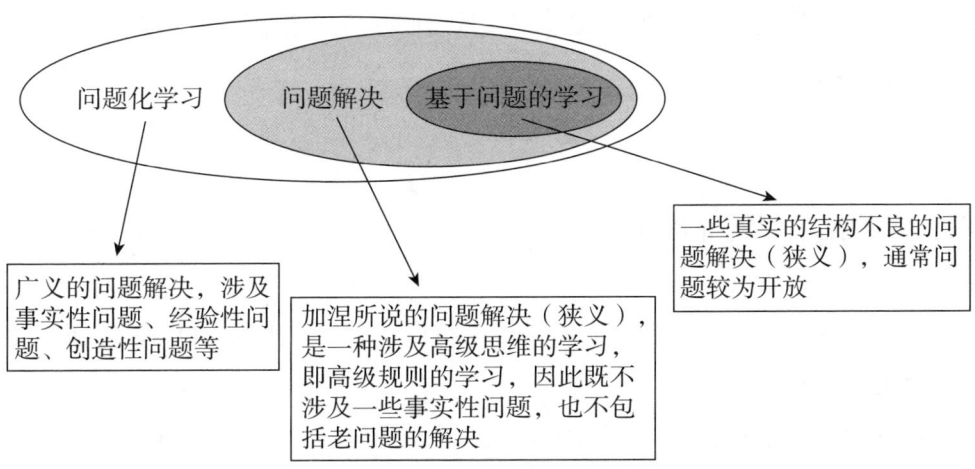

图 1.4　问题化学习、问题解决、基于问题的学习涉及问题范围之差异

　　正是由于问题化学习所指向的是广义的问题解决，有时候我们也可以通过一组问题来获得对概念的理解。比如，我们可以用"谁向谁通过什么途径说什么并产生什么效果"，来理解传播和交流的定义。如果按照加涅对于学习的分类，这恐怕只是概念的学习，并不涉及问题解决，然而从学习方式的角度看，就是通过问题化学习的方式实现了对概念的理解。所以说，问题化学习天然适用于学科学习，因为学科课程包含大量的概念等基础知识的学习。

2. "三位一体"产生有效的学习问题，在学科学习中具有广泛适用性

相较于传统课堂问题教学的教师主导性，问题化学习以学习为中心，通过"三位一体"产生有效的学习问题，即"以学生的问题为起点、以学科的问题为基础、以教师的问题为引导"。这种价值取向决定了问题化学习凸显学生自主提出问题、解决问题的主体精神，同时也兼顾学科课程目标与教师的教学引导，从而破解了 PBL 模式无法进入学科教学的难题，较好地处理了学生、教师与学科之间的关系。

3. 问题系统化的学习，融通知识建构与问题解决

区别于单个问题的解决，问题化学习更强调一种持续解决问题的学习行为，在研究一系列问题解决的学习过程中，探索系列问题之间的相互关系，研究这种有层次、结构化、可扩展、可持续的问题系统的认知建构过程，基于"三位一体"原理，把学科的逻辑顺序与学生的心理顺序，通过"问题系统化"的过程统一起来，形成"学习的认知逻辑"，从而使学生在问题解决的过程中更好地建构知识结构。

六、问题化学习的原理概述

（1）一个核心理念：回归人类学习的本质，学生自主经历问题的发现、解决、演化的过程。

（2）基本概念内涵：与一般意义上"基于问题的学习"相区别，其显著特征就是通过系列问题来引发持续性学习的活动。它要求学习活动以学习者对问题的自主发现与提出为开端，用有层次、结构化、可扩展、可持续的问题系统贯穿学习过程和整合各种知识，通过系列问题的解决，实现知识的整体建构、学习的有效迁移与能力素养的逐步形成。

（3）三对主要元素：在问题化学习的过程中，学生不仅要提问，而且要追

问；不仅要解决一个问题，而且要解决一系列问题，还要学会关注核心问题、建构问题系统。因此，在这个过程中就包含了三对核心元素，即"提问与追问""问题与问题系统""学习者与学习共同体"，这些要素又构成了"三位一体"的问题解决系统与学习生态系统。

（4）主要过程：在问题化学习的过程中，面对任务情境，学习者自主发现并提出问题，问题井喷后初步构建问题系统，厘清并聚焦核心问题，破解核心问题的过程中需要持续探索与追问，再建构特定的问题系统，最终解决问题。提问、追问及问题系统建构的过程，是学习者知识体系建构、经验获得与智慧生成的过程，同时实现学习的主动发生、持续发生与深度发生。问题化学习的另一个维度是互动维度，是学习者基于问题同事物、同他人、同自身对话的过程。

（5）"三位一体"首要原理：问题化学习课堂实施的首要原理是"以学生的问题为起点、以学科的问题为基础、以教师的问题为引导"，"三位一体"聚焦核心问题，在操作层面基于问题较好地处理了学生、教师与学科之间的关系。核心问题是"三位一体"的聚焦点，而解决之道在于问题系统的建构。

"三位一体"首要原理贯穿于问题化学习及教学实施的全过程，包括问题的发现与提出、核心问题的聚焦、问题系统的建构及问题的解决与拓展。这个原理不仅在一开始，而且在整个过程与所有环节中都需要去遵守。

（6）核心特征与实现形式：建构问题系统，是问题化学习的核心特征。其实现形式为"问题系统化、系统图式化、图式可视化"。建构问题系统的基本原理如下。

原理一，问题系统的形成依据是知识的内在联系与学生的认知规律。

原理二，问题系统的形成过程是解决问题与知识建构的统一过程。

原理三，学生自主追问是建构问题系统的思维过程。

原理四，学科学习要从知识的问题系统走向思维的问题系统。

（7）课堂教学结构：问题的发现与提出、问题的组织与聚焦、问题的演进与解决、问题的反思与拓展。问题解决的四个基本阶段，并非一节课的基本环节，而是指通常一个大问题的解决，也就是一个学习活动，会包含这四个基本阶段。如果一节课包含多个大问题的解决，那么这四个基本阶段就会循环重演。

（8）五大能力结构：问题的发现力、问题的建构力、问题的解决力、问题的反思力，以及问题化学习的设计力。合作作为一个独立维度，与个体学习维度一起建立起发现与解决问题四级水平序列。

（9）六会操作体系：学会提问——主动学，学会追问——持续学，学会判断核心问题——有效学，学会建构问题系统——深度学，学会合作解决问题——互动学，学会规划与反思——（自我）设计学。

（10）课堂生态系统：在问题化学习的学习系统中，**激活在于提问**，学生自主提出问题是整个学习生态系统的源头；**持续在于追问**，追问促进生态系统能量的持续流动；**平衡在于"三位一体"**，以统筹学生、学科、教师的关系；**整体在于核心问题**，课堂需要聚焦一个具有牵引力与支撑力的统领性问题，抓住学习的主要矛盾；**关联在于问题系统**，依托系统化问题，在持续解决问题中实现学习经验结构化，使得整体大于部分之和；**共生在于学习共同体**，课堂不是仅关涉教师与学生之间的关系，而是关涉学生、同伴及教师三者之间的关系；**成长在于规划与反思**，学习的终极目标是学习者自我设计、自我规划、自我反思的学习，从而实现自我教育。

本 章 小 结

问题先发现，学习才发生，教育方产生，学习是一种主体精神的培育。

是孩子，更新了我们对世界的感觉。是问题，更新了我们对世界的发现。

第二章　问题解决的中国方案

陶行知先生说，先生所有的教都是为了教学生自己怎么学。为了让学生获得应对未来复杂多变世界的关键综合素养，教学应致力于培养学生学会学习。问题化学习致力于走出一条自己的实践之路。

第一节　国际教育发展的两条脉络

一、从科学体系时代到问题取向时代

对于赫尔巴特的教育思想，人们想到的便是"老三中心"，即以教师、课本、课堂为中心。不仅如此，人们还会联想到其对立面，即杜威的进步主义教育思想，它强调"新三中心"，即以学生、经验、活动为中心。

赫尔巴特是近代教育史上科学教育学的奠基人，他的教育思想对当时乃至之后百年来的学校教育实践和教育理论的发展产生了非常巨大、广泛而又深远的影响。赫尔巴特强调教学是一个统一完成的过程，提出形式教学阶段理论，将教学过程分为明了、联想、系统和方法四个阶段。后来他的学生齐勒尔（T. Ziller）和赖因（W. Rein）又将教学过程发展为五个阶段，即预备、提示、联想、概括和运用，为广大教师提供了一个更容易理解、掌握和运用的教学模式。苏联教育学家凯洛夫又将其演变为五步法，即复习、引入、讲解、总结和练习。在 20 世纪 50 年代，中国中小学曾广泛采用这一教学模式，影响直至今日。

第一次世界大战后，随着进步主义教育思潮等的兴起，赫尔巴特教育思想及赫尔巴特学派在世界的影响逐渐衰落。杜威批判了传统的学校教育，就教育本质提出了"教育即生活"和"学校即社会"的观点，就教学提出了"从做中学"基本原则，也就是从活动中学、从经验中学。同时，杜威认为好的教学必须能唤起儿童的思维。在他看来，如果没有思维，就不可能产生有意义的经验。思维过程具体分成五个步骤，通称"思维五步"：一是疑难的情境，二是确定疑难的所在，三是提出解决疑难的各种假设，四是对这些假设进行推断，五是验证或修改假设。由"思维五步"出发，教学过程也相应地分成五个步骤：创设情境、产生问题、思考和假设、整理和排列、检验假设。

从赫尔巴特到杜威标志着教育从"学科体系时代"走向"问题取向时代"。之后人们对进步主义教育进行了反思。美国当代教育学家伍德林（P. Woodring）指出：进步主义教育强调儿童的重要性，强调兴趣、自由、学习中活动的重要性，这是对的，在过去这些一直都被忽视了。但是，它贬低学术科目、学术训练、分科知识的重要性，则是错的。事实上，我们在解决问题时，依然需要必要的知识结构。英国数学家通过实证研究表明，缺乏良好的数学知识结构，会影响学习者发现并最终解决问题。认知心理学关于专家与新手问题解决的研究也表明，专家的推理和问题解决能力取决于良好组织的知识，包括特定学科的知识体系，也包括特定领域的认知策略，以及应用这些知识的条件、情境与程序。这些知识影响他们对事物的关注以及问题的发现、判断与解决。所以就学科学习而言，帮助学生有效建构学科知识体系对他们顺利解决问题有帮助。

二、改革需要破解的矛盾

进步主义教育最初是作为传统教育的对立面而出现的，这在很大程度上决定了进步主义教育理论必须以新的片面性反映旧的片面性，以一种极端克服另一种极端。也就是说，进步主义教育家必须旗帜鲜明地表明他们与传统教育的彻底对立。但也正是与传统教育的截然对立，使进步主义教育运动始终陷于巨大的思想片面性。[①]

进步主义教育面临着空前尖锐的思想矛盾：个人与社会、儿童与教师、兴趣与努力、自由与纪律、活动与固定课程、直接经验与间接经验等等。虽然这些思想范畴在整个西方教育史上始终存在着，但它们之间的对立从来没有像当时那样尖锐，以致进步主义教育家们试图去解决矛盾却发现"不可调和"。这是因为他们在提出变革的时候就把重心放在个人、儿童、兴趣、自由、活动、直接经验等方面。尽管杜威、博德、克伯屈、拉格、蔡尔兹、布拉梅尔德等进步主义教育家一直努力调和不同思想范畴之间的矛盾，却困难重重。

回溯新中国建立以来，共经历八次课改，前期主要是在学习苏联经验的基础上形成新中国教育模式。赫尔巴特、杜威和凯洛夫的教育思想，都在不同时期对我国的教育发展产生了影响。第八次课改调整了课程目标，提出了三维目标，优化了课程结构，除了分科课程，综合实践活动类课程得到强化。上海还提出了基础型、拓展型与研究型三类课程。问题取向的学习模式在综合实践类课程中得到较广泛的应用。但知识体系良好的学科课程的教学方式在基本面上没有得到改善。具体映射到教师的日常教学中，教改的难题是**学科知识体系建构与自主探究学习难以融合**，这成为实践中的一对矛盾。

我们需要站在中国立场上思考科学的出路，并探索出自己的实践道路。就问题解决学习而言，PBL 的风险是知识碎片化，而传授式教学的弊病是能力与素养的缺失。学生学得被动肯定是不对的，没有知识体系也肯定是对学生不负责任的。所以要突破的改革实践难题，就是**如何通过优化学习方式，让基础教育学段的学生在提升应对未来的关键能力和综合素养的过程中，更有效地建构学科知识体系**。

三、素养时代的教育发展与学习要求

随着全球化进程的加快和数字化时代的迅猛发展，在教育政策领域，核心

---

① 张斌贤 . 进步主义教育运动解体之"谜" ［Z］. 北京：《教育史研究》创刊二十周年暨中国教育史研究六十年学术研讨会，2009.

素养、21 世纪技能等对教育目标和课程标准定位产生了影响，引发对问题、项目、情境、跨学科、高阶学习、深度学习等的需求。[①] 素养时代对学科学习与学生终身学习发展提出了新的要求，需要我们重新思考学生必备的知识与基本素养，以及在情境中综合解决问题的能力，它们既同等重要又紧密相连。需要进一步强调的是，专家与新手的差异不仅仅表现在一般能力（如记忆力或智力）上，也不仅体现在一般策略应用上。而且，专家获得了宽厚的知识，这些知识会影响到他们所关注的事物，影响到他们在环境中如何组织、再现和理解信息。而这又会影响他们记忆、推理和解决问题的能力。[②]

所以，要像专家一样能够有效思考本领域的问题，对专业知识的了解是十分重要的，它能够使人们洞察需要解决的问题的本质。那么，**有没有可能通过高阶的学习（如加涅的"问题解决"）来包裹低阶的学习（如概念、规则的学习），从而使得问题解决与知识获得成为一个整体？有没有可能通过"三位一体"的互动协商重新定位问题的性质，从儿童中心走向以学习为基点的理性道路？有没有可能通过系列问题的解决，在问题系统化的认知建构过程中建立融通知识体系与问题解决的学习路径？这些是我们思考的问题。**

第二节　中国特色的研究建构

所以从一开始，我们就不是直接借用国际上基于问题的学习，而是在我国基础教育改革中，直面传统的学科教学方式，立足学科学习，经过本土的实践逐步生长出问题解决的中国方案，并在学科学习中获得广泛的适用性与成效。

---

① 夏雪梅. 素养时代的项目化学习如何设计 [J]. 江苏教育，2019（22）：7-11.
② 布兰思福特，布朗，科金，等. 人是如何学习的：大脑、心理、经验及学校：扩展版 [M]. 程可拉，孙亚玲，王旭卿，译. 上海：华东师范大学出版社，2013：27.

一、两条中国经验

我们积累了具有本土创新价值的两条中国经验，即强调核心问题和问题系统在知识建构与问题解决中的双重意义，突破了 PBL（基于项目／问题的学习）模式在学科课程中的实施困境，建立了具有鲜明特色的"中国式 PBL"。

其一，问题化学习中核心问题的来源、指向以及解决方式，决定了核心问题在定位问题性质、对标学科关键能力、包裹低阶学习中的功能与意义。"以学生的问题为起点、以学科的问题为基础、以教师的问题为引导"三位一体聚焦核心问题，使得学生、学科、教师之间的问题得到协商，最终聚焦为需要班级学生共同解决的问题。简言之，在尊重学生提出的问题前提下，结合学科核心知识，通过教师的引导，对学生提出的问题进行对接、转化，使其对标学科学习中的关键问题，并成为统领整个学习活动的核心问题，学生在解决这个大问题的过程中获得相关的知识、能力与素养。

其二，问题化学习中问题系统的建构过程，既实现了知识体系建构，也实现了学习经验的结构化。学生通过系列小问题的解决不仅掌握了相关的概念知识，融通了知识体系，而且也寻找到了解决大问题（核心问题）的路径，发展了问题解决的关键能力，形成了特定的心智模式。同时，追问建构问题系统的认知过程也是自我系统、元认知系统协同发展的过程。

二、破解一个难题

由于赫尔巴特和杜威教学方法论的哲学基础不同，心理学原理也不同，因此很难找到一条融通之道。要破解这个课程教学世纪难题，融通学科知识体系建构与问题解决能力发展，可能需要在方法论上找到第三条道路。

问题化学习与通常的质疑学习及 PBL 模式不同，PBL 模式是结构不良的真实性问题解决，基本学习方式对应国内的研究性学习，难以应用于知识体系良好的学科课程。问题化学习是一种"基于问题系统优化的学习"。学习者提出问题后,在老师与同伴的帮助下自主建构问题系统,寻找学习路径,建构学科思维。

问题化学习在起步阶段从知识结构良好的学科学习开始实践,兼顾学生自主提问与知识整体建构。随着研究的发展,问题系统除了解决知识结构化的问题,也解决学科思维建构的问题。随着问题化学习在跨学科课程中的实施,"问题系统"一方面做到了与分科课程的知识链接,另一方面又发挥了解决真实问题的认知结构化功能。

三、建构"中国式 PBL"

较之国际 PBL 模式,问题化学习在问题的范围与性质、问题的提出与聚焦、问题的解决过程等方面都不一样,结构要素也不相同,主张学习者自主提出问题、聚焦核心问题、持续探索追问、建构问题系统、合作解决问题,实现元认知、认知协同发展。问题化学习,**强调"三位一体的互动协商、核心问题的聚焦解决、问题系统的认知建构、知识系统与问题解决的融合互通"**,从而破解 PBL 模式在学科课程中的实施困境,建立了具有鲜明特色的"中国式 PBL"。

问题化学习注重"三位一体"的互动协商,避免儿童中心的风险,在学习共同体的学习中保障学生获得学科的关键素养,从而在学科学习中获得广泛的适用性。问题化学习**强调核心问题**,强调在一堆"矛盾"中抓住"主要矛盾",或者在"一个矛盾"中抓住"矛盾的主要方面"。问题化学习**强调问题系统的认知建构、知识系统与问题解决的融合互通**,使教学以学生深度学习为目标,融通知识系统与问题解决,建构心智模式实现学习迁移。所有这些努力,实现了知识体系与问题解决能力的双重建构。

第三节 学习方式与方法论贡献

教育改革需要自上而下的科学设计，也需要自下而上的自觉改进，这样才能最终汇聚能量，使之变成一种持续的演变与进步的力量，从而实现教育的进步。由于国情不同，中国教育需要找到适合自己的发展道路，包括宏观的教育方针的制定，中观的课程教材、考试制度改革，微观的课堂教学。

一、问题化学习的理论意义

问题化学习何以回归人类学习的本质？人类学习的本质就是自主发现并解决问题。为实现更完整的自建构过程，问题化学习不仅解决既定的问题，而且面向未来，注重"问题的发现""问题的建构""问题的解决""问题的反思""问题化学习的设计"。所以问题化学习起于思维，但不止于思维。问题化学习不仅是认知的，还是元认知的，更是主体精神的培育。学生在"自主发现与提出问题、聚焦与解决核心问题、持续探索与自我追问、深度建构问题系统"中，投入基于问题系统优化的学习过程，这一过程是动机系统激发、元认知系统发展和认知系统优化协同作用的过程。"三位一体"的基本原理与"问题系统化"的过程，将学科的逻辑顺序与学生的心理顺序统一起来，形成"学习的认知逻辑"。

问题化学习何以建构问题解决的中国方案？陶行知先生提出了"教学做合一"的教育思想。对于问题化学习而言，"做"的核心就是"解决问题"。问题化学习坚持"教取决于学，学取决于做"，提出"三位一体"聚焦核心问题、持续追问建构问题系统，基于"思中学"，贯通"书中学"与"做中学"，统筹知识体系与问题解决能力的双建构，这就是"问题解决学习"的现代方案。问题化学习是一种学习方式，但又不仅仅是一种学习方式，还提供了高于具体学习方式的方法论思考。

二、问题化学习的实践价值

问题化学习是在教育发展历史的脉络中寻找一条科学理性的道路，通过本土建构，建立自己的叙述逻辑，在对学科中心、教师中心、儿童中心的历史反思中寻找到"以学习为中心"的道路，坚持学习者在解决问题的同时，兼顾知识的整体建构、有效迁移能力的逐步形成。因此，问题化学习不仅指向能力问题，也包括动力问题，是从基础动力到过程结果全方位的一种学习，难度很高。

同时，问题化学习秉持"发现、支持和成就不一样的学习者"的价值理念，使之成为每一个教育者的行动原点和行为准则；遵循"三位一体"的课堂"首要原理"，"以学生的问题为起点"成为教育教学行为的逻辑起点和方法指南；以培育"面向未来的终身学习者"为目标，"全面建设问题化学习者的生态社群"成为学校发展方式、学校育人方式、质量增长方式、师生教学方式等变革的动力源泉和成功保障。

本 章 小 结

在探索的道路上，我们需要回溯历史的长河去明辨方向，也需要借助广阔的视野认清自己，更需要有摸着石头过河的探索勇气，最终形成富有解释力的实践成果。

第三章 问题与问题系统

我们可以将每一个陈述都当作是对某个问题的反应或回答，而要理解这个陈述，唯一的办法就是抓住这个陈述所要回答的那个问题。

——伽达默尔

第一节 问题在哪里

英国科学哲学家波普尔认为，科学和知识的增长永远始于问题，越来越深化的问题，越来越能启发新问题的问题。

人牙牙学语时，便会指手画脚地问："妈妈，这是什么呀，那是什么？"晚上母亲牵着孩子的手在林中散步，他便会睁大眼睛问："为什么月亮总跟着我们啊？""树叶是怎么样变黄的？""假如我到火星上生活会怎样呢？""人为什么要死呢？我要是死了，会到天堂吗？那里是一个美丽而幸福的地方吗？"……

人类从出生开始，总是伴随着问题生存着，对问题的探索与学习是一种本能。**围绕问题的探索对于人类来说是与生俱来的。**

老师告诉孩子们："叶子含有各种颜色的色素，有绿色的、红色的和黄色的等。由于叶子内绿色的叶绿素比较多，叶子便呈绿色。春、夏期间，植物产生大量的叶绿素，制造养分，这些叶绿素便遮盖了叶子中的其他色素。而秋天，叶绿素少了，自然叶子就黄了。"

如此颇费口舌，还不如让他们走在树林子里，感受那一片片秋日的落叶，让那些好奇的眼睛发出疑问。

老师："告诉我你感到奇怪的事是什么？"

孩子："树叶为什么会变成黄色的呢？"……

老师可以满足这些纯真孩子的好奇心，告诉他们大自然的奥秘，也可以让他们自己去寻找答案。

后者与前者的区别在于，孩子是带着问题来的，并且问题是属于他们自己的，这才是关键。**问题是孩子们自主探索的小舟，并使学习具有了个人意义。**

一、生活中的问题

如果你想做什么，但又不知道如何去做，那你就碰到了问题。

在直觉的水平上，每个人都知道什么是问题。我们都需要解决问题。例如，医生要诊断出患者的疾病，桥梁工程师要设计出一座跨海大桥，剧作家要写出一个好的剧本，小学生要解答一道应用题，棋手要选择一步好棋，等等。在现实的生活中，问题是多种多样的，内容和形式是千差万别的。但是，一般来说，当人们面临一项任务而没有直接的手段去完成时，便产生了一个或几个问题。而一旦找到了完成任务的手段或方法，问题就会得到解决。

二、哲学视野中的问题

在西方哲学史上有这样一个故事。大哲学家罗素与穆尔都是英国剑桥大学的著名教授。有一天罗素问穆尔："谁是你最好的学生？"穆尔毫不犹豫地说："维特根斯坦。""为什么？""因为在我所有的学生中，只有他一个人在听我的课时老是露出迷茫的神色，老是有一大堆问题。"

维特根斯坦的名气后来超过了罗素。有人问："罗素为什么落伍了？"维特根斯坦答道："因为没有问题了。"

问题以现实为基础，把历史和未来联系起来，把已知和未知联系起来，把认识和实践联系起来，把理论和实践联系起来。人生是一个不断发现问题和解决问题的历史过程。生活就是由一连串的问题构成的。生活史就是问题史。问题是人生之网上的纽结，它把人生的多种经历串联起来。① 借用笛卡儿的"我思故我在"，我们也可以说，人类学习的本质特征就是"我问故我在"。

波普尔提出了"科学始于问题"的著名命题，从而取代培根"科学始于观察"的认识论命题。波普尔的论点是我们不是从观察开始而总是从问题开始的——从实践的问题或者从遇到问题的理论开始。② 在《猜想与反驳》中，波普尔指出，科学应该被看成从问题到问题的进步，随着这种进步，问题的深度不断增加。③

劳丹在《进步及其问题》一书中主张：科学的主旨在于解决问题。他认为科学本质上是一种解决问题和以问题为定向的活动，科学的目标是获得解决问题或澄清问题的理论，即具有高度解题效力的理论。因为问题是科学思维的焦点，理论是科学思维的结晶。④

狄尔泰则提出了人文科学方法论的独特性：自然界需要解释说明，对人则必须去理解。⑤ 因此，人文科学要解答的问题不只是"是什么"，还包括"应该是什么"。

皮亚杰从问题的角度考察了学科独立的标志问题与学科之间的关系问题，这有助于我们从更宏观的角度理解问题系统和问题网络的特征，建立系统的问题观。

三、心理学意义上的问题

从桑代克起，心理学家就不断地探讨"问题解决"的心理机制。他们从不

---

① 张掌然. 问题的哲学研究 [M]. 北京：人民出版社，2005：2.
② 同① 59.
③ 同① 61.
④ 同① 68.
⑤ 同① 75.

同的角度对"问题解决"进行解释：行为主义心理学家强调解决问题的过程是尝试错误而最后成功的过程，格式塔心理学派认为问题解决是"顿悟"的结果，奥苏贝尔等把问题解决看作填补空白的过程，信息加工心理学家则视其为搜索算子的过程。如纽厄尔（A. Newell）和西蒙（H. A. Simon）认为，问题解决就是在问题空间进行搜索，以找到一条从问题的"初始状态"转化到"目标状态"的通路；加涅则将问题解决看成最高层次规则学习的结果；建构主义把问题解决视作经验（问题图式）的重新建构过程。

四、课程教学中的问题

课程的学与教中处处是问题，有是什么、为什么、怎么样的问题，有事实性问题与思考性问题，有核心问题与辅助问题，有学科的基本问题、单元的主要问题与具体的内容问题。师生需要解决老问题、解决新问题、解决疑难问题以及发现新问题……

比如：

在中东地区，是否会爆发新一轮的战争，该地区的危机意味着什么？什么势力将参与这场战争？你如何判断新一轮的世界格局？（这是一个涉及分析、综合、评价的高级思维问题，你如何引导学生去解决？）

假如你是一种濒临灭绝的动物，你的栖息地正遭受人类的破坏，你准备如何将人类告上法庭？请写一份控诉信。（这是一个情境性问题，围绕这个问题的学习整合了科学、人文领域的知识，而学习方式则可以是角色扮演。）

一个长方体的体积是 12 立方米，你知道它的长、宽、高分别是多少米？（这是一个较为开放的数学题，远比已知长、宽、高，求体积的问题更有挑战性。）

读了《骆驼祥子》，对书中的人与事，你还想了解什么？（试图让学生自己发现问题。）

……

问题无处不在，科学发现给我们呈现了人类文明与日积月累的知识。知识每年都以几何级数在增长，我们即便竭尽所能也无法穷尽。还记得伽达默尔的那句名言吗？要理解这个陈述（问题的答案），唯一的办法就是抓住这个陈述所要回答的那个问题。或许他想要告诫我们，与其那么努力地理解问题的答案，不如好好地抓住问题，去经历问题发现与探索的过程，这样我们会继续跟着前人的脚步创造人类新的文明。

第二节　问题的类型

关于问题的类型，在心理学的经典研究中有字谜游戏问题、谜箱问题、接棒问题、容器倒水问题等，有单一答案的"收敛性"（convergent）问题与多个答案的"发散性"问题，有低水平回忆性问题与高水平思考性问题，有良构问题与劣构问题。事实上，基于不同的视角，问题可以有丰富多彩的分类，这也揭示了问题解决的多样性。

迪吉克斯特拉（S. Dijkstra）等认为问题有三种类型：（1）分类问题；（2）设计问题（计划与程序）；（3）解释问题（原理、模式和理论）。解决这些不同类型的问题需要不同的知识结构（与预期的认知结构相一致）和不同的技能（概念、活动和过程）。[①]

因此，按照不同的维度，可以形成不同的分类模式。下面我们就问题的基本形式、不同层次的问题、不同视角的问题以及不同视域中的问题做一个探讨，为问题化学习过程中的提问、追问、建构问题系统提供灵活的思路。需要说明的是，问题的类型无法穷尽，提供一些分类的视角，目的是为实践提供启发。

---

① 梅里尔.首要教学原理［M］.盛群力，钟丽佳，等译.福州：福建教育出版社，2016：93.

一、问题的基本形式

麦卡锡的 4MAT 模式，采用"四何"问题分类法，即将问题分为"是何、为何、如何、若何"的问题。祝智庭教授将"由何"问题引入分类中，形成了"五何"问题分类法，这也是问题表达的基本形式。下面，我们对"五何"问题的实质与解决方式进行分析与列举。

（1）是何（what）类问题：一些表示事实内容的问题，说明是什么，有关本质、实质、要素，其答案含有事实性要素。

【举例】

什么是正义？——本质

What are you doing？（你正在做什么？）——内容

学习的基本方式：信息搜集、记忆、理解。

麦卡锡认为具体 – 行动型学习者偏好是何类问题，关注概念。

（2）为何（why）类问题：一些表示目的与理由的问题，说明为什么，有关目的、价值、意义、理由。

【举例】

树叶为什么一般是绿色的？——原由

你为什么这样做？——目的

学习的基本方式：反思、信息搜集、探究。

麦卡锡认为具体 – 反思型学习者偏好为何类问题，关注意义。

（3）如何（how）类问题：一些表示方法、途径与状态的问题，说明怎么样，用什么方法、手段、途径，处于怎么样的状态或情况等。如果表示一种方式，通常需要了解其过程。如果表示一种状态，通常需要了解其程度。

【举例】

你是如何做这件事的？——方式

你近况如何？——状态

这台机器是怎么工作的？——方式

她今天怎么样？——状态

学习的基本方式：方式类问题是做中学，也就是只有通过经历才能获得经验；状态类问题是体验中学习。

麦卡锡认为抽象－行动型学习者偏好如何类问题，关注应用。

（4）若何（if）类问题：一些表示情境条件变化的问题。

【举例】

如果下雨我们该怎么办？

假设那是真的，我们该怎么办呢？

学习的基本方式：猜想、情境中学习、发散与创造性地学习。

麦卡锡认为抽象－反思型学习者关注若何类问题，关注创造。

（5）由何（where/when/who）类问题：表示问题发生的条件、来历、起因，通常可以通过分析问题产生的情境（context），确定问题的性质和问题解决的方式。

【举例】

问题是怎么被发现的？——根源

由于"五何"问题是问题的基本形式，在不同的领域普遍存在，因此在问题化学习中具有非常广泛的适用性。另外，"五何"问题指向思考的不同视角，因此为问题集的形成提供了结构基础。

二、问题的不同层次

1. 不同认知水平的问题

问题的层次差异主要体现在认知维度上。布卢姆的教育目标分类学提出知识理解应用的不同层次，与之相对应，可形成六级认知水平的问题。

安德森（L. W. Anderson）等人 2001 年修订的布卢姆教育目标分类学，将认知程度从低到高分为记忆、理解、应用、分析、评价和创造六级。根据这种分类，我们把问题相应地分为从低到高的六大类。

（1）记忆性问题：学生通过回忆所学知识即可获得答案的问题，答案往往能够在材料中找到，学生无须多加思考。

（2）理解性问题：学生通过对所学内容进行一定的转换、解释、比较、推断方可获得答案的问题，需要对内容进行一定程度的加工。

（3）应用性问题：学生能够把所学的知识应用于熟悉与不熟悉的任务情境，解决老问题与新问题。

（4）分析性问题：学生能够把材料分解成各个要素，弄清各个要素之间的相互关系及其组织和结构的问题。

（5）评价性问题：学生能够运用规则和标准对观念、作品、方法、资料等做出价值判断的问题。

（6）创造性问题：学生能够在自己头脑中迅速检索与问题有关的各种资料，把它们组织成一个新的整体或模式的问题。

吉尔福特（J. P. Guilford）在1956年提出了智力结构学说，他把心智运算分为认知、记忆、收敛思维、发散思维、评价思维等五个层次。莫尔在吉尔福特智力结构学说和布卢姆教育目标分类学（认知领域）的基础上，提出了心智运算系统，把问题分为四类。

（1）事实性问题（factual questions）：学生根据事实，通过回忆或再认回答问题。其主要用于测量学生的记忆力，属于最狭窄的问题。例如：第二次世界大战在哪一年结束？

（2）经验性问题（empirical questions）：学生对已有的信息进行分析和综合，提供一个或几个确定的答案。此类问题需要大量的思考，但答案往往是固定的，属于较狭窄的问题。例如：已知三角形的高为3厘米，底为4厘米，求三角形面积。

（3）创造性问题（productive questions）：学生超越对知识的简单回忆，运用想象力和创造性思维对原有知识和经验进行重新组合，产生一种独特、新奇的答案。它往往没有确定的标准答案，属于思路较宽的问题。例如：月亮被文人赋予了什么样的内涵？看到月亮你有过哪些想象？

（4）评价性问题（evaluative questions）：学生根据一定的准则对事物进行价值判断或选择，往往没有确定的标准答案。回答这类问题往往需要某些内部的或外部的价值标准，因此，有时候它比创造性问题更难以回答。例如：如何看待"追星"现象？

再如，按照布朗（G. A. Brown）和埃特蒙森（R. Edmonson）的分类系统，可以将问题分为认知性问题、猜测性问题、情感性问题与管理性问题。

又如，按照克拉克和斯塔的分类体系，可以有这样几种思维水平的问题。

（1）认知记忆性问题（cognitive memory questions）：学生依据所知事实，采取回忆或再认的方式来回答问题。

（2）收敛性问题（convergent questions）：学生根据所记忆的资料进行分析及组织，并朝某一特定的方向进行思考，只有一个或几个答案是正确的。

（3）发散性问题（divergent questions）：学生利用已有的知识进行思考，没有特定的思维方向，可以采取创新、独特的方式来回答问题，没有标准答案。

（4）评价性问题（evaluative questions）：学生先设定价值标准，然后进行判断或选择。

我们从认知维度出发，对安德森、莫尔、克拉克和斯塔等人的问题分类体系进行了汇总与梳理（见表3.1）。

表 3.1 认知性问题的层次

安德森等	莫尔	克拉克和斯塔	其他
记忆性问题	事实性问题	认知记忆性问题	记忆性问题
理解性问题	经验性问题	收敛性问题	推理性问题
应用性问题	创造性问题	发散性问题	创造性问题
分析性问题	评价性问题	评价性问题	评价性问题
评价性问题			管理性问题
创造性问题			

从总体上讲，认识问题的认知层次有助于我们在教学中帮助学生循序渐进地解决问题，也让教师对不同层次的课程目标有更精准的把握。

2. 分层次推进的问题

层次的差异还可以体现在同类问题解决的难易程度上。

我们依据学习者解决问题的经验，根据问题的三要素，即问题的情境与条件、解决方法与规则、答案或解决方案，区分什么是解决老问题，什么是解决新问题、疑难题及发现新问题（见表3.2）。

（1）解决老问题：面对呈现过的或类似的问题情境，运用自己熟知的方式或规则来建构类似的问题空间，解决问题。

（2）解决新问题：面对未呈现过的问题情境，运用各种方式或规则来建构新的问题空间，解决问题。

（3）解决疑难题：面对未呈现过的复杂的问题情境，综合运用一些方式或规则建构新的问题空间，解决问题。

（4）发现新问题：发现无法用原有的方法与规则解决新出现的问题，暂时无法建构自己的问题空间进行解决。

表 3.2　解决老问题、解决新问题、解决疑难题、发现新问题的区别

项目	解决老问题	解决新问题	解决疑难题	发现新问题
情境与条件	呈现过问题情境或问题情境类似，一些老的条件	未呈现过的问题情境，条件变化或出现新条件	问题情境中含有两难问题，或条件不充分，或有无关条件干扰	在新的问题情境中发现问题条件
解决方法与规则	直接使用相同的或类似的问题情境中的方法与规则解决问题	可以用老方法解决新问题，也可以在解决过程中形成新方法	方法、规则与解决的途径是多样的，或条件不充分，因此方法是开放的，需要创造性地解决	未知
答案或解决方案	答案是明确的或可预见的	答案不能直接预见	答案是不确定的或开放的	未知

三、问题的不同视角

依据不同的视角，可以将问题分为不同类型，提出与解决不同的问题就可以发展相应的思维能力。

1. 比较的问题

比较的问题涉及的是对比思维，即通过对两种相同或不同事物进行对比，寻找事物的异同之处及其本质与特性。例如：郑和与哥伦布，谁更伟大？对于这一问题，从历史的角度，可以研究两人出航的原因与作用；从地理的角度，可以研究两人出航的航线，比较航程、出访国家与地理价值；从经济学的角度，

可以探究两人航行的经济背景以及对本国经济发展的影响；从国际关系的角度，可以探究两人推行的对外政策与国际观念，以及对到访国家与地区的影响。

学习者通常需要思考：它们之间有什么区别与联系？要培养学习者对事物差异的敏感性，在比较中发现问题。所以，观察事物发生发展的变化，比较人物之间的异同，从人、事、物纵向和横向多个维度加以比较，是思考问题的有效策略。

2. 分解的问题

如果一个核心问题或主问题太大，无从下手，就可以将之分解成若干子问题，分步骤解决。分解思维就是把一个问题分解成各个部分，从每个部分及其相互关系中寻找答案。例如：《天窗》中"为什么小小的天窗是唯一的慰藉？"这一问题，就可以分解为"为什么是小小的天窗？""为什么是唯一的慰藉？""慰藉是指什么？"等问题。

学习者通常需要思考：对于这样一个事物，产生了哪些问题？这样一个大问题，可以分成几个小问题？可以按照怎样的步骤来解决这一问题？学习者也可以学会根据关键词提问，把对象要素化后提问，从是什么、为什么、怎么样等基本维度去思考问题。

3. 递进的问题

递进，是指按一定顺序推进，如由浅入深、由易到难。递进，是层层推进、逻辑推演的思维过程。我们可以按照大小轻重本末先后深浅难易等一定的次序，对事物依次层层推进。例如，如果要解决"为什么说'天下所有慈母的跪拜，包括动物在内，都是神圣的'？"，我们可以首先思考"为什么藏羚羊要向老猎人跪拜？"，然后思考"藏羚羊的一跪为什么是神圣的？"，最后思考"为什么说天下慈母的跪拜都是神圣的？"，这样由浅入深逐步升华。

学习者通常需要思考：接下去应该思考什么问题？进一步要探讨什么问题？递进复句常用的关联词语有"又、更、而且、况且、何况、甚至、尤其、不但……而且……、不仅……而且……、尚且……何况……、别说……连……"等。我们可以通过关联词语学会自我追问，促进深入思考。

4. 求证的问题

求证就是验证，可以证实也可以证伪。求证就是用自己掌握的知识和经验去验证某一个结论的思维。求证的结构包括论题、论据和论证方式，求证需要综合运用多种思维方法。例如：周长相等的长方形，长宽越接近，面积越大，如何验证？又如：我们是如何知道夏朝是中国的第一个王朝的？有哪些史料可以证明？

学习者通常需要思考：如何知道？如何验证？从哪里可以找到依据？从中可以得出什么结论？通过文献／观察／调查／实验，可以获得什么结论？在不同的学科中，求证的问题及验证的过程与方法会有所不同。在自然科学中我们可以采用实验验证的方法；在数学中可以采用举例验证或演绎推理等方法；在语文阅读中，我们通常会说，从哪些地方、哪些词句中可以得出怎样的结论等；而历史求证很多时候需要经历"寻找证据途径，判断信息真伪，思考证据是否充足，进行史料分类、比对与归纳，然后进行判断与推论"的过程。

5. 举一反三的问题

反：类推、推及、推论。举一反三，是指列举出一件事情，进而类推其他许多事情；从一个问题，类推另一个问题。这涉及演绎思维——把一般规律应用于一个个具体事例的思维，在逻辑学上又叫演绎推理。如周长与面积的关系：在周长一定的条件下，怎样围长方形面积最大或最小？是否所有的长方形都具有这样的规律？面积一定的条件下，怎样围长方形，周长最长或最短？是否所有的长方形都具有这样的规律？

学习者通常需要思考：根据这个事例总结出来的原理／道理，可以运用到哪些地方？孔子曾对他的学生说："举一隅，不以三隅反，则不复也。"意思是说："我举出一个方面，你们应该能灵活地推想到另外几个方面。如果不能的话，我也不会再教你们了。""举一反三"这一成语就来源于此。意思是说，学一件东西，要灵活地思考，并运用到其他相类似的东西上。

6. 审辨的问题

审辨，即审慎地辨别，体现了求真的态度、开放的思想，它要求独立自信地判定问题，依据证据进行系统性分析。审辨式思维又称批判性思维，它反映了求真、公正、反思和开放的精神态度，以及分析、推理、判断、开创等的思维能力。例如：在小学一年级"规则"一课中，教师需要引导学生树立不采摘花草树叶、保护绿化带的规则意识。恰巧在前一周的科学课上，孩子们刚完成制作树叶书签的作业。在课堂上，老师询问孩子："要完成树叶书签的作业，到底该不该去采摘树叶呢？"孩子们于是面临了两难情境：要完成作业，可树叶也是生命，不该伤害它。有一个孩子提出了一个审辨性问题"那么作业和生命，哪个更重要？"，引发全班同学的反思与谈论。①

学习者通常需要思考：我可以对原先的想法做一个什么样的反思？不过，批判性思维不等于否定，而是要谨慎反思和创造。所以，紧接着会思考的问题是：我该如何判断？通过这些，我有哪些新的认识？哪些方面可以帮助我得出结论？复杂的情境、两难的情境，有助于我们判断新的问题，促进我们重新思考，包括讨论思考的标准，而这需要勇于质疑或修正一个人原先的推论。

7. 辩证的问题

辩证的问题：将对象作为一个整体，在其内在矛盾的运动、变化及各个方面的相互联系中进行思考，以便从本质上系统地、完整地认识对象。首先是逆向的思考，然后运用辩证法的规律进行思维，包括对立统一规律、质变与量变转化规律、否定之否定规律。例如："康乾盛世"是中国古代封建王朝的最后一个盛世，同时也被认为是中国封建社会的回光返照。对于这一历史时期，有人称为"High Qing"，即清朝的高峰期；有人指出此时期制度僵化，对内实行民族压迫，对外闭关锁国，盛世下隐藏着巨大的危机。如果用逆向思维来审视这一时期，可以思考"'康乾盛世'盛吗？"如果用辩证思维看，可以思考"'康乾盛世'盛中有衰吗？"

学习者通常需要反过来思考"由 A 及 B 可以，可不可能由 B 及 A？"，或做否定式思考"假如……是否……""到底……究竟……"；从发展变化的角度思考"现在是，未来还是吗？这里是，到了那里，还是吗？"；也可以从时间与空间两个维度思考，发现矛盾冲突，找到事物矛盾的两个方面，做对立统一的辩证思考问题。

8. 引申的问题

引申：由原义产生新义。例如，"打"有三种用法。（1）他打了人。（2）打掩护。（3）打理公司。第（1）句中的"打"使用的是本义；而第（2）（3）句

① 执教者：上海市教育学会宝山实验学校顾俊蓉。

中的"打"使用的是引申义。引申的问题通常是问题之外的问题，是在问题之外，找到新的意义与视角。引申的问题涉及侧向思维（lateral thinking），这种思维活泼多变，善于联想推导，又称"旁通思维"。例如：古有"橘生淮南则为橘，生于淮北则为枳"之说，隐喻"一方水土养一方人"，是何缘故？

学习者通常需要思考：如果从不一样的视角出发，会有什么新的发现，会提出什么问题？因此，侧向思维的要义在于"他山之石，可以攻玉"，借助系统之外的信息、知识、经验来解决面临的难题。

9. 扩展的问题

扩展，是指向外伸展。扩展的问题包括：（1）围绕一个主题/话题，从不同角度扩展出来的问题；（2）由原来的问题延展出去的问题；（3）追求不同答案的问题。扩展的问题涉及横向思维、平行思维、求异思维。例如美术课上在探讨中国山水画留白给人哪些美的意蕴时，提出扩展的问题：中国山水画如何实现从写实向写意的转变？中国山水画中的留白与中国章回小说、戏剧、建筑中的"留白"是否有联系？这样就连接到了文学艺术。或者提出这样的问题：是什么因素促进了中国山水画中留白的形成？是南宋政治变革引起的"残山剩水"意识吗？这样就连接到了政治。再如：北宋时期，北方山水派系和江南山水派系各自的特点是什么？其画风是否与南北方的山水地貌、风土人情有联系？这样就连接到了历史、地理。扩展的问题可以为某个主题的学习打开新的视窗。在跨学科、跨领域学习中，还可以以问题为纽带，实现学科之间、领域之间的连接与贯通。

学习者通常需要思考：如何从是何、为何、如何、若何、由何等视角对问题进行扩展，解决扩展的问题没有固定的思维，从不同的领域与境遇出发，就会发现不一样的路径。如果说递进的问题追求的是思维的深度，那么扩展的问题追求的是思维的广度。

10. 转化的问题

转化：在解决问题的过程中遇到障碍时，把问题由一种形式转换成另一种形式，以化繁为简，化难为易。转化涉及转化思维、交叉思维、组合思维。例如，李帆老师这样解读《愚公移山》①。

老师板书	愚公	移	山
学生提问	愚公是谁？	为何移？	什么山？
	愚公是一个怎样的人？	怎么移？	
	为何叫"愚"公？	为何坚持移？	
		最后怎么样？	

将问题交叉组合起来，就是：愚公在怎样的情况下如何移山，由此可以看出愚公是一个怎样的人？

学习者通常需要思考：我可以把这个新问题转化为怎样的老问题来解决？找到看起来毫无关系的两个事物，将其联系起来思考，多问自己：它们之间有关系吗？很多时候问题需要对接与转化，因此可以把一些看似没有关系的事物或问题放在一起，联系起来思考一下。也可以基于一个共同主题，思考不同的专题有什么联系。

11. 潜在的问题

潜在的问题是指存在于事物内部的尚未显露出来的问题。学习者的问题有三种类型：其一是知道自己的困惑并能清晰表达；其二是意识到自己的问题但不能清晰表达；其三是自己没有意识到的问题，也就是潜在的问题。解决潜在的问题涉及渗透思维，就是在分析问题时看到错综复杂的互相渗透的因素，通过对这些潜在因素关系的分析解决问题。

例如，在第一届"中国学生好问题"大赛中铭烁小朋友问了一个问题："为什么大腿比小腿粗呢？不是应该粗的在下面吗？现在怎么细的支撑粗的？"大家一开始觉得这个问题很粗浅，大腿比小腿粗是常识。但是这确实是小学生的真问题！铭烁谈道："为什么建筑物和植物大多是下面粗上面细，但动物则不同？这从力学上看好像不合理。"所以这个问题具有潜在的探究价值：为什么动物的四肢通常是靠近躯体的要粗一些，然后越来越细？植物的根茎粗细有什么

---

① 执教者：上海市宝山区共富实验学校李帆。

特点？建筑一定是下粗上细吗？不同的建筑结构不同，支撑的方式也不同，这又是为何？

学习者通常需要思考：潜在的问题就是在寻常处追问，在司空见惯的地方追问。关键要在无疑处生疑，在寻常处质疑，在看似无关的事物之间发现潜在的联系与问题。

12. 聚焦的问题

聚焦作为一个物理学术语，是指控制一束光或粒子流使其尽可能聚于一点的过程。聚焦的问题，也就是核心问题。核心问题对于整个问题系统而言，具有统领的作用。解决核心问题，就能牵一发动全身，最终其他的次要矛盾（次级问题）就能迎刃而解。解决核心问题涉及统摄思维、核心思维与集中思维。

学习者通常需要思考：这些问题中，最重要的问题／最关键的问题／最有价值的问题是什么？聚焦核心问题的原理与策略会在第七章"问题化学习的课堂首要原理"中阐述。

13. 归纳的问题

归纳指归拢并使有条理（多用于抽象事物），也指一种推理方法，这涉及由一系列具体的事实概括出一般规律和共通结论的思维（与"演绎"相对）。例如：根据他们共同的特点，你从中发现了什么规律？

学习者通常需要思考：如果把这些问题综合起来，能够解决什么大问题？能否把这几个问题合起来说一下？也可以通过头脑风暴，把碎片化的问题进行梳理，合并同类项，相同或相似的问题可以用一个大问题来归纳；也可以通过小组讨论，把几个小问题合成一个大问题。

14. 反思的问题

反思：回头、反过来思考。反思是学生通过自我追问促进、监控以及回顾问题解决的过程。这涉及问题产生的情境与条件，也涉及元认知思考。例如：我是怎么解决这个问题的？别人的方法对我有什么启示？

学习者通常需要思考：我是怎样发现这个问题的？我接下来做什么？我怎样更好地来处理下一步、下个挑战？当我达到这一步时，我做过什么，什么是有效的，什么行不通？别人先于我做过哪些尝试？对于这个任务，哪种问题可能对我最有帮助，我需要怎样改变研究计划？我解决这个问题的过程、方法与步骤是否合理，有没有需要完善的地方？等等。自我追问不仅仅是一种策略，也是一种习惯。元认知策略更多地体现在解决问题的过程，以及解决问题之后对整个过程的回顾中，通过反躬自省认识自己的不足、提升自己的经验系统。

15. 奇妙的问题

此外，我们把一些通过灵感、直觉思维、跳跃思维，以及想象而非逻辑思维解决的问题称为奇妙的问题。例如：如果你是嫦娥或月兔，你想对人类说什么？

学习者通常需要思考"假如我是""假如我在""如果不是"这样奇妙的问题，事实上，灵感、跳跃思维、直觉思维、想象很难通过技术理性的方式达到，恰恰需要空间、自由的氛围与环境。

四、问题的不同视域

特定的领域会有特定的思考范式，如科学领域与人文领域虽然有相通之处，但思考的问题群是不同的。而对同一个事物／问题的多侧面思考，通常表现为在解决一个较大问题时，可从多视角形成各侧面的子问题。

1. 探究问题的四个侧面

（1）解释性问题：如果说推理性问题要求学生找出缺失的信息，那么解释性问题要求学生理解信息或思想的结果。

（2）推理性问题：这类问题要求学生对眼前的信息进行进一步的推理，要求学生去发现线索、检验线索，讨论什么样的推理是正确的。

（3）转换性问题：如果说解释性问题和推理性问题要求学生对问题有深入的理解，那么转换性问题就要求学生转变角度形成更宽的思考，将知识应用到一个新的情境。

（4）假设性问题：假设性问题是对科学的猜想、预测与验证。实际上，假设性问题存在于各个领域。

2. 理解的六个侧面

威金斯（G. Wiggins）和麦克泰（J. McTighe）从理解的复杂性出发，将理解分为"解释""释译""应用""洞察""移情""自我认识"六个维度①，得到了学术界的关注。

（1）侧面一：解释，即对事物进行合理、恰当的论证说明。解释往往涉及这样的问题：为什么是这样的？用什么来说明此类行动？怎样说明？它与什么相联系？它是怎样起作用的？有什么含义？

（2）侧面二：释译，提供有意义的阐释、叙述和翻译。阐明往往涉及这样的问题：讲述意味着什么？为什么它会如此重要？它是什么？它与我有什么关系？怎样才能言之有理？

（3）侧面三：应用，一种能将所学知识有效地应用于新环境的能力。应用往往涉及这样的问题：我在哪里可以使用此知识、技巧或过程，又以什么方式使用？人们在学校以外的地方以什么方式来应用此知识？我应该如何调整思维与行动来适应某种特殊情况？

（4）侧面四：洞察，具有批判性思维的洞察力。洞察往往涉及这样的问题：这是谁的观点？此观点的优势是什么？它的局限是什么？又该如何改进呢？事情为什么会这样？从另外的观点来看，这个问题的价值会不会更清楚一些？与我持不同观点的人是如何看待这个问题的？

（5）侧面五：移情，进入其他人情感和世界观的能力。移情往往涉及这样的问题：这件事临到我身上会怎么样？我不这样做，他们会怎么看？我要理解这件事，需要什么体验？

（6）侧面六：自我认识，知道自己无知的智慧，知道自己的思维模式和行为是如何实现或妨碍了理解。自知往往涉及这样的问题：我理解的局限性是什么？我的盲区是什么？由于我的偏见、习惯、性格与心智模式，我容易对什么产生误解？

---

① Wiggins G，McTighe J．理解力培养与课程设计：一种教学和评价的新实践［M］．么加利，译．北京：中国轻工业出版社，2003：76-98.

第三节　问题系统

一、系统的问题观

系统的问题观包含四个层次[①]：一是用系统的观点看待系统中的每一个问题；二是从系统的高度透视问题与问题之间的关系；三是借助特定领域的经验透视某个问题系统；四是对问题全域或问题网络进行全方位的透视，把握问题系统之间的联系。

1.系统地透视每一个问题

用系统的观点看待每一个问题，就是把这个问题放在全局中去考量，对单个问题做出全面深入的理解，从而做出有效的判断。也就是搞清楚这个问题在整个系统中属于什么问题，是核心问题还是辅助问题，是主干问题还是分支问题，缺少了它会怎么样。

用系统的观点看待每一个问题，还包括系统考察每个问题是由哪些要素构成的，要素之间存在怎么样的关系，解决问题的内在条件有哪些，所涉及的外部环境又有哪些。这些都对成功解决问题有帮助。

要研究问题系统，就需要对这个问题系统中每一个问题的类型、属性、层次、侧面，有一个基本研究。这样才能搞清每个问题具有怎样的属性、问题之间具有怎样的逻辑关系、部分与整体之间存在怎样的内在关系，以及最终构成一个怎样的问题系统等。

2.透视问题与问题之间的关系

从系统的高度透视问题与问题之间的关系，简单地说，就是探讨树林中树木与树木的关系。通过确定问题系统中每一个问题的属性，以及问题解决的次

---

① 张掌然.问题的哲学研究 [M].北京：人民出版社，2005：152-153.

序、方法、切入点、重心，有效地解决系统内部诸问题。这也是从中观层面理解问题化学习的核心要点。

首先需要考虑，在问题系统中，每一个问题的属性是什么。比如，谁是核心问题，谁是辅助问题，谁是"是什么"的问题，谁是"为什么、怎么样"的问题。只有进一步明确每个问题的性质，才能更好地明确问题之间的关系。那问题系统内问题之间的内在关系有哪些呢？有并列关系、递进关系、延伸关系、平行关系、包含关系、表里关系等。

3. 透视问题系统

从更广阔的视野来透视某个问题系统，简单地说，就是考察其他树林的构成，作为建设本树林的参考与借鉴。通过借鉴邻域的经验和方法，对问题系统进行全面的、多视角的透视，从而对系统问题做出全面的、综合的、合理的解决。

有一些问题系统具有跨域的通适性，如"五何"问题，既是科学探究的基本问题，也是人文感悟的基本问题。

4. 透视问题全域

对问题全域进行全方位的透视，就是通过透视整个森林，把握树林与树林的关系。通过透视问题系统之间的联系，从而在问题系统的相互联系中理解问题、分析问题和解决问题。这对学习者有很高的要求，通常是把对知识的理解上升到对学科的理解，从而能够理解学科与学科之间的关系。作为老师，我们应该拥有这样的视角，能够把握自己所教授学科的基本问题与基本的问题系统。

二、问题系统的理论基础

正如我们指出的，问题化学习是一种通过系列问题来实现持续性学习的活动。对于学习来说，一个重要的假设就是学生通过系列问题的解决，可以掌握知识、获得智慧。因此，对于"系列问题"（更准确地说是问题系统）的研究与思考本身也成为问题化学习的重点内容之一。

1. 问题系统的哲学基础

问题可以从微观（单个问题）、中观（问题系统）和宏观（问题全域）三个层面来考察。问题的中观特征是指问题的系统特征或一个问题域的特征。在现实世界，问题既有一定的独立性，又是相互联系、彼此制约的。一个学科、一个部门、一个领域的诸多问题构成一个问题集合或系统。[①] 问题的中观特征是研究问题系统的基础。

问题的中观特征是整体性、层次性与从属性。整体性是指问题系统内部诸问题之间的相互制约性。在一个问题系统内部，不同的问题之间存在并列、递进、延伸、平行、包含、表里等逻辑关系。问题系统的整体性要求学习者把握问题之间的联系，理顺关系与思路。层次性是指问题系统内的诸问题之间，表现出一定的层次。问题系统的层次性要求我们在解决问题时，学会分层次解决问题，也要学会从整体出发跨层次地解决问题。例如，在解题时可以采取分层次推进的方式，也可以通过一个难题的解决，解决各个层级的问题。问题系统的从属性反映的是问题的主从关系，表现为核心问题和周边问题之间的关系、基本问题与次级问题之间的关系。聚焦核心问题的解决也是有效学习的具体表现之一。

2. 问题系统与系统论

"系统"是指处于一定的相互关系之中、与环境发生关系的各组成部分的总体。[②] 对于系统，传统上有两种认识：一种认为系统是静态的、可分解的，它由各种相互独立的要素累加形成，也就是整体等于部分之和。事实上，我们的实验科学创立以来就遵循了这样一种概念范式，即把复杂的现象分解成基本的部分和过程。另一种认为系统本身存在变数，它更类似于有生命的机体组织，虽然它是可以被分解的、被认识的，但组织的各要素并不是孤立存在的，它们之间存在着紧密联系，相互发生着作用。为了理解组织的完整性，应当既认识各组成要素，也认识它们之间的关系。当代的普通系统论正是建立在此认识论基础上的。

---

①　张掌然. 问题的哲学研究 [M]. 北京：人民出版社，2005：214.

②　贝塔朗菲. 普通系统论的历史和现状 [J]. 王兴成，译. 国外社会科学，1978（2）：66–74.

我们基于普通系统论的观点提出问题系统，它指向问题的中观特征，即问题的系统特征或一个问题域的特征。以此为出发点，我们认为，学生学习中的问题并不是孤立存在的，任何一个问题都可能（也应该）存在于一个问题系统中，这个问题系统应该是一个有机的整体，问题与问题间相互关联、相互作用。教师既需要考虑要素问题，即知识维度上对内容信息的问题化、要素化，又要考虑问题间的关联，即认知维度上的系统化、结构化，从而使系统产生在各要素孤立状态下所没有的新质，[①]也就是亚里士多德所说的整体大于部分之和。

由此，我们提出了学习中的问题系统的优化，就是以普通系统论为认识论前提，以知识的内在关联性与学生的认知规律为思考前提，依据系统论思想，以促进有效学习为出发点，研究如何利用问题系统优化知识结构、优化学习过程、提高学习效能。

3. 问题系统与学习论

有学者指出，有效性学习必须满足这样的学习条件——结构化知识，一致性、整合性、有意义性的知识联结。有效性学习不仅仅是学得信息本身，而且要学会信息该用在什么地方，因此有效性学习要求知识的程序化、可用性。[②]事实上，这里提出了有效性学习必须考虑的三个要素：知识、认知和情境。我们既需要根据这三个要素的特点，去分析、把握它们的规律，如结构化知识、情境化知识的运用；也需要研究三者之间的互动关系，从系统论的角度实现三者的最优化作用。由此可以看出，我们对于问题系统的思考，特别是以提高知识内在关联性与学习认知效果为起点的实践，符合学习论的观点。

另外，本书还引入了问题图式（problem schema）的概念，以进一步阐释问题解决与学生学习的关系。[③]在图式理论者看来，图式是一种心理模型，它们不

---

① 黄正元. 认识系统与系统认识：谈系统论视域下的认识论 [J]. 兰州学刊，2009（4）：25-28.
② 邢强，孟卫青. 论有效性学习与教学环境的设计 [J]. 开放教育研究，2001（6）：16-19，53-54.
③ 关于这方面的论述参见本书后文.

仅表征个体有关具体学科的知识，还包括对任务要求及任务表现的知觉。[1] 由此，在这种心理模型的修正或改变中，教学材料的内容及组织结构就显得尤为重要。因为它们直接影响图式增生、调整或重建——心理模型的质量，也反过来影响学习的效果。因此，我们提出的问题系统及其优化就是从内容、组织等方面切入，促进学生知识的有效建构以及学习能力的有效提升。图式理论不仅为问题化学习提供了重要的心理学支撑，也为问题化学习中问题系统的建构指明了方向。

4. 问题系统与教学论

美国当代学者理查德·梅耶（R. E. Mayer）认为：“教学与学习是彼此互相联系的过程，通过教学促成学习者发生改变。正是教学操控导致了学习者知识的变化。因为所有的学习都涉及将新的信息与现有的知识联系起来，因此，帮助学习者形成知识结构，用以支持掌握有用的新知识，就是至关重要的事情。”[2] 事实上，现代教学论对教学系统中的教学材料要素的认识已经发生了很大的变化，知识的主观性与建构性特征越来越受到关注。由此，通过教学让学生实现有意义的学习，更加有效地获得认知策略，掌握有效的学习方法，而不仅仅是记忆事实性知识，成为研究与实践的重点。上节已述，我们对于问题系统的思考，正是基于对结构化知识、建构性认知可以提高学生学习效率和效果的认识。

现代教学越来越把教学过程视为一个系统，通过细致、综合地分析各种交织在一起的影响学习的因素，如学生、教师、教学材料、学习环境，选择应对策略，整合有效方法，以引发和促进学生学习。由此，问题系统的形成以及优化又转变成教学意义上的系统设计，对应于整个教学过程的设计，如问题情境的分析、核心问题的聚焦、系列问题的探究、问题系统的建构、问题解决活动的设计、过程的实施和结果的评价等。显然，对于问题系统的关注与思考能够避免教师教学中对问题采取简单的问答式处理，而让问题真正成为学习发生与

---

[1] 德里斯科尔. 学习心理学：面向教学的取向（第三版）[M]. 王小明，等译. 上海：华东师范大学出版社，2008：109.

[2] Mayer R E. 为意义建构学习设计教学：学习与教学概说 [J]. 马兰，盛群力，编译. 远程教育杂志，2006（1）：15-20.

发展的源泉。

三、问题系统的类型与功能

1. 学科领域特定的问题系统

（1）问题系统与学科思维。

由于问题具有认识论与方法论的意义，即它关注人们如何认识世界以及用什么方法认识世界，因此，培养良好的学科问题意识，以及建构问题系统是发展学科思维能力的有效路径。建构问题系统、培养学科思维的形式包括问题系统化、系统图式化、图式可视化。

每一个学科都有其特定的认知规律，随着学科学习过程中一组问题的解决，最终会形成特定的问题系统，这就是问题系统化的过程，它可以建构认知结构、发展学科思维。如果具体情境中的问题化学习过程最终抽象为代表一类学科学习的问题系统，那么认知结构形成的过程就是系统图式化的过程，是将来实现学习迁移的基础。

德国历史学家德罗伊森（J. G. Droysen）首先提出，**科学的研究方法是说明，但历史的研究方法必须是理解**。狄尔泰认为人文科学是与人类及其实践密切相关的，既然人文科学的主要任务是实践，那么其理论主张就不应该仅仅概括为"是什么"，还包括"应该是什么"，这其中包括价值判断系统。

（2）问题系统与学科学习路径。

学科思维体现了学科学习中特有的思维方式，学科学习路径是由这个思维方式所产生的基本思考过程，构成了认知的必经道路。比如，科学发现是以探究为中心，其思维的核心是探究思维；而工程实践则是以设计为中心，其思维的核心则是设计思维。工程设计类的实践活动通常具有明确的目的性，它的基本流程包括：一是分析问题，即了解研究对象是什么，通过列举缺点、扩大功用、改进功效等方法，分析过去的产品有何缺点。二是明确目标，即确定准备在哪方面进行改进，在材质替代、外观美化、尺寸调整、结构优化、功效扩大等方面进行设计。三是设计验证，付诸实践，包括精心计算参数、巧妙设计图纸、反复测试数据等。四是运用完善，即将产品运用于实践。通过对产品的推广不断发现新问题，通过降低成本发现新的改进点，从而促使产品持续改进。

2. 通适问题系统

（1）问题解决的一般过程。

通常认为，问题解决经历四个阶段：发现问题、分析问题、提出假设与检验假设。在问题解决的模式上，比较有影响的是杜威的思维五步法：①发现疑难存在的情境。②确定疑难所在。③提出解决问题的假设。④推断哪个假设能够解决这个疑难。⑤验证假设。基于思维五步法产生五个基本的教学过程：一是教师给儿童提供一个与社会生活经验相联系的情境，二是使儿童有准备地应对情境中产生的问题，三是使儿童产生对解决问题的思考和假设，四是儿童自己对解决问题的假设加以整理和排列，五是儿童通过应用来检验这些假设。

（2）提问／追问贯穿问题解决的过程。

在问题化学习的视域中，我们把问题解决的大过程看成解决核心问题的过程。提问与追问是一对概念，追问可以帮助我们厘清核心问题、分解大问题，深化问题解决的过程；追问的过程就是核心问题解决的过程，追问出来的具体问题，就形成了解决这个大问题的问题系统。在这个过程中，一般包括追问厘清基本问题、追问提出解决假设和追问反思解决结果。

追问厘清基本问题：要解决所发现的问题，必须明确问题的性质，也就是弄清有哪些矛盾、哪个是主要矛盾，有哪些矛盾方面、它们之间有什么关系，以确定解决问题要达到什么结果、所必须具备的条件、条件之间的关系、目前已具有哪些条件等。

追问提出解决假设：在分析问题的基础上，提出解决该问题的假设，即可采用的解决方案，其中包括采取什么原则和具体的途径、方法等。所有这些往往不是既定现成的，具体的解决方案会有多种。

追问反思解决结果（检验假设）：假设只是一种可能的解决方案，还不能保证问题必定能获得解决，所以问题解决的最后一步是对假设进行检验。通常有两种检验方法：一是通过实践检验，即按照假定方案实施，如果成功就证明假设正确，同时问题也得到解决；二是通过心智活动进行推理，即按照假设进行推断，如果能合乎逻辑地导出预期成果，就算问题得到初步解决。特别是在假设方案还不能实施时，必须采用后一种检验方法。如果问题已经解决了，追问的主要内容包括反思解决问题的过程与方法，进行相关问题的比较、同类问题的归纳，比如思考我是怎样完成这个任务的、还有没有更好的方法与路径、解决这个问题与解决哪个问题有相通之处、我是否发展了自己的思维技能等。

（3）一般性策略对学科学习的意义。

当然，解决问题还有一些一般性策略，如算法式策略、启发式策略，其中包括手段－目的分析、顺向推理、逆向推理，以及我们前面详细介绍的假设检验。

对于学科学习而言，一方面我们需要掌握学科领域特定的学习思维、追问路径，另一方面也可以经常应用问题解决的一般过程与策略，这对于跨界的学习以及解决结构不良的真实性问题，是非常有用的。

3.个性化学习的问题系统

（1）学生建构的问题系统表征个性化学习路径。

研究学生建构的个性化的问题系统，需要教师去判断、去捕捉、去读懂学生的问题及问题的组织方式，包括学生的思考视角与风格，学习倾向与需求，问题系统所呈现的思考路径、思维品质与层次，以及自我提问与追问的过程，这些最终使学生形成了个性化的学习路径。

（2）学生个性化问题系统与学习路径案例。

比如，在阅读过程中，学生通过追问自建问题系统的过程也是寻找解读文本路径的过程。我们不妨通过上海市宝山区行知第二中学学生自建的问题系统来分析学生解读文本时个性化的视角与路径（见图3.1）。

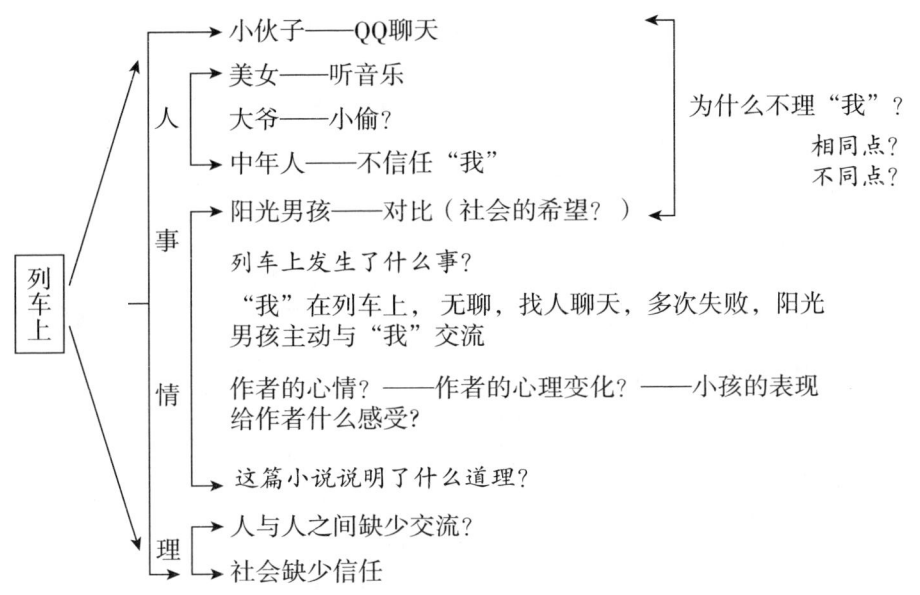

图 3.1 学生个性化问题系统 1

在学生自己构建的问题系统中，学生首先将叙事类文本中常见的几个要素"人""事""情""理"进行分类。在"人"这个要素中，又将相对次要的人物一一罗列，并且和与"我"相关的核心事件建立联系，进而去分析作者借助核心事件所表达的情感态度以及价值取向。结合叙事类文本的基本要素，学生从人、事、情、理四个角度入手设计解读的路径，通过列车上五个人物间异同的比较，把握人物所构成的社会现象及作者的写作目的。

从图 3.2 可以看出，学生抓住"我"这个主要人物，将次要人物与"我"之间发生的相关事件作为主要分析内容，进而分析次要人物之间的共同点和不同点，借此构建问题系统。学生在分析事的过程中，以叙事者"我"为中心，构建人物关系网，由事到人，再从人的表现异同角度，探究文章展现了怎样的社会现象。

两个学生对问题的建构方式与解读路径不同，但通过各自的"问题系统"，他们都实现了对文本的整体理解。

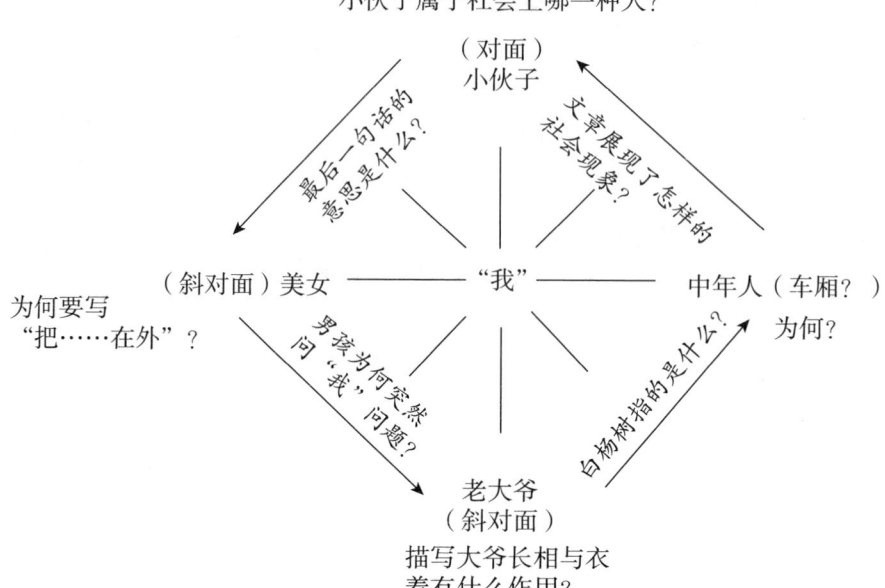

图3.2　学生个性化问题系统2

（3）对于教学的启示。

限于篇幅，我们选择了两个问题系统，供大家观察学生个性化解读的路径。运用图式理论，我们可以把特定的问题系统看成学习者内部形成的图式或心理模型。由自主追问建构的问题系统能够帮助学习者明确自己的思考过程，同时可以让教师更好地了解学生的思考路径，通过教学优化问题系统，使图式精致化，以提高学习的效能。

本章小结

不同的问题提供不同的视角、维度与线索。问题系统，意味着既要见树木，又要见森林。因为一个问题是想法，一组问题是思路；一个问题是一个脚印，一个个问题连在一起就是一条路。建构问题系统，不仅是为了解决问题，更是为了建立良好的心智模式。

第四章　问题化学习的结构原理

哲学家冯契教授认为，智，法用也；慧，明道也。天下智者莫出法用，天下慧根尽在道中。人类对于问题的探索，更新了我们对于外部世界的发现，也使我们的内心世界觉醒。因为问题，人类智慧不断生长，永不枯竭。

第一节　问题化学习的要素与结构

一、结构要素

问题化学习包括学生自主发现并提出问题，聚焦核心问题，持续探索追问、形成问题系统，独立或合作解决问题的基本过程，因此它的基本结构包括学习者对问题的发现、建构、解决、反思以及学习的自我设计。

问题化学习"以学习为中心"，致力于发展学生自主发现并提出问题、学会追问并持续探索、学会甄别并聚焦核心问题、学会自主建构问题系统、学会合作解决问题、学会自主规划及反思问题的自建构学习系统。因此其**基本要素包括"提问与追问""问题与问题系统""学习者与学习共同体"**，这些要素又构成了"三位一体"的问题解决系统与学习生态系统。

二、提问与追问

1. 提问

何为提问？《现代汉语词典》中解释"提问"就是提出问题来问，多指老师对学生。这是大家对于提问的一般性认识，它多被理解为一种自上而下的行为，教师如何提问、提出什么问题很大程度上决定了学习的成效。

在中华文化传统中学习者自主寻疑、主动探讨一直是备受推崇的。《周易·乾》中有名句："君子学以聚之，问以辩之。""学问"由此而来。问题是人探索世界、认识社会、发现自己的动力源泉，是实现自我觉醒与心灵成长的原生力量。

因此，学生自主提出问题是问题化学习的前提，也是学习的动力源泉。教师的作用在于帮助学生自主发现问题，指导学生学会提问。

2. 追问

何为追问？追问就是追根究底地查问、多次地问，意谓针对之前已有的问题，以及问题的答案或解决方案不断进行追究探讨。追问不仅是学习的深化，也是哲学的启蒙。追问是哲学的一种运思方式，哲学在追问中不断反思人和自然、人和社会、人和自身的关系，并向所有思考人类前途和命运的头脑发出呼唤。①

如果说提问发生在问题解决之初，学习由此主动发生，那么追问则是在问题解决过程之中或之后进一步提出后继问题，学习由此更加深入并持续发生。提问具有定向的功能、组织的功能、激发的功能。追问是一种深究，这种深究表现为追根溯源、持续探索及深刻地反思。

提问与追问都是主动思考的外显行为，如果说提问指向问题本身，那么追问更多的时候是指向问题解决的思维过程。思维包含了学科思维以及解决问题的一般性思维。学科思维涉及学科特定的思考方法，如数学建模、科学探究、史料实证。解决问题的一般性思维涉及元认知系统，对于终身学习具有重要意义，它与学科思维一起发生作用从而优化知识结构，精致认知结构，提升思维

---

① 王勇. 论哲学的追问精神［J］. 法制与社会，2012（14）：243-244.

能力与品质。

追问贯穿于问题化学习的全过程：通过追问厘清问题，通过追问聚焦核心问题，通过追问分解核心问题，通过追问持续深化问题，通过追问反思问题解决，通过追问拓展问题视域。因此，追问是问题化学习过程的基本元素。

学生自觉追问是持续探索的能量来源，教师的作用是培养学生学会追问。

3. 提问/追问的主体

在以学习为基点的问题化学习视域中，提问/追问的主体是学生，教师的作用是激励、引导，包括必要的示范与指导。教师提问引导与学生自主提问是两种不同的学习状态，同样教师追问引导与学生自发追问也是两种不同的学习状态。教师有效的引导当然能够让学生投入到思考中，但从长远的目标来看，教师还需要让学生成为"发动机"，成为终身学习者，因此要将教师的追问转化为学生相互之间的追问与自我追问。

很多同行问，在课堂里教师做到有效追问都很困难了，现在要培养学生自主追问，是不是太理想化了？但是实践告诉我们，孩子的追问能力是可以培养的。在具体的教学过程中，有几种追问主体之间的互动方式。

一是学生问学生。学生问学生更多地发生在对原有问题的答案、结论或解决方案存疑时，或者是在合作互助的过程中"通过追问让对方认识到自己的问题"，其主要的学习意义在于持续探究与相互启发。

二是学生问自己。学生问自己的问题包括："我是怎样发现这个问题的？我的计划是否明确？我接下来做什么，我怎样做更好？完成这个任务，需要哪些条件？与别人相比较，我解决这个问题的过程、方法与步骤，是否合理，有没有需要完善的地方？等等。"学生追问自己更多地是对学习的自我反思、监控与调节，涉及元认知系统与自我系统。

三是学生问老师。有时候是进一步的追究与请教，有时候是质疑。无论是请教还是质疑，学生问老师，表明其认知能力达到较高的水平。

四是老师问学生。在这个过程中，我们从来都不否定教师作为最有引领力的提问者/追问者的角色。教师作为优秀的问题化学习者，其追问一方面可以深化学生的学习与思考，另一方面还可"孵"出学生的追问。

4. 提问 / 追问的维度

如果提出问题之后有一个基本的判断与结论，那么追问与提问的差异就在于追问是对于前一个问题以及问题的答案、结论或解决方案进行的追究探讨。

一是追问问题与结论。在问题化学习中，追问发生于对前一个问题的再探究过程中，其中一种是针对某个具体问题的追问。如原有问题是"冬夜的灯光在文中出现了几次？"，追问则是"这几次表达都一样吗？在不同的表达中，作者想要说明什么？"另一种是对核心问题进行追问。如核心问题是"为什么说小小的天窗是唯一的慰藉？"，围绕这个问题，孩子们可能会追问："为什么是小小的天窗？""为什么天窗是唯一的慰藉？""慰藉是什么意思？"在这个过程中逐步分解问题，从而寻找到解决核心问题的切入口与通道。还有一种是对问题解决的答案、结论进行追问，比如慰藉通常是指在心灵上获得安慰与抚慰，对此解释可进一步追问："慰藉在文中又具体指什么呢？作者通过天窗获得了怎样的慰藉呢？"

二是追问过程与方法。如原来通过文献研究获得初步结论"夏朝是中国的第一个王朝"，于是追问："这些文献资料是否可靠？单一资料证史的方法科学吗？《全球通史》认为商朝是中国的第一个王朝，为什么对同一段历史有不同的解释？如何处理不同的史料？你如何做出准确的判断？"搜集资料、判断、比较、推断等，都是史料实证的基本过程与方法。

三是追问意义与价值。例如，考证夏朝是中国的第一个王朝，对于历史学习有何意义，对于中国历史的建构又有何价值？追问给了我们更宽的视野。因为追问不仅指向问题所涉及的内容与结论，也指向过程与方法，还可以直指意义与价值。

此外，我们也可以引导学生有意识地追问自己学了什么，追问自己是怎么学的，追问自己学了以后会怎样。前者是对于学习内容的思考，其次是对于学习过程与方法的反思，最后是对于学习价值的判断。

三、问题与问题系统

1. 问题

当我们遇到困难时，就遇到了问题。困难解决或难或易，问题可大可小。问题既涉及客观存在的任务领域，也有解题人对问题的主观理解。问题是问题化学习的最基础的元素，涉及谁来提出问题（提问的主体），提出什么问题，问题孰轻孰重，如何进行判断，谁来解决问题，如何解决问题，解决之后又有何新问题，问题与问题之间有何联系，等等。

如图 4.1 所示，问题就好比人的思考触点，问题系统是触点与触点连接构成的认知地图，核心问题就是问题系统中具有中心价值的问题。问题化学习是思考触点与触点之间的连接所形成的无穷无尽的新发现、新认识，从而生成智慧。

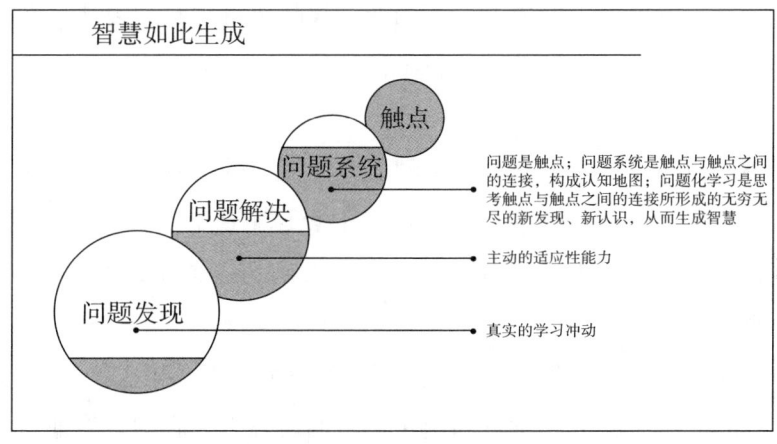

图 4.1　问题与问题系统

2. 核心问题

问题也可以理解为人头脑中的矛盾冲突，问题会有重要性的差别，矛盾会有主次之分。毛泽东在《矛盾论》中指出，主要矛盾是指事物中处于支配地位、起着主导作用的矛盾，它决定事物的性质和发展趋势。我们要抓住主要矛盾，或者抓住矛盾的主要方面，就是要抓住核心问题进行重点突破，核心问题在整个问题系统中处于统领性地位。

3. 问题系统

问题系统是指围绕学习主题由具有内在关系的诸多问题所构成的问题集合。问题系统具有整体性、层次性和从属性特点，其表现形态有问题集、问题链、问题网等。组成问题系统的两个基本依据是知识的内在联系与学生的认知规律。学习中的问题不应该孤立存在，任何一个问题都可能（也应该）存在于一个问题系统中。这个问题系统应该是一个有机的整体，问题与问题间相互联系、相互作用。

四、学习者与学习共同体

1. 学习者：学生与教师

学习者包括学生与教师，他们都是问题化学习者。学生是学习的主体，教师是学生学习的引导者、促进者与帮助者，教师本身也是学习者。在学习课程领域的特定内容时，学生是学习的新手，教师是相对的学习专家，他们是认知学徒与导师的关系。

学生与教师都是面向未来具有主动适应性能力的终身学习者。学生作为问题化学习者，是学习的自主建构者、问题的合作解决者与人生的自我教育者。他们对未知满怀好奇，对真理保持质疑，对实践勇于创新，对他人充满热情，对未来主动适应。

教师作为问题化学习者，应具有问题化学习力，以及问题化学习的设计力、问题化学习的课堂实施力和学生问题化学习的培育力。教师是专业自驱动的学习者，具有反思精神与专业自觉，与学生彼此发现和永续支持，以实现心智模式持续升级、实践方式持续改变、专业能力持续生长。

2. 互动三主体与学习共同体

古往今来，师生关系一直是教育学研究的重要命题。新中国建立以来，从"主导主动说"到"主导主体论"，再到"双主体论"，以及体现后现代主体间性的"学习共同体思想"，师生关系日趋平等，课堂成为主体与主体间互动对话的交往过程。①

　　通常我们把教学主体分为教师与学生，这样的分类其实还是基于教的视角。如果从学习的视角出发，就会发现围绕着学生形成了互动三主体，即"学生自己、同伴与教师"，由互动三主体形成了学习共同体。在学习共同体中，同伴是重要的互学者，教师是重要的引导者。

　　学习是个体的认识过程，既包含对外部世界的发现与探索，也包含个体精神世界的觉醒。孔子说："学而时习之，不亦乐乎？"这里的"学""习"，应该主要指向外的寻求。曾子说"吾日三省吾身"，这里的"三省吾身"，说的就是向内的反省，检讨自己品德与修养的不足之处。因此，"学习"的内涵，可以理解为知识上的向外寻求与灵魂上的向内反省，既有助于认识客观世界，又有助于个人人格的完善。

　　佐藤学认为，学习是对话与修炼的过程，是同事物（客观世界、教材）的对话，同他人（朋友、教师）的对话，同自身的对话。通过这三种对话实践，我们能够建构知识和经验的意义，建构人际关系，形成自身的意志、思考与情感。这三种对话实践即建构客观世界之意义的"认知性实践"，建构伙伴关系的"社会性实践"，探索自身的"伦理性实践"（见图4.2）。从这个意义上讲，学习是一个社会协商的过程，因为意义并非都来自个人，而更多来自和他人对话的过程。问题化学习是实现对话的基本方式。

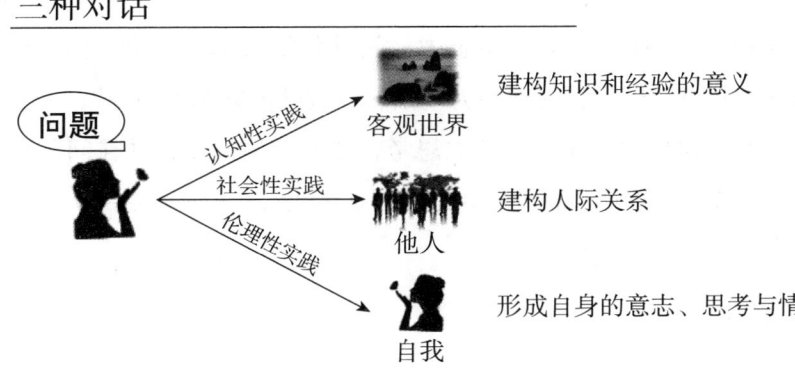

图4.2　问题化学习实现三种对话

---

① 王天蓉.从"教学双主体"走向"互动三主体"：走向学习者的视角［J］.教育，2021（6）：6-8.

在一个学习共同体中，与他人的对话既包括学生与教师的对话，也包括学生与同伴的对话，包括个体与个体的对话（个别学生与个别学生、学生与自己的对话）、个体与群体的对话（个别学生与小组、个别学生与班级的对话）、群体与群体的对话（小组与小组的对话）的对话等，这些多元的互动方式相较于传统课堂上师生问答的交往方式，已有质的区别。各主体通过相互提问、追问，以及问题解决，实现互学与进步。

应当说，"互动三主体"是对学习共同体视域中师生关系的又一种诠释，有利于建立"互学"关系，也有助于教师真切地站在学习当事人的视角，即学生的视角去洞悉学习是如何发生的，包括具体由哪个情境触发、对哪个问题产生了思考，进而去体会活动情境对学生的意义，听明白每一个学生的问题，全身心投入地去理解每一个学生发言背后的逻辑，尽可能以当事人的立场组织起令人愉悦且有效的同伴交流，以协商的方式与学生探讨如何把学习进行下去，选择怎样的方法与路径解决问题，等等，从而真正站在学习的视角去设计教学、组织教学与实施教学。①

五、"三位一体"与学习生态系统

1．"三位一体"解决问题

如图 4.3 所示，在一个教学系统中，问题化学习的"三位一体"是指"以学生的问题为起点、以学科的问题为基础、以教师的问题为引导"，"三位一体"聚焦核心问题，建构问题系统，独立思考，协同解决问题，并在问题解决的过程中整体建构知识，迁移经验图式，逐步形成能力。

---

① 王天蓉．从"教学双主体"走向"互动三主体"：走向学习者的视角［J］．教育，2021（6）：6-8.

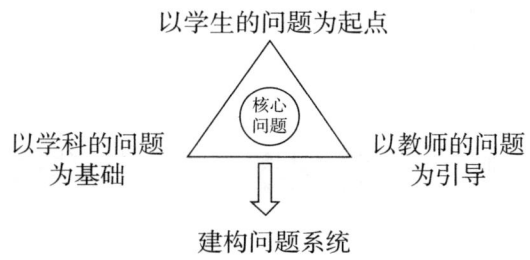

图 4.3　"三位一体"解决问题

2. 学习生态系统

生态的核心是关联，问题是实现学习关联的基本载体。**在问题化学习的生态系统中，激活的力量在于提问**，学生自主提出问题是整个学习生态系统的源泉；**持续的力量在于追问**，追问促进生态系统能量的持续流动；**共生的力量在于学习共同体，平衡的力量在于"三位一体"，整体的力量在于核心问题与问题系统的建构**（见图4.4）。

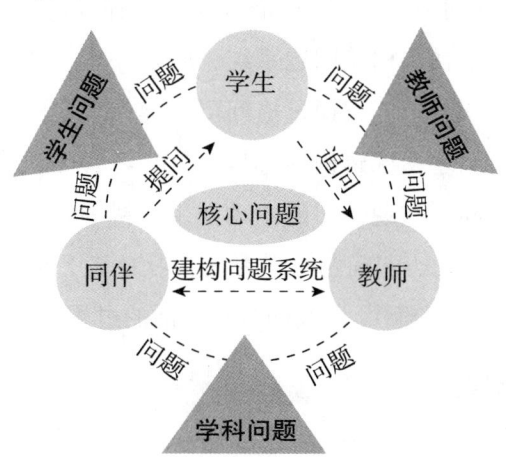

图 4.4　问题化学习的生态系统

第二节　问题化学习的过程与方式

一、问题化学习的认知模型

问题化学习的显著特征就是通过系列问题来引发持续的学习活动，它要求学习活动以学习者对问题的自主发现与提出为开端，用有层次、结构化、可扩展、可持续的问题系统贯穿学习过程和整合各种知识，通过系列问题的解决，实现知识的整体建构、学习经验的有效迁移与能力素养的逐步形成。

如图 4.5 所示，在问题化学习的过程中，面对任务情境，学习者自主发现并提出问题，问题井喷后初步构建问题系统，厘清并聚焦核心问题，在破解核心问题的过程中持续探索与追问，通过追问可再建构特定的问题系统，最终解决问题。提问、追问及问题系统建构的过程，是学习者知识体系建构、经验获得及智慧生成的过程，同时实现学习的主动发生、持续发生与深度发生。问题化学习的另一个维度是互动，即问题化学习是学习者基于问题同事物（客观世界、教材），同他人（朋友、教师），以及同自身对话的过程。

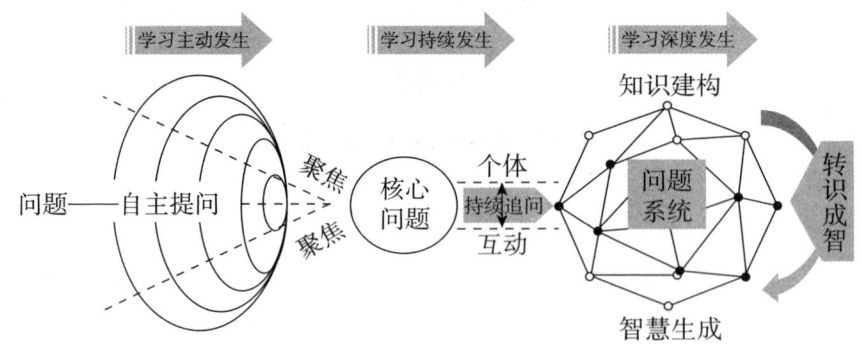

图 4.5　问题化学习的认知模型

在问题化学习的过程中，学习者提问、追问、建构问题系统不仅是知识建构的过程，同时也是动机系统激发、元认知系统发展以及认知系统优化尤其是思维发展的过程。而互动维度基于三种对话实践，强调问题化学习既是学习者建构知识和经验的意义的过程，也是建构人际关系，形成自身的意志、思考与情感的过程。

在这样的机制下，问题化学习是"转识成智"的心理过程，它变简单的知识获得为智慧养成、智慧生成的过程，从认识客观世界之意义的"认知性实践"，走向融通建构伙伴关系的"社会性实践"与探索自身模式的"伦理性实践"。

学习科学认为学习不仅仅是一个个体认知的过程（传统学习理论视角），也是一个学习共同体互动的过程。因此，在集体学习视域中，问题化学习具体表现为面对任务情境时学生自主发现并提出问题，基于"三位一体"聚焦核心问题，在教师的引导下学生持续探索追问、建构问题系统、合作解决问题。对于问题化学习而言，我们既需要探讨个体学习的基本过程，也需要探讨在集体学习中的互动机制。

相较于其他问题解决学习，问题化学习的过程包括：

- 回到解决问题的前端——自主提出问题；
- 把握主要矛盾与焦点——聚焦核心问题；
- 经历系列问题的解决——持续探索追问；
- 走向结构化深度学习——建构问题系统；
- 学会共同学习与生活——合作解决问题。

二、自主提出问题

提出问题首先需要发现问题，发现问题是一种创造性行为。皮亚杰认为认知发展经历感知运动、前运算、具体运算与形式运算四个阶段。某些心理学家认为，发现问题是超越形式运算阶段的一个认知发展阶段。达到这种水平的人不满足于解决问题，他们会积极寻找新的问题。加涅称这种发现问题的技能为

认知策略。^①

学生自主提出问题是问题化学习的起点，也是学习的发生机制。问题以及问题解决的过程远比答案更重要。学习从学习者自己的问题开始，会使学习更具有个人的意义。学习回归对问题的探求，并在这个过程中找回应有的智慧，这既是对学习本原的回归，又是对教育本原的关切，因为教育的本原是主体精神的培育。

但是，在实际的课堂中回归学习本原并不是一件容易的事情。教师常常觉得：既然教学到最后都是解决问题，这个问题为什么不可以由教师直接提出呢？费了半天工夫让学生发现并提出问题，最终还是回归到课程需要解决的问题上，何必绕这么大的一个圈子？换言之，同样都是解决问题，解决学生自己提出的问题与解决教师提出的问题，究竟有何不同？长期以来，当这样一种由教师主动并持续发起的课堂活动成为一种常态时，求学的本质就发生了变化。长期被动学习导致孩子们最终被教师"拽"着、"拉"着、"拖"着甚至"求"着学，忘记了求学之本质是孩子们到学校探求学问。

如何把握问题化学习中学生自主提出问题这一重要前提呢？第一，自主提出问题表达的是学生真实的学习需求，学生提出的是真问题。第二，自主提出问题外显为学生主动表达问题的语言行为。第三，自主提出问题展现了学生愿意为解决问题付诸行动的意愿。

学习者如何自主提出问题？具体来说，包括学生乐于提出自己的问题、能够提出有价值的问题、清晰地表达问题，以及理解倾听他人的问题。乐于提出自己的问题，包括敢于提出自己真实的困惑与兴趣点，学会判断不同问题的重要性。能够提出有价值的问题，包括提出学科视角的问题、有探讨价值的问题或核心问题。能够清晰地表达问题，包括能说清楚不同问题之间的关系，并进行整合与归纳。理解倾听他人的问题，包括寻找到问题中的关键信息，能补充、完善、归纳与整理他人的问题。

当然，对于教师而言，鼓励学生自主提出问题就要应对可能出现的碎片化学习的难题。

---

① 教育大辞典编纂委员会.教育大辞典：第5卷：教育心理学 [M].上海：上海教育出版社，1990：271.

三、聚焦核心问题

对于个体学习而言，学习者提出问题后需要进一步厘清问题，锚定最关键的核心问题。对于课堂集体学习而言，问题化学习需要遵循课堂实施的首要原理："三位一体"产生有效的学习问题（见图4.6）。当"以教为中心"的课堂被学生的问题撬动之后，"三位一体"聚焦核心问题意在凸显以学生的问题为起点，强调在学生自主提出问题的同时，兼顾以学科的问题为基础、以教师的问题为引导，使课堂不至于陷入"以学生为中心"的危险，走上"以学习为中心"的理性之路。

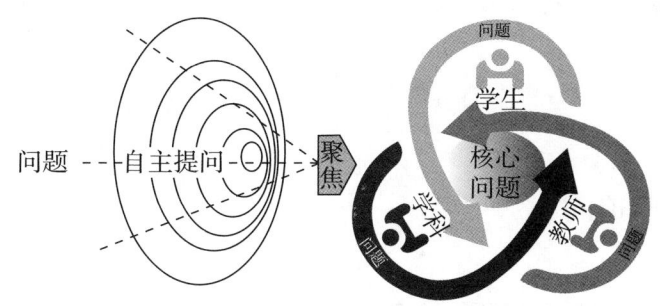

图4.6　自主提问，聚焦核心问题

核心问题在一个问题系统中居于中心地位，也是问题解决的重心所在。聚焦核心问题，要求学习者在运用系统思维的同时运用焦点思维，在统筹兼顾时不忘重点突破。对于课堂而言，核心问题是指在学科基本问题的观照下，依据本课时的学科重点问题，在充分考虑学生的起点（生活经验、知识基础与认知冲突、学习动机与兴趣点）后，产生的统领性问题，它最能集中体现"以学生的问题为起点、以学科的问题为基础、以教师的问题为引导"的取向。在问题化学习的起步阶段，核心问题可以由教师课前预设，在课上抛出。到了发展或成熟阶段，核心问题则可以通过学生的筛选或思考得出。①

---

① 王天蓉，徐谊．有效学习设计：问题化、图式化、信息化［M］．北京：教育科学出版社，2010：81．

如何把握问题化学习中"聚焦核心问题"这一基本原理呢？第一，核心问题应具有统领问题解决的价值，是"牛鼻子"，牵一发动全身。第二，核心问题应是"三位一体"互动协商的结果，核心问题即"三位一体"中的"体"。第三，核心问题应具有统筹培养学科核心素养与问题解决能力的价值，包括在学科学习中掌握学科的关键概念并获得学科学习特定的思想方法，用学科特有的认识方法再次认识世界，包括科学实验、技术设计、数学推理、人文感悟、历史考据、艺术创作与审美，从而丰富学习者对于世界的感知与理解，获得与真实世界的新连接。同时，核心问题应能承载学习者解决问题所能获得的探究空间与思维含量。

对于学生而言，聚焦核心问题意味着首先要能在他人引导或指导下感知核心问题与聚焦的过程，其次要能在伙伴合作中学会判断并聚焦核心问题以及初步学会归纳问题（把很多小问题归纳成一个大问题），进而学会独立判断并聚焦核心问题。

四、持续探索追问

持续探索追问是在问题化学习的过程中，针对已有问题，或初步获得的问题答案、结论、解决方案进行追究探讨。如果说提问是在问题解决之初，追问则是在问题解决过程之中或之后。

只有提问，没有追问，还不是问题化学习。追问凸显了问题化学习的一个特质：小问题的提出促进大问题的解决，新问题的提出深化老问题的解决，问题化学习就是在这样一个不断推进的过程中得以持续、延展与深入。追问构成问题化学习整个矛盾运动的基本学习活动，是大问题解决过程中的解构与建构过程：解构是对大问题的分析与破解，建构是由追问形成问题系统从而寻找大问题解决的路径。追问也使得问题与问题之间实现了认知性连接，追问的过程也是学生深度建构问题系统的过程。

如何把握问题化学习中学生"持续追问"这一关键行为呢？第一，追问具有再构性，是"重新思考"；第二，追问具有回溯性，是"追根究底"，既向上追溯，又向前推导；第三，追问具有推进性，是"进一步思考"；第四，追问具有持续性，是"接二连三"地问，是"一而再、再而三、三而不竭"。学习者自主追问体现了一种持续探索的精神，是经历问题解决的过程，发现学习的路径。追问内化了知识，也深化了认知结构，发展了学科思维。

学生的追问能力包括追问一个问题，或是学会从不同视角进行追问，以及持续深入地追问。追问可以从不同的视角进行分析：从独立与互动的维度分析，是教师引导下的追问还是学生独立自主有意识的追问，是在学习共同体中进行的相互追问还是关注自我反省与内在精神的追问？从关键性维度分析，包括能否通过追问厘清、聚焦核心问题，牵住"牛鼻子"往前走，也包括通过追问分解核心问题，明确路径与解决问题的先后顺序。从创新性维度分析，是通过追问寻找到新路径，不拘一格辟蹊径，还是打开一个新局面，突破原有的思考框架？[1]

五、建构问题系统

问题化学习是一种通过系列问题的解决来实现持续性学习的活动。对于学习来说，一个重要的假设就是学生通过系列问题的解决，可以掌握知识、获得智慧。因此，对于问题系统的研究与思考本身也成为问题化学习的重点内容。[2]

问题化学习不仅强调在学习的过程中以学生对问题的自主发现与提出为开端，而且强调通过问题解决过程中学习者持续地探索与追问，形成特定的问题系统（见图4.7）。问题系统可以通过提问归纳或追问建构，提问归纳与追问建构问题系统的过程，就是学习者学习经验及智慧生成的过程。

① 王天蓉，顾稚冶，王达，等.学会追问 [M].上海：华东师范大学出版社，2020：117-118.

② 王天蓉，徐谊.有效学习设计：问题化、图式化、信息化 [M].北京：教育科学出版社，2010：49.

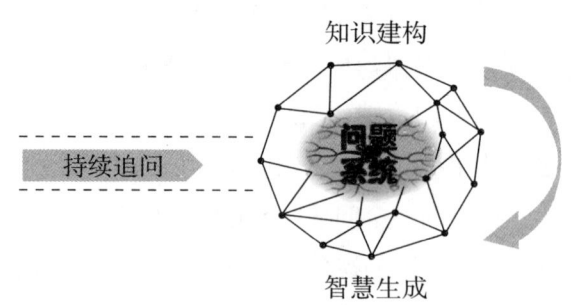

知识建构

持续追问

智慧生成

图 4.7　追问建构问题系统

　　如何把握问题化学习中建构问题系统这一核心特征呢？第一，建构问题系统应发展学习者问题解决的心智模式，关注学生解决问题的思维过程，发展学生良好的思维方式和心智习惯，实现认知升级。第二，建构问题系统应融通知识体系的建构，体现学科学习的规律，发展学科学习的认知系统，精致认知结构，而不仅仅是简单呈现知识地图。第三，建构问题系统应发展多元的学习路径，既能洞察自己解决问题的路径，又能学习他人的不同路径，同时学会将问题系统表征为不同的形态，如问题集、问题链、问题网等（详见第五章）。

　　学生学会建构问题系统，首先能在问题与问题之间形成逻辑关系，理解问题系统代表的学习路径；其次在自主建构或合作建构的过程中，学会从多个维度建构问题系统，并能理解不同问题系统所代表的学习路径；再次能够对他人的问题系统提出自己的见解，并对比自己的问题系统解释不一样的学习路径；最后能够结合不一样的问题系统，使自身的问题系统更加完善。

六、合作解决问题

　　学生解决问题包括独立解决问题，也包括合作解决问题。学习是对话与修炼的过程，是学习者在问题的求索中发现世界、认识自己、实现交往的过程。合作不仅是相互学习、共同解决问题的过程，也是实现相互分享、相互欣赏与彼此交融的过程。

在问题化学习的过程中，合作发现问题是指合作的学习环境能够让学生更安全地表达自己的问题，并在交流中澄清问题、在互学中生成新的问题。合作聚焦问题是指"以学生的问题为起点、以学科的问题为基础、以教师的问题为引导"三位一体聚焦课堂核心问题，合作的价值就是共同判断最重要的问题，并在这个过程中学习他人不同的视角。合作解决问题是指成员相互依赖、各司其职，共同解决问题。合作分享成果就是通过互动分享使信息增值、知识增值，使智慧生长、生命成长。

如何把握问题化学习中合作解决问题这一互动维度呢？第一，佐藤学认为，在一个学习共同体中，学习是知识协商的过程，因此合作是问题化学习的自然选择，建立相互倾听的学习共同体是合作解决问题的基础。第二，独立解决问题与合作解决问题都是教育的重要目标，合作可以解决学生独自不能解决的问题。第三，合作改变了课堂互动的方式，从而建构了新的课堂生态。基于合作的问题化学习致力于通过有效互动促进学习深度发生。

合作解决问题包括：学生能够在组长的带领下参与解决问题，认真倾听同伴发言，提出自己的想法，并按照分工完成自己的任务；能够对小组解决问题有所贡献，倾听同伴发言并积极补充，能够提出自己的想法并接纳整合他人的观点，按照任务分工与同伴协同完成任务；能引导同伴解决问题，组织伙伴有步骤地讨论与解决问题，并通过追问启发的方式帮助组内其他伙伴解决问题；能够学会交流与汇报。交流与汇报体现为：先是能够在教师的引导下按照汇报要求与流程完整表达自己的想法，或基于任务单提示进行交流与汇报，清晰表达自己的想法；进而能够按照任务单提示参与小组的集体汇报，完成自己的汇报任务，能够接纳整合同伴的意见并发表自己的想法；继而能代表小组，归纳小组同学的意见进行汇报，或能够整合其他小组的意见进行再交流。

第三节　问题化学习的学理分析

一、问题化学习与动机系统

动机是指激发个体进行学习活动、维持已引起的学习活动，并使行为朝向一定的学习目标的一种内在过程或内部心理状态。[①]

动机系统包含"有没有兴趣"，即学习者的情绪状态；"重不重要"，即学习者对学习任务的重要性核查；"有没有信心"，即学习者完成此项任务的自我效能感。

问题化学习何以开启动机系统？**首先，学习者自主提出问题体现了其自主发展的需求；其次，学习者追问与求索体现了一种持续探索的精神；最后，问题化学习的过程也展现了学习者的自信心与胜任力。所以，问题化学习者是乐学者。**

二、问题化学习与元认知系统

元认知即对认知的认知，由美国心理学家弗拉维尔（J. H. Flavell）最先提出。元认知是认知主体对自身心理状态、能力以及任务目标、认知策略方面的认知，也是认知主体对自身各种认知活动的计划、监控和调节。[②]

元认知系统被研究者描述为负责监控、评价和规范所有类型思维的运作。有时研究者将这些功能简单地归结为负责执行控制。元认知系统具有四种功能：

---

① 李伯黍，燕国材.教育心理学［M］.上海：华东师范大学出版社，1993：235.
② 张雅明.元认知发展与教学：学习中的自我监控与调节［M］.合肥：安徽教育出版社，2012：2.

目标设定、过程监控、清晰度监控、准确度监控。如果说动机系统用来确定人是否愿意投入意向性活动，元认知系统则用来建立该活动的目标，并对整个任务执行的过程及有效性进行监控。

问题化学习何以自动开启元认知系统？首先，当学习者通过自主提出问题锁定了对一项事物的探究时，就锚定了学习的目标；其次，判断核心问题是分析问题、厘清问题、对问题重要性进行判断的过程，包含对问题的清晰度监控与准确度把握；再次，持续追问是一种认知的过程监控；最后，建构问题系统是学习者解决问题与发现学习路径的过程。所以，问题化学习者是会学者。

三、问题化学习与认知系统

认知是在意识水平上对思想和表象的加工。认知过程是个体借以获得信息、做出计划和解决问题的知觉、记忆和信息加工等心理过程，是当代认知心理学研究的对象。[1] 在安德森等人修订的布卢姆认知领域分类目标中，认知过程维度包含记忆、理解、应用、分析、评价与创造等心理活动。[2]

认知的核心是思维。现代学习科学认为，学习是一个认知建构的过程。问题化学习作为一个认知过程，其价值主要体现在：首先，问题化学习的过程就是问题发现与解决的认知过程；其次，聚焦核心问题的过程是一个辨别、理解、分析的认知过程；最后，追问与建构问题系统是内化知识的过程，也在完善学习者的认知结构，同时发展学科思维的过程。所以，问题化学习者是善学者。

---

① 教育大辞典编纂委员会.教育大辞典：第 5 卷：教育心理学［M］.上海：上海教育出版社，1990：260.
② 安德森，克拉斯沃尔，艾雷辛，等.学习、教学和评估的分类学：布卢姆教育目标分类学修订版（简缩本）［M］.皮连生，主译.上海：华东师范大学出版社，2008：28.

四、问题化学习与社会建构

苏联心理学家维果茨基认为，社会环境对学习有关键性的作用，社会因素与个人因素的整合促成了学习。社会建构主义认为学习是知识的社会协商，学习分布在共同体中间。当我们与他人互动时，我们关于世界的知识和信仰会受到学习共同体内的信仰和价值观的影响。就像共同体中的每一个成员影响了这个团体的文化一样，通过参与共同体的活动，我们也吸收了部分文化，使其成为自身的一部分。[①]

在教学视域中，问题化学习互动三主体构成了学习共同体。问题化学习以学生在学习中产生的真实问题作为学习的起点，在学习共同体中通过对问题的持续探索、对话与交往撬动"以教为中心"的课堂，进而引发师生关系、教学流程、教学支持、课堂生态等一系列深刻转型。

首先，学生自主提问改变了传统课堂中单向的教师传授方式，学生向教师请教、询问、质疑，与教师探讨，体现了更民主的师生关系；其次，学生持续追问突破了教师预设的线性路径，改变了教学流程；再次，学生自我追问、自建问题系统带来了学习路径的个性化，从而引发教学支持的全面调整，包括丰富的学习资源、必要的学习支架，从而使学习者获得更充分的自由学习机会；最后，学生互动追问改变了课堂生态，课堂更多体现了生生互动。而问题化学习的价值就是促进合作讨论从"互说""互教"走向基于倾听的"互问""互学"。所以，问题化学习者是互学者。

五、"转识成智"的机制原理

首先，转识成智是转知（知识）为识（认识）。安德森等人把学习目标分为两个维度，即知识维度与认知维度（记忆、理解、应用、分析、评价、创

---

① 高文，等.学习科学的关键词 [M].上海：华东师范大学出版社，2009：12.

造），学习是对知识的认知操作过程。马扎诺（R. J. Marzano）等人的教育目标分类学从两个维度建构了教育目标。一个维度是知识领域，另一个维度是思维的三个系统，即认知系统、元认知系统与自我系统（也可以理解为动机系统）。问题化学习既具有认知功能，也具有元认知功能与动机功能，并且这个认识过程是学习者主动加工的过程，是持续深入地主动加工从而获得认识的过程，因而它可以把外部知识内化为学生自己的知识、活的知识。

其次，转识成智是转识（认识）成智（智慧）。转识成智在问题化学习中是指在学习的过程中以学生对问题的自主发现与提出为开端，同时通过问题解决过程中学习者持续的探索与追问，形成特定的问题系统。这一追问及问题系统建构的过程，就是学习者学习经验及智慧（心智模式）生成的过程。从这个意义上说，问题化学习就是将原来的让学生接受获得知识，转化为让学生亲身体验"智慧的生成和建构"，也就是转识成智的过程。

本 章 小 结

问题化学习的价值在于通过持续的探究令动机系统、元认知系统与认知系统得到综合发展。

问题化学习不仅是一种意识，也是一种习惯，更是一种生成智慧的能力，是一种探究、求索、对话、自省的方式。问题化学习还是一种人生的状态，人总是在不断的自我追问中，寻找自己的精神家园。

第五章　问题化学习的实现形式

　　建构问题系统，是问题化学习的核心特征。学习者持续探索、解决系列问题的过程，也是问题系统化、系统图式化及图式可视化的认知建构过程。这个过程，既是解决问题、融通知识体系的过程，也是学习者发展心智模式、实现认知升级的过程。

第一节　问题系统化

一、问题系统形成的过程与原理

　　1. 问题系统形成的依据是知识的内在联系与学生的认知规律

　　问题系统形成的两个基本依据是知识的内在联系与学生的认知规律。在具体的学科课程中，知识的内在联系通常是指一门学科的概念、原理和规律具有内在联系，这种内在的本质联系就构成了这门学科的知识结构。学生的认知规律，则包括符合学生当前年龄特点的认知特征，也包括特定学科学习的基本规律。

　　2. 问题系统的形成过程是解决问题与知识建构的统一过程

　　如果把知识分为静态的知识（即事实性知识与概念性知识）和动态的知识（即程序性知识与元认知知识），那么问题化学习就是通过系列问题的解决，在问题系统化的过程中获得解决问题的程序性、策略性知识，同时也习得事实性知识，建构概念性知识。

问题系统的形成是一个认知建构的过程，学生在教师的引导下自主提问、组织归纳形成问题系统，或是持续追问建构问题系统，在这个思考的过程中提升思维品质。问题系统通常由一组问题而不是一堆概念组成，因此问题系统不应是知识地图，而应是动态的程序性知识、元认知知识，里面也包裹着事实性知识与概念性知识。

例如，孩子们要研究"蚂蚁为什么要搬家"，脑海里自然就会产生很多问题。尽管面对相同的研究主题，每个人所思考的具体问题的起点、视角、维度都会不同，但值得关注的是，学习者在自我追问的问题化学习过程中，程序性的思考探究总是包裹着事实性知识与概念性知识的建构过程。如图 5.1 所示，围绕"蚂蚁为什么要搬家"，学习者可能会思考"每次都是下雨前搬家，是怕淹吗？"，然后围绕这个问题去搞清楚"蚁穴都是膨土状，空气中水分增加会阻碍通气，蚂蚁卵会变质"，接下去可能会进一步追问"蚂蚁是通过什么器官预知下雨的？"。学生通过探究了解蚂蚁的触角能感受空气湿度，而且下雨前巢穴口的土也会有明显变化。之后再追问"蚂蚁还会出于其他原因搬家吗？"，原因可能是缺乏食物，族群扩大……。对于每一个问题的探究，可能都需要科学思维。例如：如何验证？除了在自然状态下长期观察，有没有可能通过实验来验证？如果进行实验，如何设计？……当然还会有其他的思考，如"蚂蚁搬家时会扛东西吗？不同种类的蚂蚁扛的东西是否不同？"等等。这个思考过程既包含了"猜想－验证"的科学思维过程，也包含了"膨土状蚁穴、蚂蚁触角、咀嚼式口

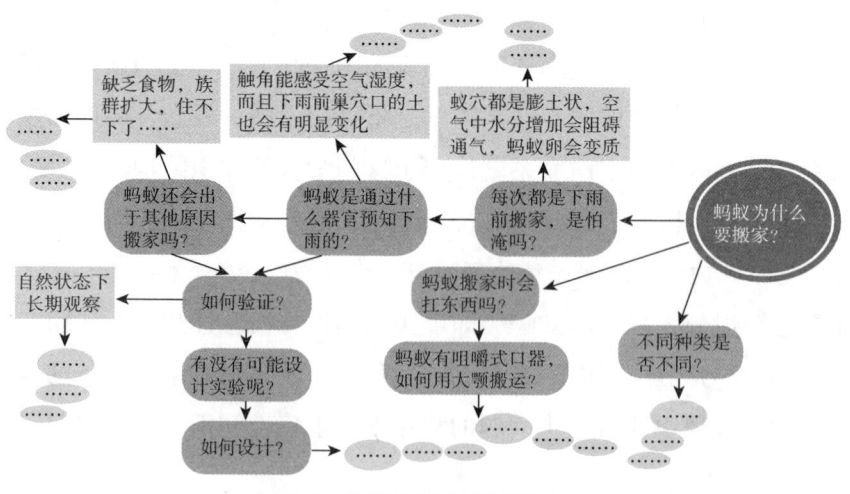

图 5.1　蚂蚁为什么要搬家（1）

器"等概念性知识及事实性知识的获得。

因此，学习者在解决问题、发展科学思维的同时，也建构了关于"蚂蚁搬家"的知识结构（见图5.2），具体包括："为何搬"，即搬家的原因；"怎么搬"，即搬家的行为特点；"搬去何处"，即新栖息地的特点；"搬了之后怎么样"，即搬家的结果；"不同蚂蚁会怎样"，即蚂蚁搬家的种类差异；等等。当然，经过教师的指导，知识结构还可以进一步优化（见图5.3）。

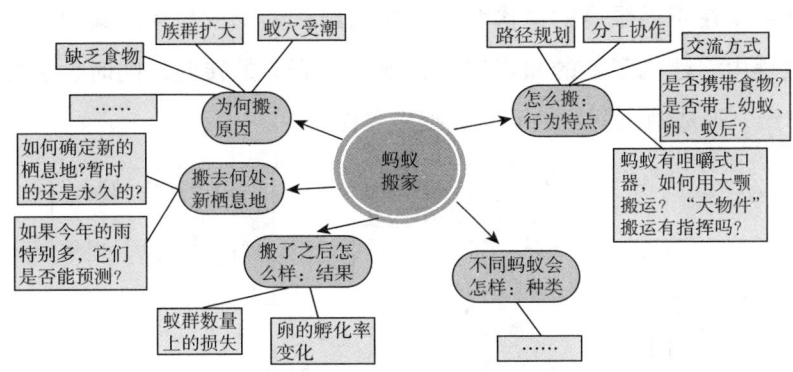

图 5.2　蚂蚁为什么要搬家（2）

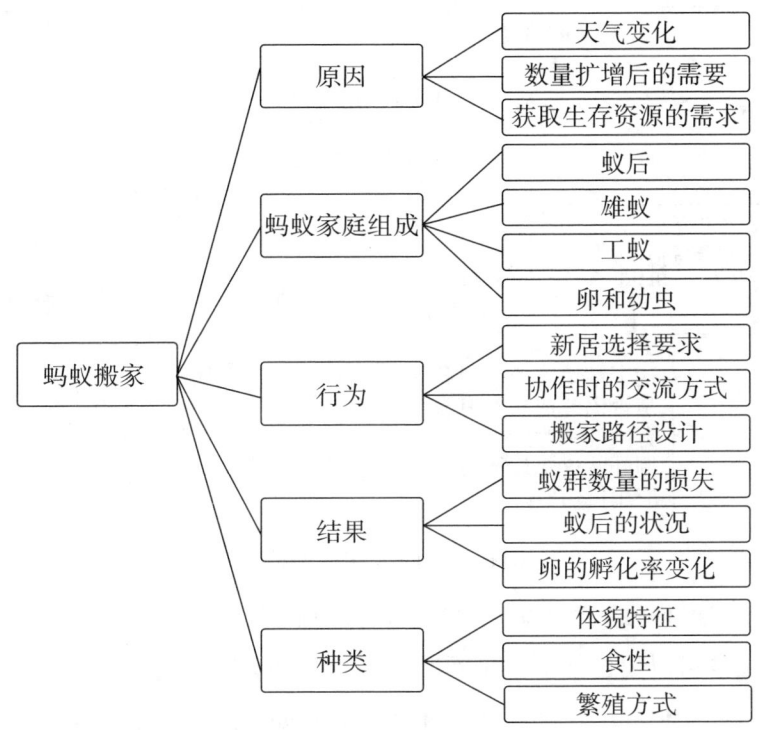

图 5.3　蚂蚁搬家的知识结构

就问题解决而言，科学探究的逻辑如下。（1）观察现象，提出问题："我"发现了什么？——蚂蚁为何会在雨天搬家？（2）猜想假设：是什么原因导致这一现象的？——蚁穴受潮。（3）自然观察或实验验证：用什么可以证明假设？——如何才能跟踪蚂蚁搬家的过程？是否可以设计实验？如何设计？（4）综合考虑：是否还有其他因素在起作用？（5）深入下去：这些因素与现象为什么具有因果关系？（6）推广开来：是否所有的蚂蚁都有这样的行为？所以说，**问题系统在不同维度的建构兼顾了知识结构的形成与问题解决。在问题系统化的过程中，建构了新的知识结构，促进了概念的转变，同时也在发展学生的科学思维，形成解决问题的心智模型**（见图 5.4）。

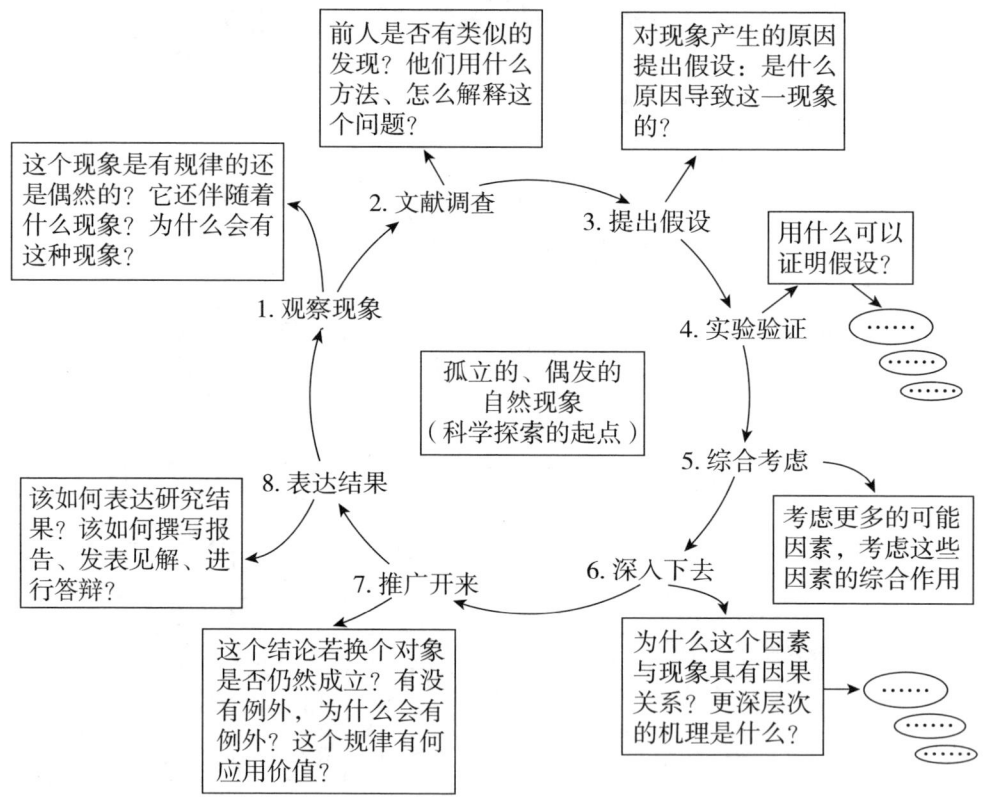

图 5.4　科学探究问题系统

3. 从知识建构的问题系统走向思维发展的问题系统

我们通常可以通过如下几个问题获得对某种动物的基本认识：它长什么样子？体貌特征如何？吃什么？住在什么地方？如何运动？生命周期有多长？如

何繁衍后代？与人类的关系如何？

从这个认知结构最终形成的问题系统看，这是一个关于动物知识的问题系统，并没有涉及科学思维。那么，如何从一个仅仅涉及知识的问题系统走向侧重于发展思维的问题系统呢？这就需要在追问中发展学生的科学思维。科学思维主要包括模型建构、科学推理、科学论证、质疑创新等要素。其中包括基于经验构建理想模型的抽象概括过程，分析综合、推理论证等科学思维方法的内化，也包括基于证据和科学推理对不同观点和结论提出疑问、批判，进而提出创造性见解的能力与品质。

如图5.4所示，在科学探究中，通常我们可以有这样一组追问。一是观察现象，提出问题：我们发现了什么？我们有疑惑吗？我们想知道什么？这个现象是有规律的还是偶然的？它还伴随着什么现象？为什么会有这种现象？二是进行必要的文献调查：前人是否有类似的发现？他们用什么方法、怎么解释这个问题？三是提出假设：是什么原因导致这一现象的？四是实验验证：用什么可以证明假设？我们得到的数据是否支持原来的假设？根据得到的数据，我们发现了什么？怎样根据数据来解释现象呢？五是综合考虑：考虑更多的可能因素，考虑这些因素的综合作用。六是深入下去：为什么这个因素与现象具有因果关系？更深层次的机理是什么？七是推广开来：这个结论若换个对象是否仍然成立？有没有例外，为什么会有例外？这个规律有何应用价值？八是表达结果：该如何表达研究结果？该如何撰写报告、发表见解、进行答辩？如何用擅长的方式（比如语言、文字、图表、模型等）表达探究的结果？在探究的过程中有什么感受与体会？倾听了别人的探究结果后有没有好的建议？这是思维的问题系统。

4.通过追问建构与优化问题系统

持续的追问指向思维与问题解决的过程，追问所建构的问题系统体现认知行动的顺序，通常以程序性知识、元认知知识为纽带。

追问具有持续性与再构性。追问可以形成问题系统，追问也可以优化原有的问题系统。如果形成问题系统，学习者就形成了自己的认知图式。根据皮亚杰的理论，认知图式的形成与发展可以理解为同化与顺应的过程。同化是指把外部环境中的有关信息吸收进来并结合到学习者已有的认知结构（也称"图式")中的过程,即个体把外界刺激所提供的信息整合到自己原有的认知结构的过程。顺应是指外部环境发生变化,而原有认知结构无法同化新环境提供的信息时所引起的认知结构重组与改造的过程,即个体的认知结构因外部刺激的影响而发生改变的过程。

在问题化学习的过程中,如果原有认知结构里的问题系统能够基本解决新问题,或只需局部的扩充与优化,则是同化;如果原有认知结构里的问题系统不能解决新问题,要重建问题系统,则是顺应。因此,围绕核心问题的解决,追问可以补充、修正、优化原有的问题系统,也可以通过重组与改造形成新的问题系统。

如何在学习过程中通过追问建构与优化问题系统?我们可以从解决问题的过程维度,即"问题解决前、问题解决中、问题解决后"出发,也可以从解决问题的互动维度,即"个体还是学习共同体"出发,思考基本的策略。

（1）通过学生尝试追问,建构问题系统。

（2）注重对追问的过程进行反思与回顾,归纳形成问题系统。

（3）追问可以集中进行,通常是通过集体头脑风暴,针对某一个问题、某一个结论进行批判性思考。追问也可以融入较长的学习进程,最后通过对整个学习经历的回顾,总结归纳形成问题系统。

（4）可以让学生尝试独立建构问题系统,然后集体互动,通过追问优化问题系统。如果学生独立建构问题系统有困难,则可以通过小组头脑风暴共同建构问题系统。

（5）注重从解决一个问题到解决一类问题,形成问题系统。

二、问题系统建构的方法与路径

问题系统在学习中如何形成?在一个具体的学习过程中,可能会有一系列问题,这就需要我们考虑问题与问题之间存在着什么样的内在逻辑关系,然后根据关系的性质来确定问题系统的组织方式与表现形态,如并列关系可能就是问题集,递进延伸关系可能就是问题链……。我们还需要考虑,在问题系统中每一个问题的属性。比如，在具有主次关系的问题中，谁是核心问题，谁是辅助问题。再比如，探究某种事物时，"五何"（是何、为何、如何、若何、由何）问题中每一个问题的思考方向与性质都是不同的。这意味着需要明确问题系统中每一个问题的属性，因为只有明确每个问题的性质，才能更好地明确问题之间的关系。

1. 建构问题集

我们可以根据知识的内在要素或思维的结构模型，建构问题集。如围绕一个主题，形成"是什么、为什么、怎么样"等的问题集合。此类模式结构稳定，可以帮助学生提高思考的系统性，并形成一种认知图式。在问题集中，通常主问题与各子问题之间是包含关系，子问题之间是并列关系。

如传播学家拉斯韦尔（H. D. Lasswell）给传播和交流过程下了一个著名的定义："谁向谁通过什么途径说什么并产生什么效果。"这一定义实际上提出了传播过程中的五个基本问题：（1）谁说？（2）说什么？（3）对谁说？（4）通过什么途径说？（5）产生什么效果？显然这五个问题构成了一个具有内在联系的问题系统。

又如临床流行病学要回答以下九类临床问题[①]：（1）异常。这人是否有病？（2）诊断。检查方法的准确性如何？（3）频率。是不是常见病？有多么常见？（4）危险性。哪些因素与疾病的危险性增高有关？（5）预后。病后会发生什么？（6）治疗。治疗会如何改变疾病的过程？（7）预防。某种干预措施是否能使健康人不发病？早期发现和治疗能否改善疾病的过程？（8）病因。哪些情况导致了疾病？疾病的发病机理是什么？（9）费用。治疗某种疾病的费用是多少？

例1：掌握动物的概念。[②]

判断某种动物的种类，需要考虑的问题集如下（见图5.5）。

● 这种动物的身体表面有什么？

● 它小时候生活在哪里？

---

① 张掌然. 问题的哲学研究［M］. 北京：人民出版社，2005：215.

② 设计者：上海市宝山区实验小学朱文琴。

- 它长大后生活在哪里？
- 它小时候用什么呼吸？
- 它长大后用什么呼吸？
- 它用什么方式繁殖后代？
- 这种动物是否照顾它的幼仔？

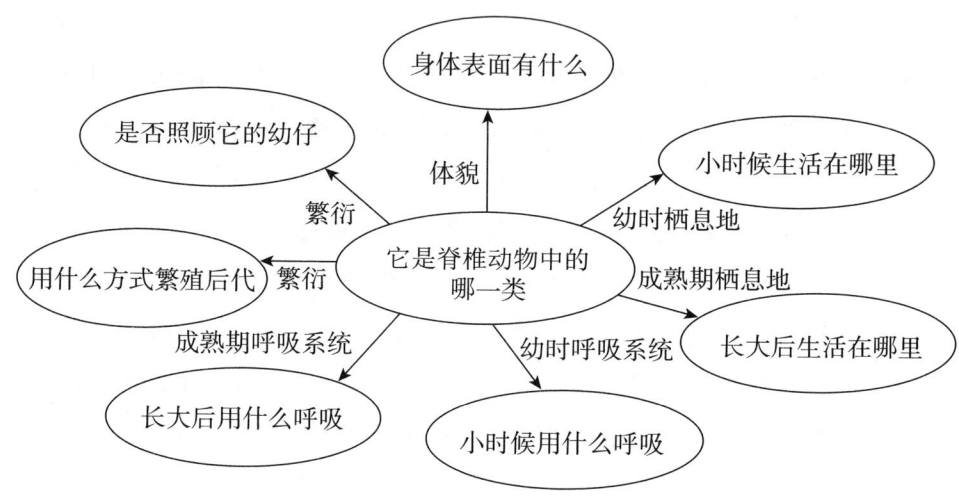

图 5.5 如何判断动物的种类

例 2：有关作文《耳朵》审题立意的问题集。[①]

如果作文的题目是"耳朵"，那么围绕这个命题，如何通过问题化的方式进行审题立意呢？耳朵是一个具体的物象，这就需要思考：它具有什么特点？最主要的功能是什么？可以揭示什么事理？耳朵最主要的功能是听。它的特点是从位置上看，长在脑袋中间，不上也不下，蕴含的事理是"既要听上面的话，又要听下面的话，兼听则明"。耳朵一边长一个，蕴含的事理是"耳听八方，声声入耳，事事关心"。长了两只耳朵，蕴含的事理是"要能听进好话，也要能听进坏话"。从形状上看，合起来是一颗心，蕴含的事理是"自然的声音，要用心去倾听，才能有所感悟"。如图 5.6 所示，围绕耳朵听的功能进行发散，最终可形成命题作文《耳朵》审题立意的问题集。

---

① 设计者：上海市宝山区教育学院唐秋明。

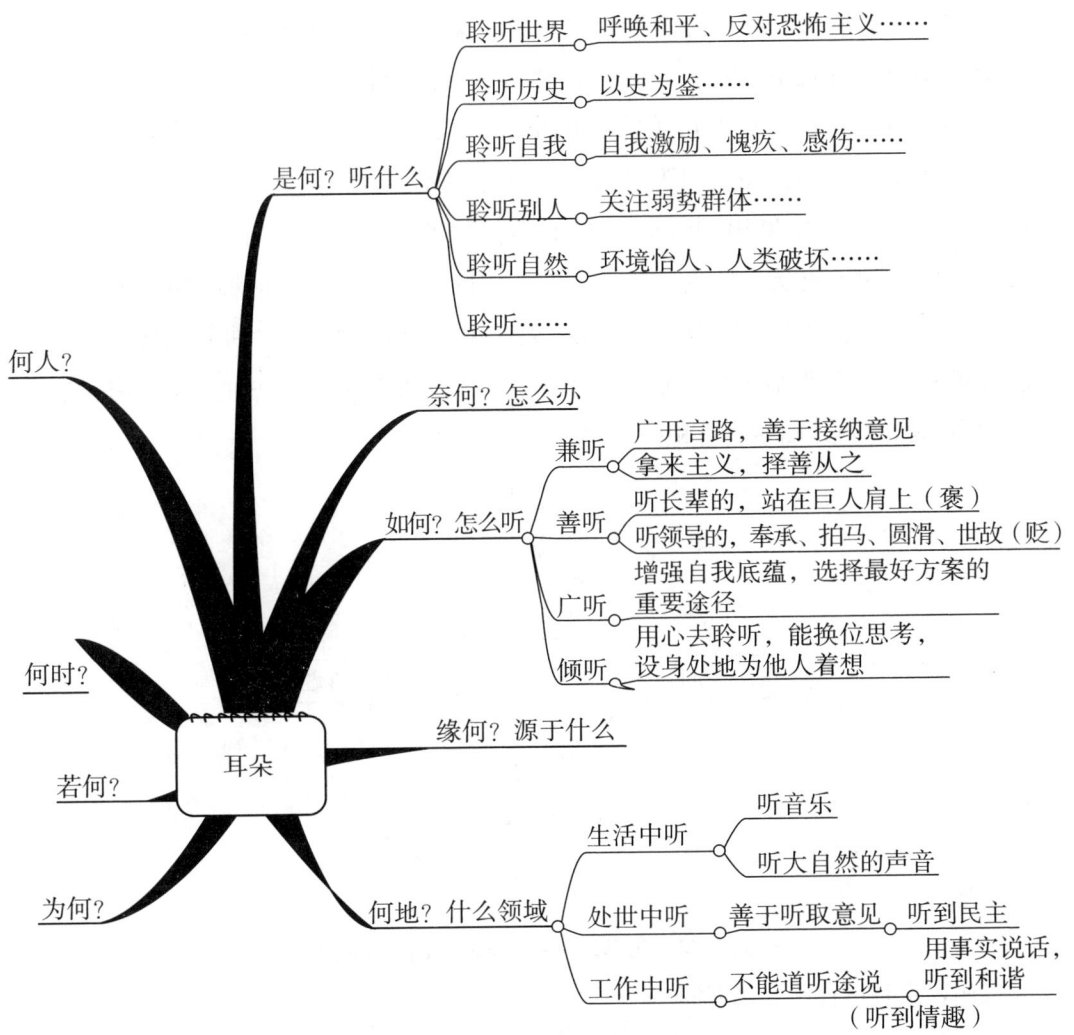

图 5.6　《耳朵》审题立意的问题集

2. 建构问题链

　　根据问题的层次或推演过程，形成线性的问题链。从前述的一些案例中不难发现，问题链体现的是一个层层递进的过程。如果说问题集是围绕一个知识 / 主题的结构要素，或围绕一个中心 / 议题进行发散性思考，它考验的是思维的广度，即思考的全面性、系统性，那么问题链更多地是围绕一个主题 / 命题进行深究或推进而形成的，它考验的是思维的深度，即逻辑的严密性、深刻性。比如，爱迪生之所以能成为伟大的发明家，跟他的刨根问底是分不开的。对大家司空见惯的"母鸡孵蛋"现象，爱迪生迷惑不解地问："为什么母鸡能孵小鸡，我就不能呢？"（提出疑问）在这个问题的背后，可能是一连串的追问。（1）猜想假设：母鸡能孵出小鸡，人为何不能？是鸡蛋认人吗，是孵的方法不一样吗，还是因为母鸡和人的体温不一样？（2）实验验证：母鸡的体温是多少？如果用同母鸡一样的温度孵鸡蛋，果真就能孵出小鸡吗？（3）推广：除了鸡蛋，鸭蛋、鹅蛋、鸟蛋用同样的方法是否能够孵化？……

问题链也适合有层次地解决同类问题：解决老问题——解决新问题——解决疑难题——发现新问题。同类问题的分层次解决本质上是一种变式学习，它对此类问题的图式归纳具有积极作用（见图5.7）。

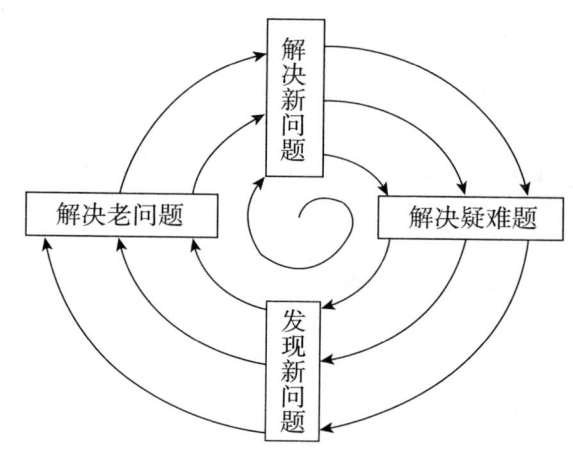

图 5.7　问题化学习——同类问题的创新循环①

例：求长方体、正方体体积。②

任何数学知识的学习，都是学生在已有知识经验基础上的主动建构。如图5.8所示，为了能让每个学生进行真正自主的建构，教师先提供材料让学生发现一个新问题：长方体体积可能与什么有关？当学生猜测可能与它的长、宽、高有关时，教师提问："既然大家都认为长方体体积与它的长、宽、高有关，那么一旦长、宽、高确定了，长方体体积也就确定了吗？老师告诉你长方体的长、宽、高，你能知道它的体积吗？"这是一个新问题，用已有知识

---

① 源自祝智庭教授提出的"创新教育猜想"。
② 设计者：上海市宝山区教育学院冯吉。

无法解决。于是，教师先让学生独立思考，动手动脑进行探究，随后组织学生以小组形式合作学习，展示不同的思考方法，进行交流、讨论与猜测。之后教师提出："你们认为长方体体积可能等于长 × 宽 × 高，那么已知一个长方体的体积为 12 立方厘米，它的长、宽、高各是多少？你能搭出这样的长方体吗？"这是一道疑难题。在学生交流的过程中，教师引导学生进行有序思考，验证出长方体体积=长 × 宽 × 高。在学生建构长方体体积的计算方法后，让学生运用公式计算长方体体积。在这一课时结束时，学生发现新问题：不规则物体的体积怎么求？于是在此基础上展开第二课时的学习：橡皮泥的体积如何求？这对于学生而言是一个新问题。通过试验，学生得出结论：可以把容易变形的物体转化成规则物体，计算出它们的体积。随后教师呈现新的问题情境：怎么求鹅卵石的体积呢？这是疑难题。因为它是不易变形的物体，学生无法用刚才的方法解决。通过探究，学生得到了以下方法：把石块放入水中，水位就会上升，说明石块占用了空间。水上升的体积就是石块的体积。也可以把它放在长方体容器中借助规则物体，求出体积。在学生学习过程中，教师始终顺着学生的思维，将学生置于问题情境中，鼓励学生自主发现、积极尝试、大胆猜想，让学生通过实践活动去验证自己的猜想，旨在充分发挥学生学习的自主能动性，渗透化归的数学思想方法，使学生学会科学探究的一般方法。在课结束时，学生联系实际提出问题：放入水中的面粉的体积如何求？这一新问题有待于以后探讨。

　　循环往复的问题链，使学生学习的过程是在发现问题中解决问题，又在解决问题中发现新问题。解决一个问题，学生获得了知识；解决系列问题，学生获得了应对变化的智慧与能力。

　　此外，各种具有层级性的问题可以构成一个步步深入的问题链。

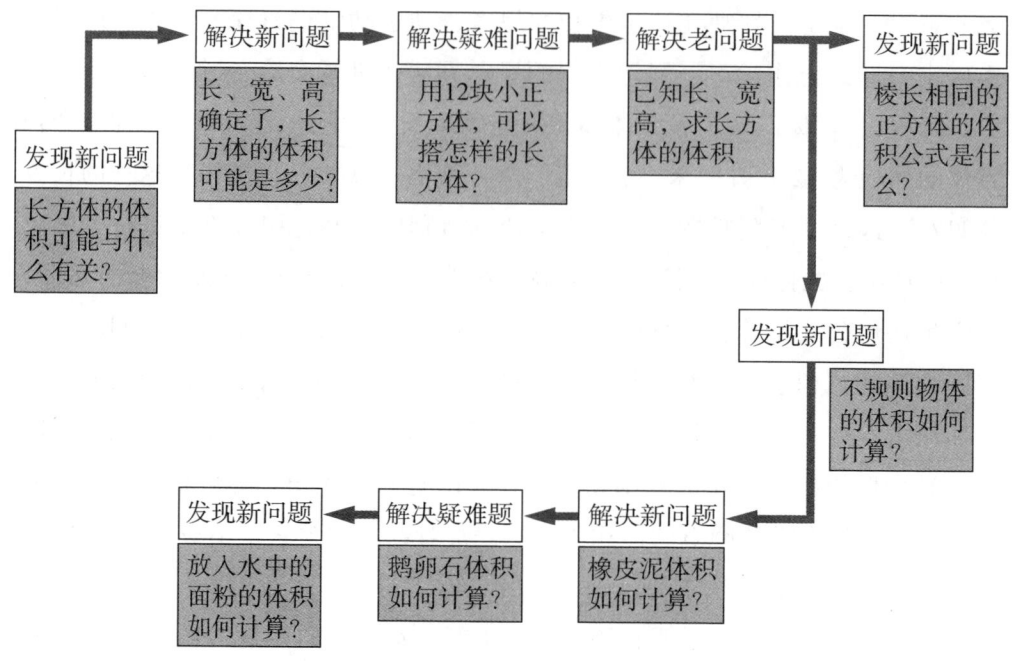

图 5.8　问题链——长方体体积的学习

3. 建构问题网

通常围绕中心问题会产生很多次级问题，而次级问题又产生次生的次级问题，最后我们可以发现不仅核心问题与次级问题之间存在关系，而且次级问题与次级问题之间也存在一定的关系，从而形成一个复杂的问题网。这是由中心向周围扩展从而形成的问题网。还有一种路径是先从次级问题开始，通过追问衍生更多的问题，然后归纳出一个核心问题，同时建立先前诸多问题与核心问题的关系，以及非核心问题之间的关系。因此，围绕核心问题与辅助问题的全局性思考，会形成纵横交错的问题网状系统。此类模式生成性强，可以用来帮助学生理清复杂的线索。

如何聚焦一个中心问题进行发散、回拢并找到问题之间的联系？美国学者麦肯兹（J. McKenzie）在"从现在开始"（From Now On）网站提供了一个问题工具包（见图 5.9），里面详尽列举了他界定的不同类型的问题。在他看来，问题可以分成两大类，即本质性问题与辅助性问题；围绕本质性问题的辅助性问题又可以细分为 15 种类型，如假设性问题、计划性问题等。作为提问工具，这些问题指向不同的认知技能与思维层次。

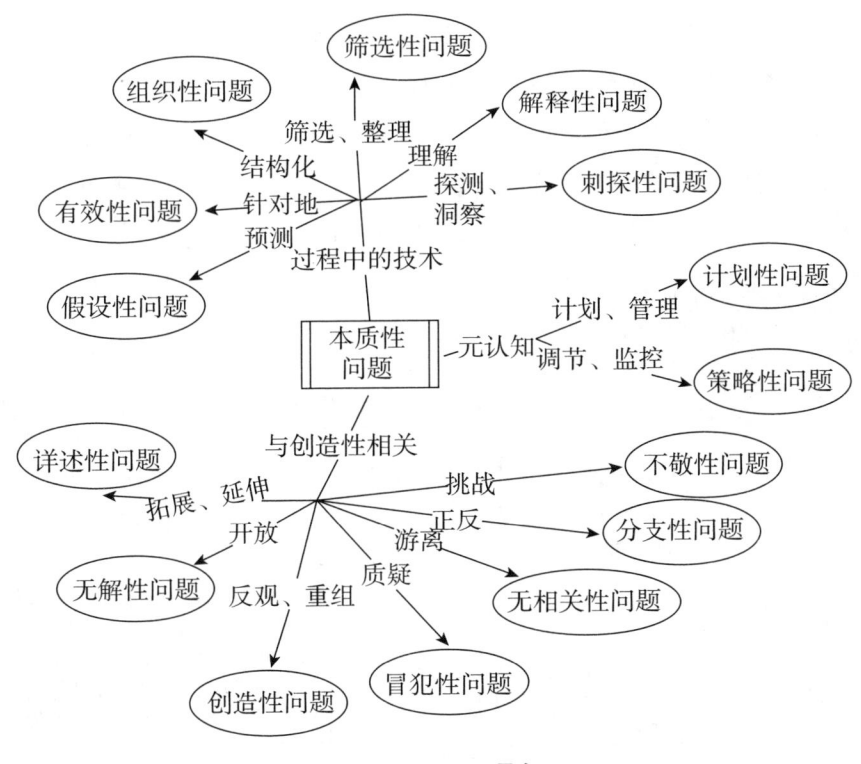

图5.9　问题工具包

例："周长与面积"教学。

在小学数学特级教师潘小明的"周长与面积"教学中，围绕核心问题"周长相等的长方形，面积会怎样？"，师生互动不断生成一个个新问题，而这些问题通过学生探究、交流得到解决。

问题是这样展开的。教师出示一根铁丝，长24厘米，提问"如果给你，你打算怎样围？可以围出几个不同形状的长方形？"，进而追问"这些周长相等的长方形，面积会怎样？"，引发学生猜想：（1）周长一样，面积也相等。（2）周长一样，面积不一样。教师启发："究竟对不对，大家想办法验证。"学生在方格纸上画长方形探究后得出结论："周长相等的长方形，面积不相等。"学生在验证的过程中产生疑惑："周长相等的长方形面积不相等。用24厘米长的铁丝，可以围成多个不同的长方形。那么，在什么情况下长方形的面积比较大呢？有没有规律呢？如果有，怎样去发现呢？"学生通过列表分析得出结论："周长相等的长方形，长与宽越接近，面积越大。"教师启发："长与宽越来越接近，你还有什么问题？"学生追问："周长相等的长方形，长与宽怎样时，面积最大？"教师启发："周长是 24 厘米的长方形，周长与面积有这样的规律。对此，你有什么想要进一步研究的问题？"学生追问："是不是所有周长相等的长方形，都有这样的规律吗？怎样来验证？"在课的最后，学生又提出新的问题："面积相等的长方形，周长一定相等吗？"（见图 5.10）

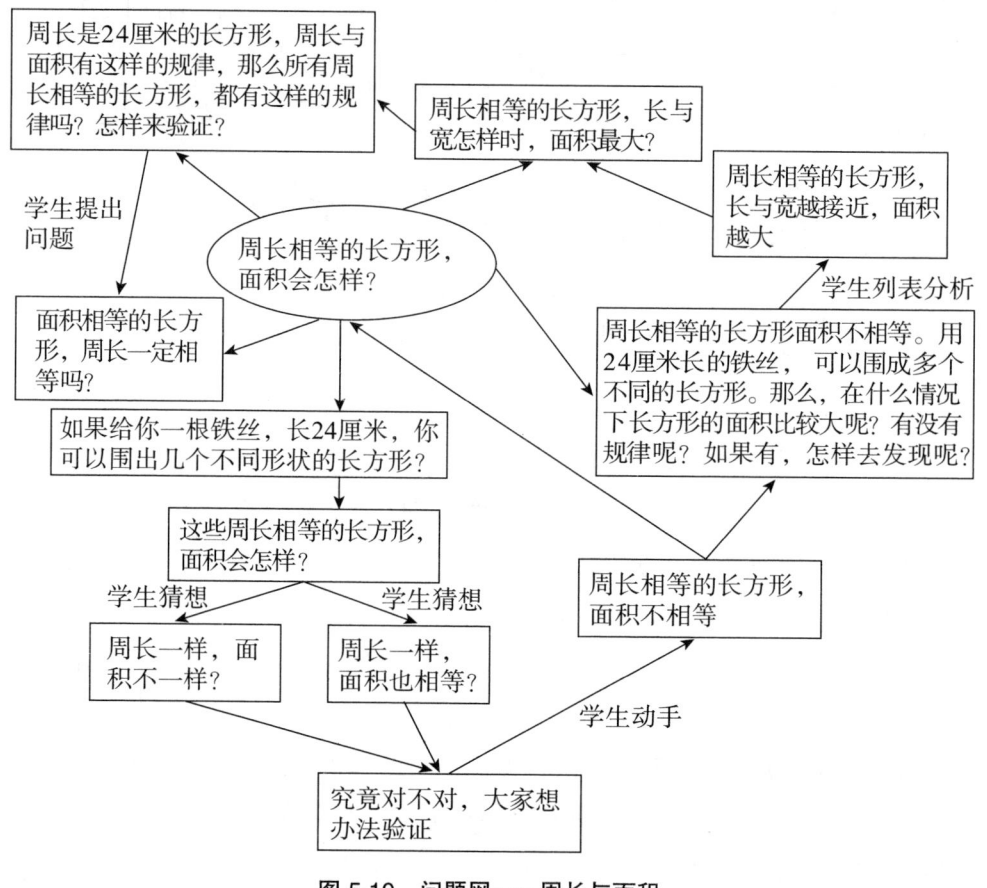

图 5.10 问题网——周长与面积

这节课围绕长方形周长与面积的关系，进行了一系列有效的操作活动。在教师的启发下，所有生成的问题均来自学生，均由学生自己解决。学生在画图、计算中熟练掌握了周长与面积的计算方法，掌握了长方形与正方形的内在联系。在经历"猜想—验证—结论"以及从特殊推广到一般的过程中，学生获得了知识与能力。

通过示例可以观察到，通常围绕一个核心问题开展开放式探究，可以通过追问生成诸多问题，而这些问题之间的推进、联结，最终就形成一张纵横交错的问题网。如果说问题集体现的是一种全面性思考，问题链体现的是一种深刻性思考，那么问题网更是对思考的广度、深度以及逻辑严密性提出了较高的要求。

4. 建构问题域

为了区别于中观层面的问题集、问题链与问题网，我们把基于问题宏观特征（即问题的跨域特征和全域特征）形成的问题网络称为问题域。不仅每一门学科、每一个领域自成问题系统，而且不同学科、不同领域之间还相互联结，形成更大的问题域。在问题域中，不仅各个问题系统或局域之间建立起复杂的系统联系或域际联系，如科学问题系统与技术问题系统和艺术问题系统之间的联系，而且每个系统内的具体问题与其他系统中的问题也建立起错综复杂的联系。这种模式更适合综合领域的探究学习：在一个主题引领下，实现跨领域的知识整合，在更大范围内帮助学生建构知识体系。

例如，我们课题组开发的 1—12 年级的综合探究活动——蚂蚁探究，共分为十一个模块：

模块一　蚂蚁形态观察

模块二　蚂蚁类别探索

模块三　蚂蚁行为研究

模块四　蚂蚁的特殊行为研究

模块五　蚂蚁遗传探索

模块六　蚂蚁与蚜虫、瓢虫

模块七　蚂蚁生化、生理研究

模块八　蚁穴建筑研究

模块九　蚂蚁生态环境探索

模块十　蚂蚁算法研究

模块十一　蚂蚁的文学、文化研究

由于是一个综合性的探究，它涉及多个层次、领域。其中蚂蚁形态观察，蚂蚁类别探索，蚂蚁行为研究，蚂蚁的特殊行为研究，蚂蚁遗传探索，蚂蚁与蚜虫、瓢虫，蚂蚁生化、生理研究，属于生命科学领域的研究，而蚁穴建筑研究涉及工程力学，蚂蚁算法是数学领域的研究，还有涉及生态环境、文学文化的研究。

5. 其他问题系统

（1）矩阵问题系统。

根据问题的类型、层次，可形成各种类型的问题二维表。该表通过对问题进行双向定位，使问题集合简约、凝练，有利于提高学习的有效性。通常来说，此类模式适合指向目标的学习，可直接检测所提问题与学习目标的联系。如表5.1通常比较适合理科课程的学习，表5.2适合人文学科课程的学习，表5.3适合各类课程的学习。①

表 5.1　问题二维表（一）

	解决老问题	解决新问题	解决疑难题	发现新问题
是何	能够直接在记忆中寻找到事实内容	需要查找资料才能获取事实内容	多角度、多途径获取答案，或通过推理才能获取事实内容	发现一个问题，从自身的经历中或通过查找资料与推理，都无法获取事实内容
为何	能够直接找到反映目的与理由的证据	需要探究才能获得反映目的与理由的证据	多角度、多途径获取答案，或通过推理才能获取反映目的与理由的证据	发现一个问题，从自身的经历中或通过查找资料与推理，都无法获取反映目的与理由的证据
如何	有做过此类事的经历，因此能直接寻找到方法	需要在新的问题情境中体验过程才能寻找到方法	问题情境中含有两难问题等复杂性条件变量，需要通过多角度的体验才能寻找到方法	发现一个问题，无法获取经验，通过猜想或查询都无法获取相应的方法

① 表的设计参考了胡小勇的《问题化教学设计：信息技术促进教学变革》，教育科学出版社2006年版，第82页。

	解决老问题	解决新问题	解决疑难题	发现新问题
若何	条件变量明确，呈现在已有或类似的问题情境中，答案则通过类似的经验获得	条件变量明确，呈现在新的问题情境中，答案则通过经验或只能通过新的猜想验证而获得	条件变量不明确、复杂或不充分，呈现在新的问题情境中，答案需要通过不同角度的猜想验证而获得	自己提出条件变量，提出猜想，且是前人未曾发现的

表 5.2　问题二维表（二）

	是何	为何	如何	若何
基本问题				
单元问题				
内容问题				

表 5.3　问题二维表（三）

	是何	为何	如何	若何
记忆				
理解				
应用				
分析				
评价				
创造				

案例：角和直角（二年级第一学期）。[1]

教学目标：①通过动手操作、观察等活动，初步认识角，知道角的各部分名称。②认识直角，能用纸折出直角，并能用已知的直角去验证新的直角。

---

[1]　执教者：上海市吴淞实验学校杨志萍。

③在动手操作、观察、比较中，经历从直观到抽象的过程，形成初步的空间观念。④体验数学与日常生活的密切联系，激发学习数学的兴趣。

该课上的问题见表5.4。

表5.4　角和直角问题矩阵

	解决老问题	解决新问题	解决疑难题	发现新问题
是何	②描一描自己身边的物体的某个部分	③判断：哪些图形是角？揭示角的概念		①用2根小棒可以搭出怎样的图形？搭的图形有什么相同的地方？
为何		⑨科学家为什么要探究角与直角？我们学习角与直角，在生活中有哪些价值？		
如何	④能不能根据对角的认识，自己试着画出一个角呢？⑦找找教室中的直角，用折好的直角验证	⑤怎么知道（三角板）的两个角是完全相等的？能用什么方法验证呢？		
若何			⑥如果只有一张纸，用什么方法可以得到一个直角？⑧折好的纸展开后有几个直角？	

（2）树状问题系统。

我们可以根据主题、专题、问题，提供一种课程与教学设计的思路（见图5.11）。

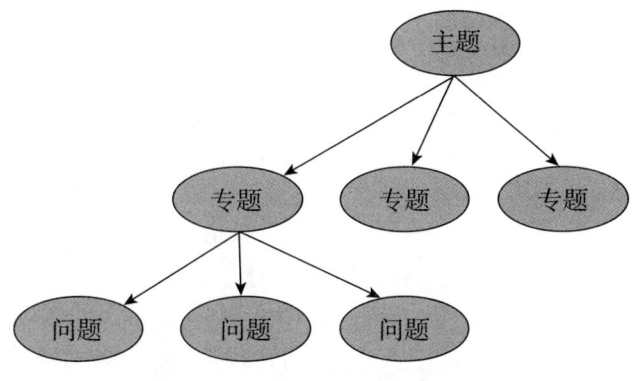

图 5.11　主题—专题—问题

目前很多课程设计以主题为核心，希望通过围绕重大问题达到各科知识的综合，按照问题的逻辑线索组织课程内容。

主题既可以侧重社会问题，又可以侧重学术问题，还可以侧重学生问题，最佳选择是能将社会问题、学术问题和学生问题联系起来，形成统一的主题，将学生活动的目的、内容和方式综合起来。

需要说明的是：在树状问题系统中，如果子问题之间没有很强的联系，它也可以理解为一个多层的问题集。

案例：语文综合学习活动课程问题框架——"说山道水"。①

教师把语文综合学习"山水与文化"这一主题分为"寻找诗中山水""领略画中名胜""感悟文化山水"三个专题，把全班分成六个小组，每个小组集中研究一个专题（小组也可以自选角度），通过"读一读、看一看、说一说、写一写"等形式完成"说山道水"的学习过程（见图 5.12）。

① 设计者：上海市淞谊中学蔡玉锐。

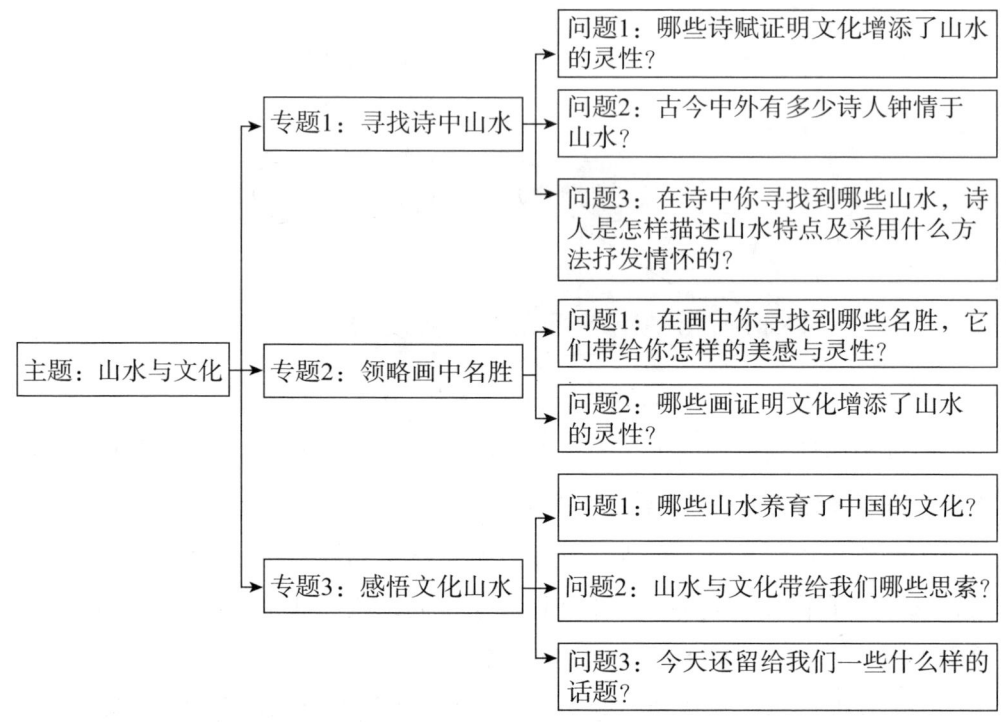

图 5.12　树状问题系统——说山道水

（3）三角图问题系统。

三角图问题系统体现的是通过对事物重点的思考，获取问题解决方案的东方智慧。如《孙子兵法》中谈到战争胜利的要素是"天时、地利、人和"。天时是自然气候，地利是地理环境，人和是人心向背。

又如上海师范大学郑桂华老师在课堂教学中，面对学生预习《背影》一文后提出的 24 个问题，从"父亲""那时的'我'""现在的'我'"三个视角出发，将问题归类，形成问题系统：父亲怎样看待儿子？那时的"我"怎样看待父亲？现在的"我"怎样看待父子？现在的"我"较那时的"我"有怎样的转变？为什么有这样的转变？而"为什么会有这样的转变？"是这节课的核心问题。从"父亲""那时的'我'""现在的'我'"三个视角出发，形成了这节课的问题系统，建构了一种解读文本的路径（见图 5.13）。

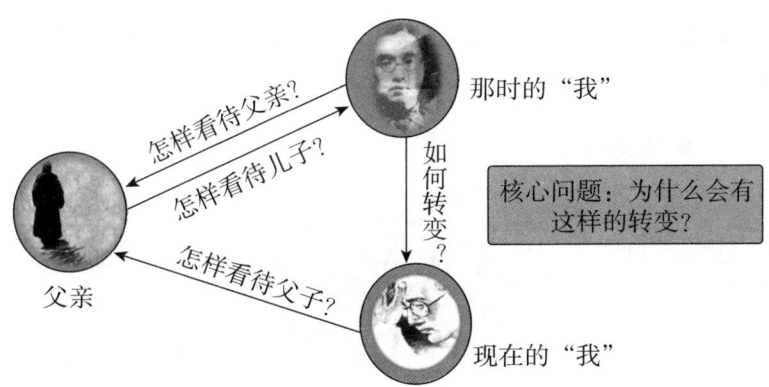

图 5.13　三角图问题系统——《背影》解读路径

（4）坐标图问题系统。

坐标图问题系统从两个维度、四个象限进行分析。

例如，历史的时空至少包括三个维度——自然时空（所在地）、社会时空（世界）和意义时空（我在地），这三个时空维度决定了历史教学的实践向度。[①]从时间维度考察，又包含了从过去寻找过去——客观与求真，从过去寻找现在——认同与参照，从过去寻找未来——规律与命运（见图 5.14）。

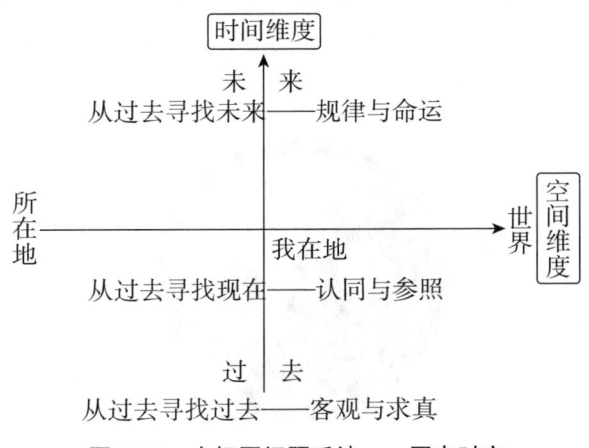

图 5.14　坐标图问题系统——历史时空

（5）维恩图问题系统。

在比较两个事物异同的时候，我们可以用维恩图来帮助自己思考问题，把相同的属性放在中间，把各自不同的属性放在两边。比如引导孩子认识自己的

---

① 马维林.历史课程目标中"时空观念"的理解维度［J］.教学与管理，2017（25）：55–58.

时候，要引导他思考自己与他人的异同，发现不一样的自己与不一样的对方（见图 5.15）。

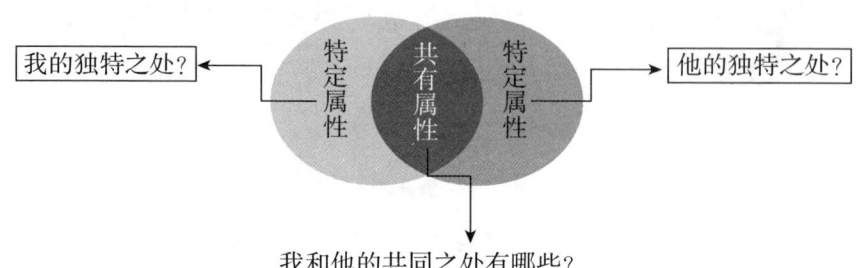

图 5.15　维恩图问题系统——认识自己

（6）太极图问题系统。

太极图用来体现辩证思维。太极图在一定程度上体现了道家思想——虚实相生，有无相成，对立统一。比如，要讨论"康乾盛世"到底盛不盛，那么就需要进一步理解"康乾盛世"的盛与衰（见图 5.16）。就中国历史看，"康乾盛世"是封建社会的鼎盛时期。在"康乾盛世"的同期，西方正进入工业革命，而中国却逐步走向闭关锁国，所以，可以引导学生思考：从整个世界历史发展的格局看，"康乾盛世"盛吗？

图 5.16　太极图问题系统

（7）五行图问题系统。

五行图体现系统思维等（见图 5.17）。

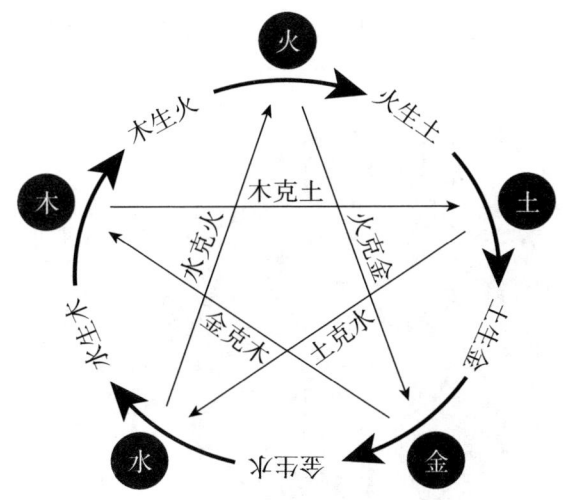

图 5.17 五行图

世界著名的管理学大师德鲁克在从事顾问工作时，面对客户的一大堆问题，默默听完后并不回答，而反问道：

"你最想做的事情是什么？"（目标）

"你为什么要去做呢？"（动机）

"你现在正要做什么事呢？"（流程）

"你为什么要这样做呢？"（方法）

"你这样做需要哪些资源？"（条件）

德鲁克不替顾客解决问题，而是帮助顾客认清自己的问题并系统思考如何解决问题。这个问题系统可以用五行图来表示。我们虽然不能说目标、动机、条件、方法和流程一定是相生相克的，但至少是相互影响的。

（8）圈形图问题系统。

圈形图通常用来分析影响事物因素的核心关系，以及影响事物存在的情境因素等。圈形图也可以用来表示包含与被包含、集合或域。圈形图体现了一种整体思维。

比如，可以用圈形图来分析秦岭—淮河一线对中国南北方格局所产生的影响。直接影响，就是给南北方气候造成的差异，这是地理学科的基本问题。如果继续思考，从文化视角来分析，就需要理解"一方水土养一方人"。最后可以追问：秦岭—淮河一线与中国南北方历史格局的形成有怎样的联系？这就涉及秦岭—淮河一线对中国地理、历史、政治等综合影响的分析（见图5.18）。

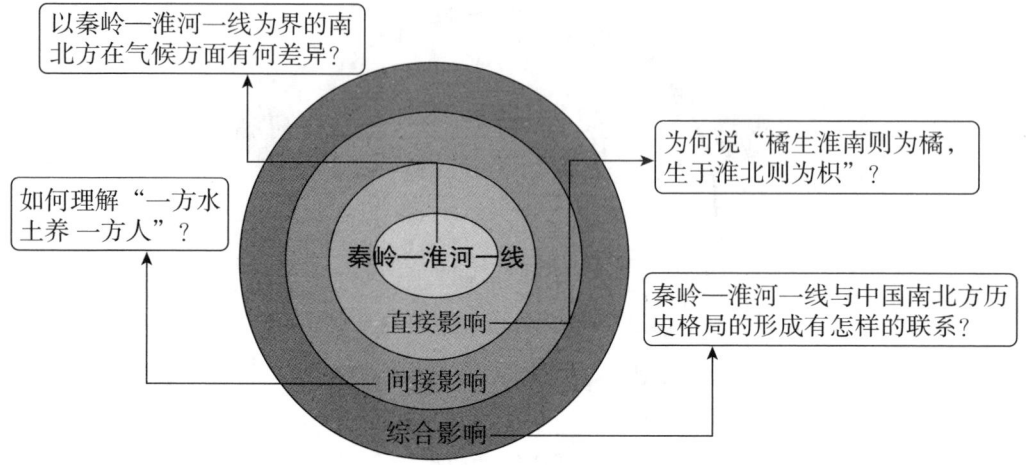

图 5.18　圈形图问题系统——秦岭—淮河一线的影响

（9）螺旋图问题系统。

螺旋图体现否定之否定的辩证思维。

唐朝禅宗大师青原行思提出参禅的三重境界：参禅之初，看山是山，看水是水；禅有悟时，看山不是山，看水不是水；禅中彻悟，看山仍然山，看水仍然是水。

比如，围绕"你喜欢古代生活还是现代生活？"这样一个问题，孩子们会说"我喜欢古代，因为那个时候没有环境污染"。但是我们会有疑问：古代环境好，为什么现代人的寿命更长呢？然后孩子们又会说"对啊，我还是喜欢现代生活。可是现代生活节奏太快，没闲暇，无法享受生命的长度"，于是教师再追问"生命的价值在于长短吗？"……。这就是"否定之否定"的追问系统（见图5.19）。

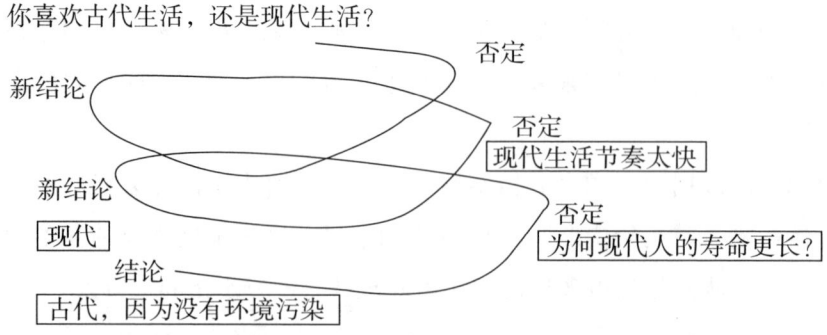

图 5.19　螺旋图问题系统——喜欢古代生活还是现代生活

第二节 系统图式化

一、图式与问题图式

1. 什么是图式

关于图式的现代认知观念可追溯至巴特莱特（F. C. Bartlett）。他认为图式是过去经验的一种抽象表示，是对已有信息进行整理、改造、重构的结果，它会影响人们对新材料的反应。①

皮亚杰使用"同化"和"顺应"阐述个体的认知发展过程，认为同化就是把外界信息纳入原有图式，使图式不断扩大；顺应就是当环境发生变化、原有图式不能再同化新信息时，必须经过调整建立新图式。奥苏贝尔提出用"先行组织者"来改变学生的知识结构以达到促进迁移的目的。他的理论是以迁移为核心的图式理论，而且他的图式理论主要建立在概念学习的基础上，没有涉及问题解决技能。安德森等人采取了一种认知取向，将图式设想为对事物和事件的一般描述。这样，根据图式来阐明某一特定情境就是将情境的成分与图式结构中的一般描述匹配起来。另外一种表达方式是，用某些具体的例子对其进行具体说明。②

20 世纪 70 年代后期，新的图式理论开始出现。鲁梅哈特认为，图式是知识包，是这些知识包如何表征以及这种表征如何促进以特定方式使用知识的理论。这样就有一些图式表征我们关于所有概念的知识，包括那些客体、情境、事件、

---

① 德里斯科尔.学习心理学：面向教学的取向（第三版）[M].王小明，等译.上海：华东师范大学出版社，2008：106.

② 同①.

事件的顺序、行动、行动的顺序背后的概念。①

由于图式使人们解释事件以及解决问题时是积极主动的，因而它们也被看作心理模型。它们不仅表征个体有关具体学科的知识，还包括对任务要求及任务表现的知觉。这样，心理模型就是个体完成某些任务或试图解决某些问题时指导和支配其行为表现的图式。②

综上所述，**所谓图式，也被称为知识图式或心理图式，是指一组相关事件、知识或行动所构成的稳定的心理结构或模型**③。我们认为，这种心理结构的形成主要依靠后天习得，它是事件、客体、观念或概念在时间与空间上的接近、重复或语义联系的固定化、概括化。正因为这些要素具有稳定的结构性联系，一旦图式被激活，就会有一系列联想，或者当其中某些要素被知觉系统觉察时，也会激活图式。比如要解决过河一类的问题，"过河"图式被激活，人们很自然地就会联想到湍急的河水、架桥、造船、泅渡等事件或概念。由此看来，图式具有激活、预测和引导的功能。

随着学习科学的发展，人们对于图式的理解更为丰富。研究者提出了心智模型（心智模式）概念。它是指人们与环境相互作用的过程中形成的关于世界的心理映像，其中包含表征概念关系的结构性知识、表征因果关系的程序性知识、表征策略性监控能力和自我认知能力的元认知知识、表征应用条件的境脉性知识，它既包括显性知识也包括隐性知识，可能采用语义表征也可能采用图像表征。具有不同特点的学习者具备不同的心智模型，这些心理模型随着学习水平的发展而发展。

2. 什么是问题图式

当问题解决成为现代认知心理学的热点研究课题之后，相应的概念和理论也自然影响我们对问题解决心理机制的表述，其中包括由图式概念延伸出来的"问题图式"（problem schema）概念。相对于概念图式，专门用于解决问题的图式被称为"问题图式"，它是在解决问题过程中起重要作用的一种大的知识

---

① 德里斯科尔. 学习心理学：面向教学的取向（第三版）[M]. 王小明，等译. 上海：华东师范大学出版社，2008：108.

② 同① 109.

③ 邓铸. 专门知识与学科问题表征 [J]. 上海教育科研，2002（5）：45-48.

单元。

问题图式是指从经验中抽象出来的问题结构，它能使我们鉴别出一种特定类型的新问题，并且能发现潜在的有用的解决问题策略。[①] 所以我们也可以把问题图式定义为是由与问题类型有关的基本原理、概念、关系、规则和操作程序构成的知识综合体。它具有多重含义，与成功的问题解决密不可分：（1）它是与问题解决有关的知识组块；（2）它是对已有问题解决成功样例的概括和抽象；（3）它可以被当前问题情境中的某些线索激活，进而预测或猜测某些未知觉到的线索，有助于问题表征的形成；（4）它不仅有助于问题表征的形成，而且结合了问题解决的策略、方法和程序，可以指导整个问题解决过程。[②]

可见，问题图式具有高度概括性。它与一类问题相匹配，而不是与单个问题相对应。因而一旦激活一个问题图式，即可自动运行问题解决程序，使问题解决过程简约明了。

二、问题表征及图式作用

1. 问题解决中问题的表征

在认知心理学家看来，在解决问题过程中，首要的一步就是形成对问题的表征。问题表征是问题解决的关键甚至全部[③]，它是指对问题初始条件、目标任务及其构成要素的觉察和理解，也是近年来关于问题解决研究的核心。问题表征分外部表征和内部表征。外部表征指问题情境的成分和结构，只能被知觉系统觉察、分析和加工，它对问题的内部表征具有引导或定向作用；内部表征是问题解决者构建的关于问题的认知结构，是对觉察到的问题初始条件、约束条件的解释，简单地说，就是对问题及问题结构的理解。对问题的内部表征是解决问题的关键，而快速形成正确的内部表征需要以图式或心理模型为基础，这些图式是通过样例学习建立起来的，往往结合了大量的专门领域知识和一般的

---

① Robertson S I. 问题解决心理学 [M]. 张奇，等译. 北京：中国轻工业出版社，2004：298.

② 邓铸. 专门知识与学科问题表征 [J]. 上海教育科研，2002（5）：45-48.

③ 同②.

问题解决策略与方法，即结合了大量的程序性知识，它可以使对问题的理解或表征类型化。

然而，在问题解决中普遍存在一种现象：虽然问题的条件和要求完全相同，但是不同水平的学习者对于问题的条件和要求的表征却大相径庭。比如，水平较低的问题解决者在解决问题时往往做出错误的表征，或遗漏掉问题的潜在条件，或把无关的条件当作主要的因素进行表征，从而干扰了问题的解决。有关学习的认知过程研究表明，做出合理的问题表征，关键在于形成有关的图式。如果大脑中有了一定的问题图式，学生就会以该图式作为参照系调节自己的认知活动，对问题加以正确的解释和推理，很快抓住问题的关键，找出解决问题的方法。

2. 问题解决中图式的作用

图式的形成特别有利于问题解决知识和技能的迁移，也有利于产生灵活的解决问题的能力。首先，问题图式影响人们对所呈现信息的理解，因为它可以提供有助于理解的背景知识。其次，问题图式也可以使人们超越给定的信息，做出预测和推理。最后，问题图式具有迁移作用，使人们能够解决新问题。最重要的是，在问题解决过程中问题图式不仅有助于问题表征，而且可以结合问题解决的策略、方法和程序，指导整个问题解决过程。因为图式一旦被激活，就能引导问题解决者以特定的方式搜寻问题空间、寻找问题的有关特征，有助于提高问题解决的效率。

三、问题系统建构与图式形成

1. 什么是问题化学习图式

根据前文所述，问题图式理论都是建立在学习理论中经典（狭义）问题解决基础上的。问题化学习中的问题解决是广义的，因而更关注通过建构问题系统进行综合思考。因此，问题化学习图式的表征可以是单个问题的图式，也可以是描述问题之间关系的问题系统的图式，如问题集、问题链与问题网等。

单个问题图式的作用：（1）对问题结构的表征，它能使我们鉴别出特定类型的新问题。（2）发现问题解决的策略与操作程序。

问题系统图式的作用：（1）在全局中表征问题之间的相互关系与结构特征，使我们识别相似的问题系统。（2）发现问题扩展与组成的程序与规律，包括确定解决问题的次序、方法、切入点以及中心、焦点。需要注意的是，一个具体事件的问题系统还不能称为图式，只有抽象到能代表一类事件的问题系统时，才能称为系统图式化。

2. 建构问题系统促进图式的形成

一个体现认知建构过程规律的问题系统就可以看成一个有效的图式／心理模型。需要特别指出的是，图式一旦是由问题组成，尤其是通过问题系统建构而成，就不是简单的事实性知识累加，而更能体现学习的意向、思考的逻辑及行动的顺序，体现学习者自主意识、元认知系统、认知系统协同作用的过程。

前文所列举的问题系统都能体现这一特征。就算是静态知识，一旦基于问题化学习，并通过问题系统实现认知建构后，就能转化成动态的程序性知识或策略性知识。如历史学习中通过问题系统建构起某一历史事件，它就不是简单的对历史事件的陈述，而包含了对历史事件如何进行分析的程序性知识，其中抽取出来的关于历史事件分析的基本方法与程序就可以看成关于历史事件分析的图式或心理模型。

四、问题系统优化与图式精致化

1. 通过学生自建问题系统以查明学生的图式

查明学生的图式／心理模型对教学有着非常重要的作用。教师由此就可以知道学生的认知基础、原先的经验，包括他们如何理解知识、如何看待问题。教师查明学生的图式至少有四种方式：（1）观察他们；（2）让他们做出解释；（3）让他们做出预测；（4）让他们教其他学生。①

① 德里斯科尔.学习心理学：面向教学的取向（第三版）[M].王小明，等译.上海：华东师范大学出版社，2008：122

当学生经历了一段时期的问题化学习之后，教师可以鼓励他们自主建构问题系统，画出问题系统图，以查明学生的图式。教师需要了解：（1）学生原有的图式是怎样的？（2）不同学生的问题系统的差异性和共同性在哪里？（3）成功的问题解决者通常具有怎样的图式？对不成功的问题解决者，如何进行诊断与指导？（4）如何追踪学习者图式的发展过程？（5）教师与学生的图式如何相互作用？（6）运用怎样的认知工具可以使隐性的图式可视化、显性化？

让学生自主建构问题系统，从而查明学生的图式，便于教师摸清学情，这样才能有效地先行组织，比如设计合适的情境与支架，跟学生的原有经验产生联结，从而激活他们原有的知识，使之更好地吸收知识与建构新系统。

2. 通过有效教学促进图式精致化

无论图式的获得是自动的还是有意的，都要通过教学使之精致化、结构化。只有当学生的图式精致化时，才能提高他们在问题解决时进行类型识别的准确度，发现问题中有用的条件与信息，从而做到触类旁通，轻松自如地解决问题。图式的精致化与结构化还能使信息的储存方式更精确更经济，从而使他们获得自动化的图式，扩大认知的加工容量。这些都对学生学习具有潜在的积极作用和价值。

邓铸对问题图式的获得机制进行了研究，他发现类比问题解决和样例学习是获得问题图式的两条有效途径。[①] 此外，认知心理学的其他研究也表明，在教学过程中，教师可以采用变式训练、样例学习和开放式训练等教学策略促进学生问题图式的形成。

在促进问题系统图式化的过程中，既要关注问题解决的通用模型，更需要建构特定领域的专业模型，同时也要尊重特定类型的问题系统所体现的个性化学习路径。可以通过学习共同体内的协商学习、问题系统的合作建构或独立建构后的分享活动，优化问题系统，实现图式的精致化。

3. 学科问题化学习中促进专家图式的形成

20 世纪 80 年代以后认知心理学关于问题解决的研究逐渐远离纽厄尔和西蒙

---

① 邓铸. 专门知识与学科问题表征 [J]. 上海教育科研，2002（5）：45–48.

等提出的通用问题解决模型，不断走进社会生活，研究学科问题解决、工业问题解决等专门知识领域的问题解决。认知心理学家意识到脱离问题的内容维度不利于揭示问题解决的机制和规律，他们不约而同地开始对专家与新手解决知识丰富领域中问题的过程进行系统考察与比较。

有关研究表明，在专家的图式中，知识被良好组织，知识单元高度联结，包含有关领域的各种知识，专家可以在问题解决中形成基于相似问题结构的复杂的问题表征。在新手的图式中，知识很少被组织，知识单元间的联结松散，包含较少相关领域的陈述性知识和程序性知识，新手往往只能形成基于问题表面相似性的简单的问题表征，较难发现有效的问题解决程序和方法。而且，新手的问题解决基本上是搜索驱动的，而专家是图式驱动的。

对知识丰富领域中专家与新手认知图式的研究给学科教学一些启示，那就是帮助学生在更高的层面上建构学科知识体系对他们顺利解决问题是有帮助的。特定学科的知识体系还应该包括特定领域的认知策略，这些对学科学习中的问题解决与图式建构有帮助。这些内容在第十一章"问题化学习的学科教学实践"中有详细说明。

第三节　图式可视化

一、图式可视化的价值

思维导图作为图式表征与思维表达的工具，带给我们无穷的灵感与想象空间。它可以描述概念间复杂的层次关系，呈现问题思考的结构框架、分支流程；可以用于分析比较、推断归因、生成计划、评价反思，人类很多的思维活动都可以用它显性地表达出来。思维导图也可以用来优化问题化学习中的问题系统，使问题系统的结构更加清晰，各问题之间的关系更加明了，问题扩展的过程更加流畅。

1. 思维导图与全脑学习

首先，激发全脑功能。思维导图的发明者托尼·巴赞（T. Buzan）研究心理学、神经生理学等科学，渐渐地发现人类大脑中的每一个细胞及大脑的各种机能如果能被和谐而巧妙地运用，将会产生更高的效率。思维导图因完整的逻辑架构及全脑思考的方法被广泛应用在学习及工作方面，大大减少了耗费的时间，对于绩效的提升产生了令人无法忽视的功效。巴赞也因此以"大脑先生"（Mr. Brain）闻名世界。

其次，顺应大脑的自然思维模式。泛脑网络学说认为，人的大脑从宏观到微观可分为回路、神经元群、神经元及分子序列四个层次的网络。① 人的学习、记忆和思维正是通过这样一个并行分布、多层结构、广泛联系的神经网络系统来进行的。思维导图模仿了神经元发散性的结构，符合我们自然的记忆与思维模式，同时，它也强调逻辑性。这种将发散性和逻辑性相结合的工具，既可以帮助我们记忆信息、把握灵感，又可以帮助我们通观全局，有条理地分析。

所以说，思维导图帮助大脑确定模式，让图式建构的过程显性化、可视化。大脑是模式的搜寻者，总是在努力地获取整体图，以此形成事物之间的联系。思维导图能够激发大脑的这种潜能，让学生在大脑中形成学习的整体图景，培养和发展学生构建图式的能力，让图式建构的过程可视化。

2. 思维导图的运用与图式获得

既然准确的、精致化的、自动化的图式对于有效学习具有很大价值，那么在教学中通过有效的途径、方法与手段，促进图式的获得并使之精致化就显得非常有必要。我们对思维导图促进图式获得的基本假设是：画思维导图往往能激发学习者的元认知，使他们明白自己按照怎样的方法、程序思考问题，而这些对于形成自动化的图式是有帮助的。图式被显性化之后，学习者可以了解自己，洞察别人，进行相互比较，从而使图式获得修正、重建。

每个人都具有心智模式，这种心智模式代表了个体在看待问题上、分析思考上具有的思维定式。思维导图制作工具本身并不能改变人的心智模式，

① 沈德立. 脑功能开发的理论与实践 [M].北京：教育科学出版社，2001：4-9.

但合理地运用思维导图却可以改善人的心智模式。比如，一个人在看待问题时更多地采用线性思考模式，不会多角度观察问题，或者不容易辩证地思考问题，那么经常使用辐射图、圈形图、太极图与五行图就有助于改善这种心智模式。

在教学中如何运用思维导图来促进图式获得并使之精致化呢？一是提供脚手架，即斟酌学情，提供具有启发性的线索，或是提供完整的框架。二是进行思维导图使用的交流与分享。思维导图用来使教师或学生的心理图式可视化，目的是使师生之间更好地交流与分享，促进学习者图式的修正完善。

思维导图是对某一类型问题思考的通用模式。模板中通常含有很多可以填入具体信息的"空位"或"槽"（安德森语）。因此，这些模板就可以看作这类知识/问题/事件通用的图式或心理模型。从某种意义上说，图式获得的过程就是将知识或行动逻辑化的过程，而思维导图就是要将这种逻辑化的过程显性化、可视化。一个好的思维导图，可以提供恰当的模型，引导人们进行更高层次的思维，并获得元认知（反省认知）。

二、图式可视化的工具

1. 概念图

概念图（concept map）起源于教学领域，20世纪60年代由美国康奈尔大学的诺瓦克（J. D. Novak）教授在研究儿童对学科知识理解的案例时提出，最主要的理论基础是对有意义学习、人脑记忆系统构成的研究，以及对知识本质的认识。概念图主要用来表征知识，从而提高学习者对概念与命题系统的结构化认知。它强调概念须按层级排列，以呈现概念的上下位关系。通常将关于同一主题不同级别的概念置于方框或圆圈中，再用各种连线将它们连接起来。概念图包括节点、连接、命题和层次四个要素。节点表示概念，概念指同类事物的共同属性。连接表示两个概念之间存在的某种关系。命题是两个概念通过连接形成的意义关系。层次有两个含义：一是指同一知识领域内的结构，即同一知识领域中的概念依据其概括性水平分层排布，概括性最强、最一般的概念处于图的最上层，从属的放在其下，具体的事例位于图的最下层；二是不同知识领域的结构，即不同知识领域的概念图可以进行超链接。比较有代表性的概念图制作工具有 Inspiration 等软件。

2. 思维导图

思维导图是由英国学者巴赞在 20 世纪 70 年代初期所创。思维导图的理论基础主要是脑科学中放射性思维与全脑学习的基本原理。它强调图像、色彩的应用，更凸显了右脑学习的功能。思维导图最初更多地应用于企业培训中，用来组织思想、激发灵感、策划项目，后来逐步在教育领域得到广泛的应用。由于思维导图更多地是围绕一个中心主题由内至外进行发散，最终的图形类似于一个放射性的树状系统。思维导图主题与分支的内容更为灵活，由于它更多地是围绕一个中心做放射性思考，因此并不特别强调分支之间的连接。比较有代表性的思维导图制作工具有 MindMap、MindManager 等软件。

3. 思维脑图

思维脑图是柔性思维专家袁劲松关于右脑高级形象思维训练研究的成果，主要用于企业培训。他根据柔性思维理论研究设计了 12 种脑图：三角思维脑图、圆形思维脑图、发散思维脑图、人型思维脑图、流程思维脑图、表格思维脑图、结构思维脑图、坐标思维脑图、立体思维脑图、太极思维脑图、五行思维脑图、螺旋思维脑图。研究涉及科学、艺术、经济、管理、军事、教育、生活等领域，并通过案例的方式系统阐述了形象思维训练的基本原理，以及柔性思维脑图工具的三大功能和五项应用技巧。

4. 整合概念图与思维导图

诺瓦克教授根据意义学习和概念同化理论开发了概念图这样一种新工具。他在谈到概念图的认识论意义时，认为把知识划分为陈述性知识和程序性知识不利于对认知发展的清晰理解，往往造成知识与行为的脱节。例如，学生在科学实验中往往不能用陈述性知识来指导自己的实验程序，所以按部就班地完成了实验步骤后，却不会对产生的现象做出合理的解释。其实，知识建构就是较高水平的意义学习，任一领域知识的基石就是概念和命题。正是概念与命题赋予了学习过程（包括实验过程）以意义。概念图作为一种元认知工具，超越了有关陈述性知识和程序性知识的分类，努力将机械学习转变为有意义的学习。

思维导图以发散性思考为基础，提供了一个有效的学习工具，运用在创意的发散与收敛、问题分析与解决等方面，往往会产生令人惊喜的效果。

在理论上分清概念图与思维导图，有助于我们把握它们各自的优势。但在具体应用的过程中，就没有必要分得那么清楚。通常构图的人总是根据需要自觉与不自觉地在两者之间做着选择，也会在构图过程中将两者有机地结合起来。

问题解决是广义的，既涉及事实信息、概念理解，也涉及解决问题的程序。此外，问题系统既有网状结构的，也有树状结构的。而思维导图的称呼更能被基层教师理解与接受。因此，在具体的实践中，我们就把概念图、思维导图、思维脑图均称为思维导图。如不特别说明，本书的思维导图就是广义的。

三、问题系统的可视化表征

1. 问题图式与可视化表征

问题图式的显性表征，即图式图。所谓图式图，就是根据对问题的描述，结合学习者的理解，用简易的图形表征问题间的结构关系。[①]

事实上，对于同样一个问题，不同的人会有不同的理解。理解的内涵并不相同，关注的角度也会有所不同。在当前的教学中，书本定义的问题与学生的实际问题、教师转述的问题存在差异。这就意味着在教学中应该让学习者对问题的理解显性化、可视化。图式图是将问题图式显性表征的方式。[②]

此外，问题解决理论认为，给予线索提示会使源问题与目标问题之间的关系显性化，除了直接的指导提示以外，能揭示问题的原理规则或图解等也可以

---

① 邓铸，姜子云. 问题图式获得理论及其在教学中的应用 [J]. 南京师大学报（社会科学版），2006（4）：111-115.

② Robertson S I. 问题解决心理学 [M]. 张奇，等译. 北京：中国轻工业出版社，2004：205.

作为提示线索。① 因此，图解对于问题解决具有独特的价值，也是图式可视化的方式。

图式可视化的价值在于：一是让教师了解学生原有的图式和学习后获得的图式。比如，教师可以用让学生画概念图的方式了解他们对于水循环概念的基本理解，这样既可以在教学前帮助教师进行学情分析，也可以在教学后帮助教师评估教学效果。二是图式可视化有助于师生之间、生生之间的思维交流与智慧分享。图式图比语言描述更能让学生明白事物之间、概念之间、知识之间、问题之间、行动之间的相互关系、逻辑顺序等。三是对图式图的梳理，对于学生来说，本身就是一个图式修正、调整与重建的过程。

2. 图形特征与认知功能

作为一种图形组织工具，思维导图的表现形式有多种，每一种形式具有的功能也有所不同。如表 5.5 所示，我们梳理了问题系统的类型及相应的思维导图。

表 5.5 问题系统与思维导图

问题系统	思维导图	图形示例	
问题集	辐射图	（星状图）	（放射图）

---

① Gick M L, Holyoak K J. Schema induction and analogical transfer [J]. Cognitive psychology, 1983, 15 (1): 1–38.

问题系统	思维导图	图形示例	
问题链	链形图	（顺序链形图）	连续水平 低　　　　高 （连续链形图） （鱼骨图）
		（循环链形图）	（推移变化图）
问题网	网状图	（网状地形图）	（网状关系图）

续表

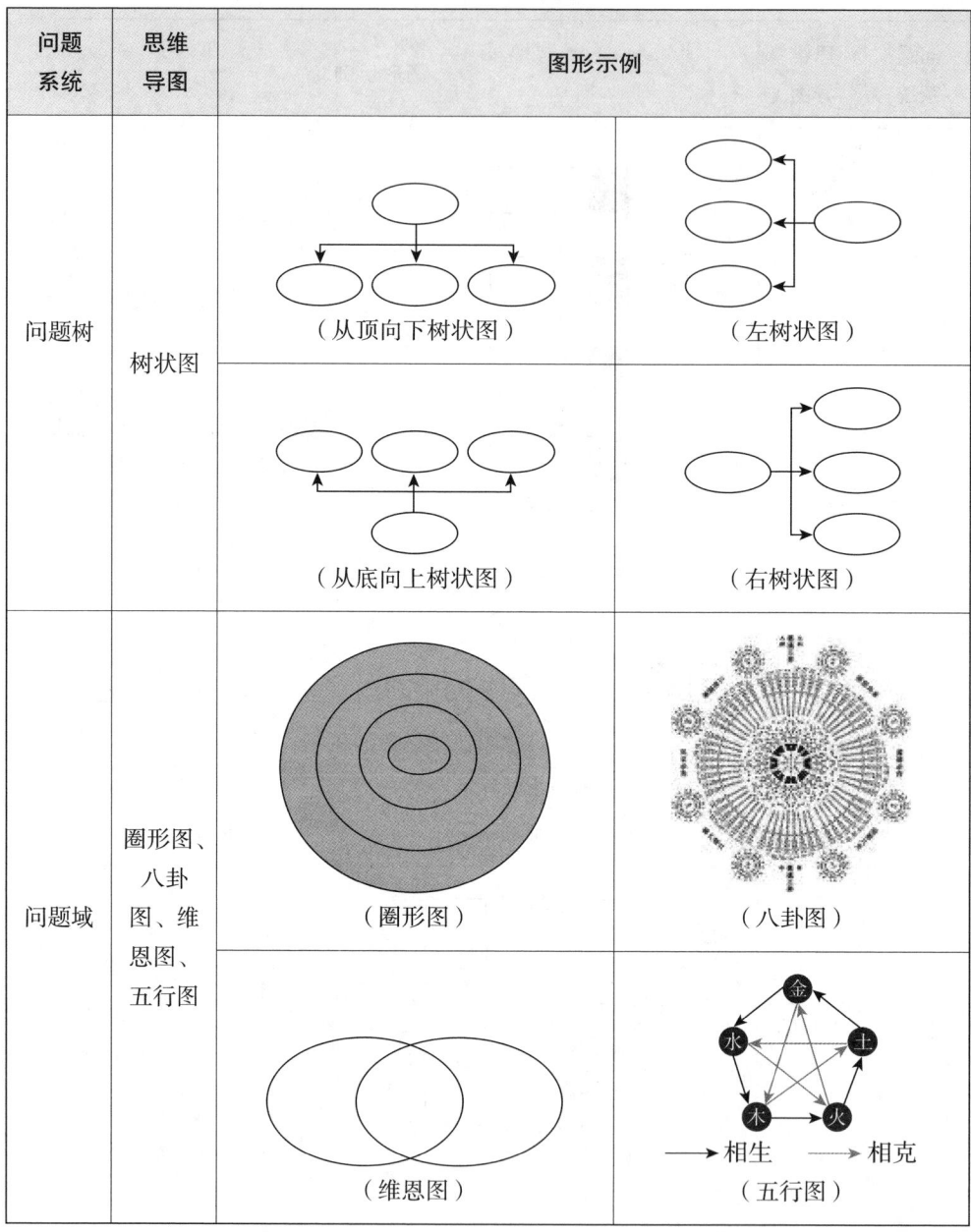

问题系统	思维导图	图形示例	
问题树	树状图	（从顶向下树状图）	（左树状图）
		（从底向上树状图）	（右树状图）
问题域	圈形图、八卦图、维恩图、五行图	（圈形图）	（八卦图）
		（维恩图）	（五行图）

由于人类思维的模型永远无法穷尽，因此思维导图的表现形式也多种多样。此处仅对几种常见的思维导图进行了归纳。

3. 运用思维导图优化问题系统

思维导图作为一种认知工具，在知识的组织、问题的分析、图式的表征上具有显著的功效。思维导图能为问题的表达、要素的分析、假设的提出、解决方案的形成、程序的设计、结论的呈现提供工具。同样，思维导图的有效运用也可以优化问题与问题系统。

用思维导图表征问题系统的优点如下。

- 清晰地定义中心问题。
- 清晰地显示每一问题或问题要素的相对重要性。
- 使读者立刻理顺问题之间或问题要素之间的复杂关系。
- 便于读者了解问题系统中的矛盾与差异，促进发现与创造。
- 使思考者集中精力于真正的核心问题或问题的关键处。
- 使关键词更为突出。
- 使思考者易于在关键词之间产生适度的联想。
- 使思考者处在不断发现和探索的兴奋之中，从而产生无穷尽的思维流动。

为了实现有效的学习，在教学中，我们架构或形成问题系统的基本依据，一是学科知识的内在关联性，二是学生认知的规律性。按照这两个基本的出发点，对问题系统我们需要优化的是两个方面：一是内容结构，二是过程逻辑。内容结构要符合知识的内在关联性，过程逻辑则要符合学生的认知过程。因此，思维导图的运用，就是为这两个基本的目标服务的。

本 章 小 结

解决问题，要见树木，更要见森林。一个问题是想法，一组问题就形成了思路。从不同视角、不同维度出发，就会产生不同的线索。

解决问题，不仅是为了寻找问题的答案，而且要建立良好的心智模型。

第六章 问题化学习的理论基础

问题是所有科学发展的起点，是科学研究的灵魂，也是人类探索世界、认识社会、发现自己的动力源泉，是人类自我觉醒与心灵成长的原生力量。

第一节 问题化学习的哲学基础

一、问题的一般认识论与方法论

"没有问题了"是多么可怕的一件事情！大多数学者有的是观点，却没有问题。"从观点转向问题"，在某种程度上推动着哲学研究的进步。武汉大学张掌然教授在他的《问题的哲学研究》中，从心理学、语言－逻辑学、科学哲学、技术哲学、一般哲学等多学科角度对问题进行了系统而全面的考察、梳理，对问题的内涵、问题的结构、问题的基本特征、问题的基本功能、问题的发现、问题的选择、问题的评价、问题的解决等进行了研究和探讨，提炼出关于问题的一般认识论与方法论观点。

问题与矛盾、疑问、疑难、困惑、目标和障碍等诸多概念关系密切。作为一个重要的认识论概念和基本的方法论范畴，它与认识和实践、主体和客体、对象和方法等认识论范畴有着密切关系，它把理论和经验、思维和观察联结起来，把发现、评价、选择、建构等认识活动联系起来。①

问题是有结构的，通常包括给定、目标、障碍三个基本成分。问题的基本特征则可以从微观（单个问题）、中观（问题系统或问题域）和宏观（问题全域、问题总体或问题网络）三个层次来考察。问题的基本功能包括定向功能、组织功能、激发功能与评价功能。问题的发现不仅是一个心理学问题，也是一个认识论与方法论问题。发现问题没有固定不变的程序和普遍有效的方法，但存在可能的路径与具有启发性的视角和方法。②问题解决是由一定的情境引起的，按照一定的目标，运用各种认知活动、技能等，经过一系列思维操作，使问题得以解决的过程。问题解决涉及许多认识论和方法论问题，主要包括问题解决过程、问题与思维的关系、问题与方法的关系。问题评价的重要标准就是问题是不是真问题。③

问题的一般认识论与方法论观点为问题化学习研究提供了宽广的理论视野，包括问题的定义与范围、问题的结构与特征，以及问题的发现与解决。其中关于问题的中观与宏观考察更是突破了原先学习心理学关注单个问题解决的理论视域，让问题化学习在系统论的支持下进一步研究系列问题解决的机制与规律。

二、问题化学习与矛盾论

矛盾论是毛泽东思想中的哲学方法论，通过运用唯物辩证法，从两种宇宙观、矛盾的普遍性、矛盾的特殊性、主要矛盾和次要矛盾、矛盾诸方面的同一性和斗争性、对抗在矛盾中的地位等方面，深刻地阐述了对立统一规律。

首先，毛泽东从宇宙观的高度，提出了内因和外因的辩证关系，指出外因是变化的条件，内因是变化的根据，外因通过内因而起作用。问题化学习以学习为基点，课堂遵循"以学生的问题为起点、以学科的问题为基础、以教师的问题为引导"，凸显了学生作为学习主体的作用，同时重视教师基于

---

① 张掌然.问题的哲学研究［M］.北京：人民出版社，2005：156.

② 同① 242.

③ 同① 300.

学生问题、学科问题进行有效引导，"三位一体"的原理体现了内外因的辩证关系。

其次，矛盾的普遍性是指矛盾存在于一切事物的发展过程中，矛盾的特殊性是指不同事物的不同矛盾、矛盾的不同方面都有各自的特点。矛盾的普遍性和矛盾的特殊性的关系，就是矛盾的共性和个性的关系，二者相互区别、相互联系又相互转化。问题化学习把问题作为学习过程中的基本矛盾运动，即矛盾的普遍性；而把每一事物的发展过程，视作"在发现问题中解决问题，又在解决问题中发现新的问题"这样一个持续探索系列问题的矛盾运动过程。

再次，矛盾发展的不平衡性是主次矛盾和矛盾主次方面的客观依据。主要矛盾是指在同一事物的许多矛盾中，起着主导作用的矛盾，它决定事物的性质和发展趋势；不处于支配地位，不起主导作用，也不决定事物的性质和发展方向的矛盾就是次要矛盾。主要矛盾和次要矛盾相互联系、相互作用，两者在一定条件下可以相互转化。问题化学习聚焦核心问题的解决，体现了抓住主要矛盾或矛盾的主要方面的方法论思想，而问题系统体现了在解决核心问题的同时，需要同时关注次要问题与核心问题的相互联系与依存关系。

最后，我们应该在认识和解决问题时做到两点论和重点论相统一。看问题既要全面，又要善于抓住重点和主流；既要反对一点论，也不搞均衡论。对于问题化学习而言，就是既要看到问题全局又要抓住核心问题和关键问题，解决问题的时候不能只有一个视角，但也不必面面俱到。

三、问题化学习与系统论

系统论的核心思想是系统的整体观念。贝塔朗菲（L. von Bertalanffy）强调，任何系统都是一个有机的整体，它不是各个部分的机械组合或简单相加，系统具有各要素在孤立状态下所没有的整体功能，正如亚里士多德所言，"整体大于部分之和"。系统中各要素不是孤立地存在着，每个要素在系统中都处于一定的位置，起着特定的作用。要素之间相互关联，构成了一个不可分割的整体。要素是整体中的要素，如果将要素从系统整体中割离出来，它将失去要素的作用。

系统思想是一般系统论的认识基础，是对系统的本质属性，包括整体性、关联性、层次性、统一性的根本认识。系统思想的核心是根据系统的本质属性使系统最优化。

一些物理学家、生物学家和化学家在各自的领域中沿着贝塔朗菲开创的开放系统理论深入研究一般系统论，并得到了关于复杂系统的一系列重要理论。其中最著名的有普利高津（I. Prigogine）的耗散结构理论、艾根（M. Eigen）的超循环理论、哈肯（H. Haken）的协同学、拉兹洛（E. Laszlo）的广义进化论等。

耗散结构理论可概括为：一个远离平衡态的非线性的开放系统（不管是物理系统、化学系统、生物系统还是社会系统、经济系统）不断地与外界交换物质和能量，在系统内部某个参量的变化达到一定的阈值时，发生突变，即非平衡相变，由原来的混沌无序状态转变为一种在时间上、空间上或功能上的有序状态。这种在远离平衡的非线性区形成的新的稳定的宏观有序的结构，由于需要不断地与外界交换物质或能量才能维持，因此被称为"耗散结构"。问题化学习不是一个静态的封闭结构，而是一个远离平衡态的非线性的开放系统。

首先，以学生的问题为起点，远离平衡态，从无序跃变为有序。通常来说，平衡意味着有序，而"平衡有序"恰恰是我们学校管理和课堂教学传统的"价值底层"（它又与学校班级授课制匹配），这是因为它可控且效率最高。在追求平衡有序的过程中，我们自然而然会以目标为导向，然后"制定标准""传递信息""反馈信息""评估结果""修正结构"。而"目标"通常是由管理者或教师制定，它一定是以学科、教师的问题为起点。顺着这一逻辑，管理者与教师在过程中一定采取的是自上而下的信息传递，表现为教师执着于讲授，管理者执着于"我要你做什么"。在这种结构下，能量或可实现交换，但新物质一定无法产生，单向的信息传递导致教师和管理者越来越"笨"，既失去学习的动力，也失去成长的可能。而一开始的"平衡有序"却最终导致彻底的混乱——学生厌学，教师厌教。因此，问题化学习提出"以学生的问题为起点"，旨在从杂乱无序的初态跃变为更高水平的新的有序状态。其临界点在于学生（教师）从具有自发的问题意识提升到具有自觉的问题解决能力，并实现不同维度问题的内在关联与整合。这就解释了之前我们一直强调的"问题化学习的课堂是从'失控'

开始的""孩子提不出问题是因为我们没有给孩子提问的机会"等观点;它也同时回答了"为什么管理者认为以教师的问题为起点,管理效能不高",许多教师在实践中会有意无意地陷入"以学生的问题为起点,以学科的问题为终点"等问题。从实践来说,这一结构表现为从原来平衡态下的"目标导向""制定标准""传递信息""反馈信息""评估结果""修正结构"转向非平衡态下的"问题导向""约定程序""行为交互""分享信息""评估过程""反思改进"。

其次,以学习为中心,构建开放的系统,实现系统间的"耦合"。改革开放之初我国实施的是"有计划的商品经济"。因为计划经济是一个封闭系统,"改革开放"就是改革封闭的系统,打开封闭的系统。这是因为封闭系统只有能量交换,没有物质交换,也就没有新物质产生。如果处于一个复杂的、变化的宏观世界,这种系统虽然一开始更为有序甚至平衡,但最终必然走向僵化和崩溃。回到我们学校的场景,课堂教学通常涉及学生、学科和教师三个要素,即可以形成"以学生为中心""以学科为中心""以教师为中心"的系统。我们还可以基于确定的"有理性"和"合理性",对系统进行优化、改进。但如果这些单一系统变成封闭系统,那么本质上它们不会产生新物质,也不会带来系统真正的升级。由此,问题化学习从一开始就提出"以学习为中心"和"三位一体"问题解决,以"问题"促使系统"开放",以"学习"实现系统间的"耦合",通过构建一个更为开放的学习系统,改变单一系统下的线性思维和固有实践方式,实现教学转型。在这个学习系统中,**新物质的产生在于学生自主提出问题;能量的流动与新物质的交换在于师生持续追问;共生在于学习共同体,平衡在于"三位一体",整体在于核心问题的解决,系统的升级在于问题系统的建构。**这样一个涉及底层结构的改革形成的是一种学习新方式,实践的是一种教学新逻辑。

最后,以问题化学习贯通学校教育要素,以子系统的"涨落",促进"相变"的发生。很多管理者和教师探索实践问题化学习,心里最没底或者最担心的就是分数、质量。没有每节课目标的有效达成就不可能有分数和质量,而问题化学习却强调,教师对于课堂教学首先要关注的是"学习动力"而不是"学习能力"。但学习动力会不会带来学习能力的提升,管理者和教师没有把握。于是,学校改革与学科探索变得瞻前顾后、犹豫不决,局部推进、环节探索成了自然而然的选择策略。问题化学习努力实现的是远离平衡态的新的稳定有序的结构。这就意味着，局部、环节的改进依然是基于原有的结构秩序，它依然是平衡态或接近平衡态，因此永远也不会实现状态的跃变，即局部的问题化学习不会带来学校发展方式、师生教与学方式的根本性转变。然而，仅仅要求校长与教师具有"战略定力"是远远不够的。由此，我们提出并强调"系统"的概念，把学校教育视作一个大系统，把学校教育中的各要素内容视作子系统，按照不同的维度划分为"价值体系、目标体系、制度体系、行为体系""组织管理、课程教学、队伍发展、教育科研""行政管理、学部管理、项目管理""德育、智育、体育、美育、劳动教育"等等。问题化学习作为一种"能量"，"搅动"子系统，促使子系统发生"涨落"并实现"自组织"。与此同时，问题化学习作为一种"联结"，又"耦合"了不同的子系统。随着时间的推移，最终实现"协同"和"共振"。因此，问题化学习促进学生认知能力的发展和学校办学品质的提升，并不仅靠单一子系统的线性发展和自组织，还依赖于系统间能量和物质的持续交换，也涉及时间这一关键要素。也就是说，当学校里所有的人都是问题化学习者，学校成为一个问题化学习者社群的时候，远离平衡态的"相变"就发生了。所以说，问题化学习的探索需要学校整个系统的重构，问题化学习的"模型"应该贯穿于学校所有的教育要素。这是因为，离平衡态越远，系统性越高，问题化学习推进越坚定，其成效也就越大。这也正是母体实验学校获得快速发展的秘诀。

第二节　问题解决心理学

一、问题解决的定义与特征

在心理学领域，问题解决也称解决问题，指当个人在面对问题情境而没有现成的方法可以利用时，将已知情境转化为目标情境的认知过程。这一定义有四个要点：一是问题解决过程是认知性的；二是问题解决包含一系列思维过程；三是问题解决过程是有目标指向性的，旨在对问题生成一个答案；四是问题解决是个人化的。[①]

现代信息加工心理学家纽厄尔和西蒙区分了问题的客观方面和主观方面：问题的客观方面被称为任务领域；问题的主观方面是被试对任务领域的理解，被称为问题空间，也是问题的表征。[②] 问题空间是指解题者对所要解决的问题的一切可能的状态（包括问题的初始状态和目标状态）的认识，以及对如何由初始状态转化为目标状态的认识，等等。问题解决就是对问题空间进行搜索，以找到一条从初始状态到达目标状态的通道，即算子（operator）。

二、问题解决理论的演变

心理学关于问题解决的理论主要涉及问题解决的心理过程和影响问题解决的内外部因素。问题解决的早期理论主要来自动物解决问题的研究和人解决机械问题的研究。所得出的问题解决过程理论有桑代克的尝试错误说和格式塔心理学家的顿悟说等。哲学家和教育家杜威根据自身的经验曾提出，反省思维经过暗示、理智化、假设、推理和验证五个过程，后被公认为解决问题的心理过程的五个步骤。但这些理论脱离课堂教学实践，难以指导学校教学。所以奥苏贝尔曾说，心理学家虽然在问题解决方面进行了 60 多年的研究，但没有对杜威有关问题解决过程的描述做出明显改进。直到 20 世纪 70 年代，心理学中发生了所谓的认知心理学革命，问题解决研究才发生了根本性变化。这个变化的标志是信息加工心理学家研究了不同类型的知识在问题解决不同阶段的作用，并通过专家与新手解决问题的比较研究，发现了专家与新手解决问题能力的差异以及导致这些差异的原因。这时心理学家似乎认识到，问题解决过程的研究必须与决定问题解决能力的知识类型研究相结合，这样才能对问题解决能力发展

---

① 皮连生 . 智育心理学［M］.2 版 . 北京：人民教育出版社，2008：241.

② 同① 239.

的心理机制及其培养途径有超越前辈心理学家的发现。[①]

三、对于问题化学习的启示

问题解决心理学中关于问题空间的解释对于问题化学习中问题难易程度与开放度的设计及辨别具有指导意义；学习迁移与类比问题解决的研究，为同类问题系列化解决提供了理论依据；而专家、新手对复杂问题解决的研究，更明确了问题解决能力依赖于特定领域的知识结构，这就意味着进行问题解决仍然需要融通学科知识的建构与学科素养的提升。

第三节　问题化学习与学习科学

一、以学习为基点的研究

学习领域的研究探索人是如何学习的，并深入理解人学习的过程。比如：（1）在学习中先前知识的作用；（2）基于大脑发展的早期经验的可塑性及相关问题；（3）学习是一个主动过程；（4）理解性学习；（5）适应性专业知识；（6）学习需要付出时间和精力。[②] 此外，专家与新手的差异、符合脑科学原理的主导学习规则——实践增强学习、儿童的学习能力等都是学习科学重要的研究内容。研究表明，儿童既是问题的解决者又是问题的生成者，在问题解决过程中，他们不但要面对失败，而且能通过对先前成功经验的反思、精心推敲以及改进自己的问题解决策略，不断生成新的、更具挑战性的问题。虽然儿童的大量学习

---

① 皮连生.智育心理学［M］.2 版.北京：人民教育出版社，2008：239-243.
② 布兰思福特，布朗，科金，等.人是如何学习的：大脑、心理、经验及学校：扩展版［M］.程可拉，孙亚玲，王旭卿，译.上海：华东师范大学出版社，2013：27-40.

是自我激励、自我指引的，但是同龄人、成年人的影响仍然不容忽视，有助于他们的认知发展与走向成熟。[①]

在学习科学领域，研究者对于学习的认识不断发展，提出了关于学习的种种新观念。其中包括：（1）学习是社会协商；（2）学习是思维技能，核心是批判性思维；（3）学习是知识建构，是个体尝试用自己已有的知识去确定某事物的意义；（4）学习是概念的转变，是通过发展内在的概念结构理解领域内概念的过程；（5）学习是境脉的变化，学习者建构的知识不仅包括观点（内容），也包括获得知识的境脉信息，即知识所处的情境；（6）学习是活动，为了思考和学习，人必须对某个对象采取行动，在做中学；（7）学习发生在共同体中间；（8）学习是根据环境培养调适感知，不同的环境滋养了不同的思维和行为，学习者可以根据环境调试自己，并以某种方式作用于环境；（9）学习表现出混沌的特点，学习是一种自组织现象。

对于问题化学习而言，其一，学生对于问题的发现、建构、解决、反思与自我设计，是一个自组织的过程。其二，合作解决问题就是学习共同体对话协商的过程。其三，问题化学习的关键在于思维的发展，包括逻辑思维、审辨式思维（批判性思维）的发展。其四，问题解决是为了促进新概念的建构，为了获取意义，自然地根据新经验组织和重组关于世界的认知模型。其五，问题情境的重要性，不仅体现在学生在新情境中运用所学知识解决新问题——这证明了学习发生了；也体现在学生具有对环境的感知能力和作用能力，包括在情境中自主发现、识别、判断问题，我们称之为"问题解决的前端学习"。

1999 年，乔纳森首次提出建构主义学习环境设计模型，该模型以问题解决为主线，提供了一种设计建构主义学习环境的框架和方法。该模型包含六个基本要素：问题、相关案例、信息资源、认知工具、会话或协作工具、社会或境脉支持。其中，问题是整个学习环境设计的焦点和核心，其他五个要素的设计都要围绕着问题进行。乔纳森提出了建构主义学习环境中四个重要的概念，即知识建构、心智模型、概念转变、建模。[②]其中，概念转变要以知识建构活动为

---

① 高文，等.学习科学的关键词［M］.上海：华东师范大学出版社，2009：23.

② 同①121.

中介①，也就是说，知识建构触动了概念的转变。而建模则是帮助学习者建立心智模型的一种手段，是一种将知识建构、心智模型外显化的方法。建模通过概念转变触动心智模型的改变，这个过程实际上经历了知识建构。

乔纳森建构主义学习环境的设计是为了让学习者学会解决问题的技能，这种技能反映在与某种问题相对应的心智模型中。问题解决则为心智模型赋予了内容，即帮助学习者建构起一种与某个问题相关的，包含了对应的概念、技能、策略、境脉的内在心理模型。同时，知识建构工具有助于可视化表征心智模型的建构和概念的转变。

问题化学习是系列问题解决的过程，在问题系统化的过程中建构新的知识结构，促进概念的转变，在系统图式化的过程中形成解决问题的心智模型，并将之运用到相类似的问题解决中去，在图式可视化的过程中通过思维导图等认知建模工具，使心智模型与概念的转变可视化。

二、学习共同体与合作解决问题

学习共同体是学习科学中的关键词之一。学习和共同体作为两个来自不同学科领域的概念，共同诠释了今天人们对于学习的理解正在超越传统的教育心理学视角，开始反映人类学习的社会性基础和交互本质，反映日益丰富的知识基础对新型学习机制的呼唤。更重要的是，学习共同体的思想起源于对现有学校学习制度的反思，凝结了情境学习的要旨，提示着一种新的学习组织结构和实践。②

问题化学习以学生真实的问题为起点，在合作的过程中将个体的问题转化为需要集体共同面对的问题，合作解决学生独自不能解决的问题。因此，问题化学习者不仅是"学习的自主建构者"，还须是"问题的合作解决者"。

---

① Jonassen D，Strobel J，Gottdenker J. Model building for conceptual change [J]. Interactive learning environments，2005，13（1-2）：15-37.
② 高文，等.学习科学的关键词 [M].上海：华东师范大学出版社，2009：81.

三、以深度学习为目标

在人工智能领域，深度学习其实是一种算法，其核心是对人脑深层次学习活动的模拟。深度学习者追求知识的理解并且使已有的知识与特定教材的内容进行批判性互动，探寻知识的意义，使现有事实和所得出的结论建立联系。深度学习是一种主动的、高投入的、涉及高阶思维并且学习结果迁移性强的学习状态和学习过程。

我国学者黎加厚教授等在《促进学生深度学习》一文中指出，深度学习是指在理解学习的基础上，学习者能够批判性地学习新的思想和事实，并将它们融入原有的认知结构中，能够在众多思想间进行联系，能够将已有的知识迁移到新的情境中，从而做出决策和解决问题的学习。①

问题化学习何以导向深度学习？问题化学习强调学习者自主发现并提出问题，聚焦核心问题，持续探索与追问，建构问题系统，合作解决问题。首先，在学习动机维度，表现为主动建构行为，即主动提出问题；其次，在学习结果维度，体现为高阶思维，即解决问题时的应用、分析、评价、创造，强调产生新的认知连接，知识结构化，形成认知图式，即建构问题系统并形成学习迁移；再次，在学习过程维度，表现为持续追问，即元认知参与；最后，在学习互动维度，表现为学习共同体有效对话，即在合作解决问题中进行思想联系，产生新的认知联结。

---

① 何玲，黎加厚.促进学生深度学习［J］.现代教学，2005（5）：31-32.

第四节　问题化学习与教学做合一

一、陶行知"教学做合一"思想

伟大的人民教育家陶行知先生提出生活教育思想，强调生活即教育、社会即学校、教学做合一。其具体内涵是：教的方法根据学的方法，学的方法根据做的方法。事怎么做便怎样学，怎样学便怎样教。教与学都以做为中心。在做上教的是先生，在做上学的是学生。先生与学生相学相师，相教相学，"做"成了教学之中心。陶行知提出，"做"是指在劳力上劳心，具有三个特征：行动、思想及新价值之产生。①

"教学做合一"是陶行知生活教育理论中的教学方法论。值得指出的是，陶行知"教学做合一"中的"做"，与杜威"做中学"中的"做"，以及"行是知之始"中的"行"，都有一定的联系但又不相同。陶行知主张"行是知之始，知是行之成"。他把王阳明的见解颠倒过来，主张闻知、说知都要安在亲知里面。②可见，陶行知的"做"建立在"行"的基础上，是以"行"求知，强调"行"是知识的来源。这些见解具有唯物主义因素。但是陶行知所说的"做"与我们现在所讲的实践还不同，从他当时倡导摆脱死的书本学习的历史背景与生活教育理念看，他的"做"倾向于解决生活实际问题。他曾列举鲁滨逊在绝望岛上缺少水缸的案例，就是一个典型的解决实际问题的案例。

---

① 胡晓风，金成林，张行可，等．陶行知教育文集［M］．3 版．成都：四川教育出版社，2017：279.

② 同①167.

二、问题化学习的现代探索

问题化学习回归人类学习的本质，人类学习的本质就是对问题的发现与解决。问题化学习强调以学生的问题为起点、以学科的问题为基础、以教师的问题为引导，问题解决是学习的核心。

教学就是"教学生学"。陶行知认为，先生的责任不在于教，而是教学生学。所以教学的本义是让学生学会学习，并享受学习。问题化学习在教育价值追求上是与其一脉相承的：教育的本质在于主体性的培育，教育的发生在于学习的发生，学习的发生在于问题的发现与解决。

"做"的核心就是"问题解决"。问题化学习传承"教取决于学，学取决于做"的思想，而"做"的核心是"问题解决"。陶行知主张"做"，强调"在劳力上劳心"，反对劳力与劳心脱节，这符合"实践增强学习"的学习原理。作为问题解决学习的本土建构与现代探索，问题化学习关注核心问题的解决与问题系统的建构。核心问题的解决就是抓事物的主要矛盾，问题系统的建构就是在知识体系与实际问题之间架构认知的桥梁，从而建构知识、提升认识、发展思维与心智模式，这个"做"凸显思维含量，融通了学科素养。

陶行知说，教的法子取决于学的法子，学的法子取决于做的法子。在做上教的是老师，在做上学的是学生，教学做合一。问题化学习之"三位一体"原理即"以学生的问题为起点、以学科的问题为基础、以教师的问题为引导"，在有思维含量的问题解决中通过"思中学"贯通"书中学"与"做中学"，实现知识体系与问题解决能力的双建构。

本章小结

今天，我们在思考教育改革的过程中，在追溯问题的历史脉络与问题解决的理论渊源时，既要"扎根中国"，也要"融通中外"，在历史的视野、文化的视野与国际的视野中，探索中国的道路。

第二部分
问题化学习的课堂与教学

第七章　问题化学习的课堂首要原理

问题化学习提出"以学习为中心",强调基于学生的认知起点,从主要矛盾入手进行取舍,与重要目标进行对接,聚焦能涵盖学科重点的核心问题。这样既避免了"以学生为中心"所导致的学习放任自流,同时也避免了"以教材为中心""以教师为中心"脱离学生学习经验与需求、认知前提与基础,把学生作为知识"容器"的弊端。

第一节　"三位一体"原理

一、什么是"三位一体"

问题化学习实施的首要原理是"以学生的问题为起点、以学科的问题为基础、以教师的问题为引导"三位一体聚焦核心问题(见图7.1)。首要原理强调了学生的主体意义与动机价值,并在操作层面基于问题较好地处理了学生、教师与学科之间的关系。

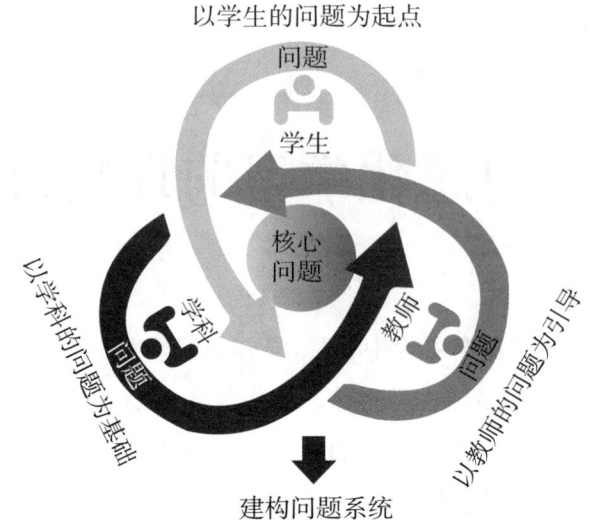

以学生的问题为起点

问题

学生

核心问题

学科问题

教师问题

以学科的问题为基础

以教师的问题为引导

建构问题系统

图 7.1 "三位一体"原理

我们可以结合第五章的教学案例来理解。上海师范大学郑桂华教授指出，朱自清的《背影》有二十几种文本解读的路径，但课怎么上还得看学情，学生的问题就是最好的学情。在一次执教过程中，她对学生预学《背影》一文提出的 24 个问题进行了梳理，其中有 6 个问题关于背影，2 个问题关于家境，2 个问题关于结构，4 个问题关于"我"，10 个问题关于父亲。于是，郑老师设立了三个视角将问题重新归类，即关于父亲的问题、关于那时的"我"的问题、关于现在的"我"的问题，然后基于这三个视角建构起一个问题系统（见图 5.13）：父亲怎样看待儿子？那时的"我"怎样看待父亲？现在的"我"怎样看待父子？现在的"我"较那时的"我"有怎样的转变，为什么会有这样的转变？最后一个问题就作为课的核心问题。

通过这个案例，我们就容易理解如何以学生的问题为起点，以人物视角的解读作为语文学科学习的基础，以教师的问题为引导，帮助学生聚焦核心问题、建构问题系统，从而形成结构化的解读路径。

二、如何正确理解"三位一体"原理

首先，"三位一体"原理实际上给教师设计与实施教学提出了新的要求，即备课不再是静态的"备教材、备学生、备教法",而是必须建立起教师、学生和教学内容之间的多次"对话"与动态循环。

其次,"三位一体"原理贯穿问题化学习及教学实施的全过程,包括问题的发现与提出、核心问题的聚焦、问题系统的建构及问题的解决与拓展。不仅在一开始,而且在整个过程与所有环节中都需要遵守这个原理。值得关注的是,问题化学习"三位一体"原理,在实际操作中很容易演变为简单线性的"以学生的问题为起点,在教师的引导下,以学科的问题为终点",这是错误的。事实上,教学过程中的每一个阶段,都要不断地以学生的问题为起点、以学科的问题为基础、以教师的问题为引导。起点问题包括一开始提出的问题,包括深入学习后产生的新问题,还包括这个学习内容结束后发现的新问题。

最后,"三位一体"原理在每一个点、每一个阶段都不是一成不变的,体现了课堂的成长性特征。这是因为学生的问题化学习能力在提升,教师就要在更高的层面去引导学生,三种问题交织在一起相互促进,课堂也就不断生长。如图7.2所示,学生的问题包括起点问题、生成问题、反思问题。教师的问题包括驱动性问题、推进性问题与延伸性问题。学科问题包括学科知识问题、学科能力问题与价值追求问题。在核心问题的聚焦与问题系统的建构上,根据问题难易程度以及课堂的不同阶段,也各有侧重,可以是教师聚焦核心问题、教师引导学生聚焦核心问题或学生自判核心问题,教师建构问题系统、教师引导学生建构问题系统或学生自建问题系统。

1. 起点问题
2. 生成问题
3. 反思问题

以学生的问题为起点

1. 学科知识问题　　　　　　　1. 驱动性问题
2. 学科能力问题　　　　　　　2. 推进性问题
3. 价值追求问题　　　　　　　3. 延伸性问题

以学科的问题为基础　　　　　**以教师的问题为引导**

1. 教师聚焦核心问题　　　　　1. 教师建构问题系统
2. 教师引导学生聚焦　　　　　2. 教师引导学生建构问题系统
　核心问题　　　　　　　　　3. 学生自建问题系统
3. 学生自判核心问题

建构问题系统

图7.2　"三位一体"原理贯穿课堂教学

三、"一体"于核心问题

核心问题即"三位一体"中的"体"。核心问题是指在学科基本问题的观照下，依据学科本课时的问题，充分考虑学生的起点问题（生活经验、知识基础与认知冲突、学习动机与兴趣点），以及学习这个内容需要突破的关键问题与可能遇到的核心障碍，所产生的统领性问题。核心问题最能集中体现"以学生疑难为起点、以学科知识为基础、以教学意图为导向"。在问题化学习的起步阶段，核心问题可以由教师课前预设，在课上抛出；到了问题化学习的发展或成熟阶段，核心问题则可以通过学生的思考判断得出。

核心问题具有以下特征：

（1）问题基于学习者的原有认知基础，能引起学生的认知冲突；

（2）问题的解决对达成主要教学目标起决定作用；

（3）核心问题涉及主要矛盾，是课堂的主线索；

（4）问题具有一定的探究空间，具有思维含量并且激动人心。

如小学数学特级教师潘小明在"长方形的周长与面积"教学中，出示一根长 24 厘米的铁丝，并给出一个驱动性问题"用这根铁丝可以围出几个不同形状的长方形？"，进而产生学习问题"这些周长相等的长方形，面积会怎样？"，之后学生就围绕着这个核心问题，进行猜想、探究、验证。

关于长方形的周长与面积的关系，学生的经验性推论通常是"周长长的长方形面积就一定大"，潘老师设计的课堂核心问题就建立在学生的认知冲突上，看准了这一触点，教学由此展开。这样的问题，对于学生来说具有挑战性。而且，这个问题有一定的开放度，统领了和周长与面积关系有关的很多子问题、逆问题。更可贵的是，学生通过对核心问题的探究，获得的不仅仅是长方形的周长与面积关系的知识，更重要的是数学的思考方法。

所以，一个好的核心问题既指向学生的核心障碍，又指向学科的核心价值，并且它应该是激动人心的！因此，一节课的核心问题不应是概念性的、笼统的问题，比如说"实数是什么？"，这只是一个学科的基本问题。举例来说，从学生的学习出发，他们在探究"面积为 2 平方厘米的正方形边长是多少"时发现了 $\sqrt{2}$ 这个数，那么"$\sqrt{2}$ 是个怎样的数？"是学生真实的问题。顺应学生的触发点，本节课实际要探究的核心问题或许是"$\sqrt{2}$ 让我对数有了怎样一个新认识？"，进而使学生理解无理数以及数系扩充的过程。

因此，就学生的学习而言，激动人心的核心问题需要有具体的探究活动承载，从学生学习的立场切入，有探究主体的角色代入，同时对标学科学习关键问题与核心素养。这就需要教师在学生提出的问题与学科关键问题之间做对接、转化，使得学生的问题、学科的问题、教师的问题得到协商，最终形成需要全班学生共同解决的核心问题，并以此统领整个学习活动。

第二节 以学生的问题为起点

如果说教学重点通常指向学科的基本问题，那么教学难点则通常指向学生的问题。教学重点通常是学科教学中学生需要掌握的重要知识、需要发展的关键能力与素养，教学难点则是学生在这节课的学习中最可能遇到的困难与障碍。把握学生的问题也是对教学难点的充分把握。

学生的起点问题不仅仅是他们在课堂一开始提出的问题，随着学习的进程，不断会有新的问题产生，新的问题就成为新的起点，于是起点不断被刷新，教师就要不断地从新的起点进行教学。

一、学生的问题在哪里

以学生的问题为起点，就是鼓励学生大胆提出自己的问题，同时也需要教师去捕捉、去判断、去读懂学生的问题，包括学生提问的视角与思考风格，提问的倾向与学习需求，提问呈现的思维品质、问题意识、主次判断，解决问题的方法与路径，还包括随着学习的进程不断刷新的问题起点，以及学生问题化学习能力的发展状态。

从学生问题的来源看，学生的问题可以从预习中来、从练习中来、从与同伴的讨论中来、从观察中来、从操作及实验中来等，一切学习活动与学习时域，都可以产生问题。

从学生提问的动机看，问题可以从学生的兴趣、好奇心、困惑中来。从需求维度看，大部分学生更多关注学科知识与内容（学什么），但比较少地去反思自己的学习过程与方法（怎么学），或进一步去思考学习的意义与价值（为何而学，学了以后怎么样）。从培养终身学习者看，教学目标不应只是关注学生学什么，还应该进一步让学生反思自己是如何学的，以及意识到"为何而学"。

从学生的问题意识看，学生的问题从主观觉知层面可以分为"有问题且能清晰表达、有问题但不能清晰表达、没有意识到自己的问题"三种基本情况。还有一种情况，是学生能发现同伴没有意识到的问题并清晰指出，就是觉知他人的问题。

从学生问题解决的能力看，问题包括自己能够解决的问题、自己不能解决但小组能够解决的问题、小组也不能解决的问题以及自己认为已解决但实际并未彻底解决的问题。

从学生的思考风格看，麦卡锡认为：具体－行动型学习者偏好是何类问题，关注概念；具体－反思型学习者偏好为何类问题，关注意义；抽象－行动型学习者偏好如何类问题，关注应用；抽象－反思型学习者偏好若何类问题，关注创造。

从学生提问的不同视角看，对于同一个内容，学生学习的聚焦点与关注的视角也会不同，我们梳理了15种提问与追问的视角（具体见第三章）。

从学生提问的思维品质看，学生提出的问题，能够反映他们思维的个性特征，体现其思维在深刻性、灵活性、独创性、批判性、敏捷性和系统性等方面的差异。根据学生不同的思维水平，问题可分为常规性思维的问题、创造性思维的问题、批判性思维的问题。

从学生提问的关键维度看，学生对问题的判断还包括是否学会判断潜在的重要问题或核心问题、次要问题或辅助问题。

从影响学生提问的因素看，包括个体因素，如认知、元认知与动机因素等，包括环境因素，如课堂生态、技术资源等。

二、课堂的起点问题与生成问题

就课堂教学而言，学生的问题包括课堂的起点问题、生成问题，以及课堂的延展问题。课堂的起点问题，就是课开始的时候，学生面对新的学习内容与任务提出的起始性问题。课堂的生成问题，是指学生在学习过程中产生的新问题，包括对学生学习构成障碍的难点问题，也包括破解核心问题的过程中产生的具体问题，还可以是对既定的结果、结论进一步追问、探究的问题。课堂的延展问题，是指在本课的学习问题基本得到解决、学习目标基本实现之后，所产生的超越本课学习内容的延伸或拓展的问题。学生的起点问题通常指向知识内容本身，生成的问题更多指向学科思维，延展的问题可以引发学科专题研究与跨学科问题探索。

比如，围绕长方形周长与面积的关系，学生面对一根长 24 厘米的铁丝，设想可以围出几个不同形状的长方形时，他们的问题来了："这些周长相等的长方形，面积会不会不同呢？为什么？"这是课堂的起点问题。于是围绕这个问题开始探究，逐步发现"周长都是 24 厘米的铁丝，长与宽越接近，面积越大"。但是他们又产生了新的问题："是不是所有周长相等的长方形，都有这样的规律呢？怎样来验证？"这是课堂上学生生成的问题。于是，继续探究下去。当这个假设获得验证之后，在课的最后学生提出："那么，面积相等的长方形，周长一定相等吗？"这个问题超越了本课的学习内容与目标，可以看成课堂的延展问题。

三、组织聚焦学生的问题

以学生的问题为起点，要求尽可能体察并尊重每一个学生提出的问题，但这并不意味着课堂上就要碎片化地解决所有学生的所有问题。因此，如何基于一个学习共同体，合理有效地组织聚焦学生的问题非常重要，这也是课堂集体学习的基本逻辑。

学生不仅关注自己的问题，同时也会关注同伴的问题。我们曾经在一个班级做过调研，学生被问道："一般情况下，你最喜欢谁提出的问题？"结果是喜欢自己提出的问题占22%，喜欢老师提出的问题占16%，喜欢同伴提出的问题的比例则高达62%。当然，我们不能把学生喜欢的问题与有学习价值的问题画等号，但至少学生对问题的喜欢程度会影响他们学习的动机与热情。如果能够将学生的问题、同伴的问题与学科的问题、教师的问题进行有效的对接与转化，就能够兼顾学生学习动机与学科学习的成效。

所以，在很多情况下即便对于同样一个问题，学生也会有不同的表达方式。有的时候，教师并不一定能够在第一时间读懂学生的问题，可以试着让他的同伴说一下这个问题。如果这个问题有一定的典型性，那么个体学生的问题就可以转化为集体学习的问题。

课堂上不可能一一去解决学生提出的问题。在学生提出问题后，可基于学习共同体组织聚焦学生的问题。除了运用问题纸或问题指南卡在课前实现问题预知，然后经过问题筛选实现有效聚焦，在课堂中进行科学合理的教学组织也能够平衡以学生为主体与提升课堂效率之间的矛盾。

比如，安排合理的小组互动是实现"以学生的问题为起点"的途径。如果学生具备了一定的问题意识与提问能力，教师可以在课堂中安排学生通过圈画、记录等方式自主提问，然后进行小组交流，小组交流一定要有明确要求，以免流于形式。比如，要求小组成员逐一地交流自己的问题（问题不重复），其他同学倾听完之后可以直接解答。小组中可以安排一名记录员，最后小组可以选出一个大家解决不了的或最有价值的问题并贴在黑板上，以便大家共同交流。小组讨论的时间一般以3—5分钟为宜，也可以根据学生年龄或解决问题的难易度统筹安排。在小组互动的过程中，教师要及时了解交流的状况，帮助学生选择有代表性的问题，通常是将能指向课堂核心问题的问题贴在黑板上，另一些虽然不指向核心问题但有创意的问题也可以单列。贴在黑板上的问题要进行有机的排列和组织，为形成这堂课的问题系统服务。当然，这样的状态不可能一蹴而就，我们要有意识地朝着这种理想的课堂努力。

这样可以使全班交流的问题更加集中，又使得一些浅层次的问题在小组交流中就解决掉了，还锻炼了学生解决问题的能力，一举数得，提高课堂的效益。

总而言之，我们常常觉得放手让学生提出问题与追求课堂效率是两难问题，也常常抱怨没有办法突破这对矛盾，事实上，只要我们有意识，就会有智慧，办法总会比困难多。

四、有意识有计划培养学生提问

以学生的问题为起点，并不意味着永远以学生原生态的问题为起点，而是要求教师有意识地培养学生学会提问，发展问题化学习力，包括"自主发现与提出问题的能力、聚焦与解决核心问题的能力、持续探索与自我追问的能力、深度建构问题系统的能力"。其自主学习的进阶包括：（1）学生能够提出自己的问题；（2）学生提出有探讨价值的问题；（3）学生学会判断核心问题；（4）学生能够提出一系列问题；（5）学生为核心问题的解决自建问题系统；（6）学生能够为解决问题设计学习任务；（7）学生能够为完成任务设计学习步骤。

因此，从问题化学习的进程看，学生提问能力的发展大致可以分为"愿意问、能够问、持续问"三个阶段。"愿意问"就是敢于提出自己的真实问题；"能够问"是学会从学科学习的基本要求与规律出发，提出有探讨价值的问题，并学会判断核心问题；"持续问"是能够追问从而提出一系列问题，并自建问题系统。

五、关注生命本质的问题

值得关注的是，学科学习是学校教育的重要内容，但不是教育的终极目标，教育是为了实现人——个体生命的社会性发展而存在的。学校教育的目标并不在于通过学科课程的学习将学生的知识体系与价值体系完全学科化，而是让他们用学科学习中获得的知识与能力解决他们现实中的问题，获得属于他们自己的生命价值与生活意义。

与生命本质相关的问题常常触及我们的内心和灵魂，如生命、死亡、身份、荣誉、背叛、诚实、勇气、诱惑、信仰。与生命本质有关的问题，核心是探寻真善美。

一般认为，对生命本质问题的思考更适合人文领域，而自然学科却很少涉及。其实不然，科学领域对真理的追求、对人与自然和谐关系的深层次思考都与生命的本质有关。

不同年龄的学生，对于生命本质问题的思考在深刻性上存在较大差异。我们需要结合他们那个年龄的所思所想，将问题与学科学习联系起来。例如，友情意味着什么？我该成为怎样的朋友？我该怎样对待我的朋友？对于朋友、友谊，从小说中我可以了解到什么？等等。

以学生的问题为起点，教师不应仅仅考虑学生在本学科领域的认知起点，更要从生命的本质——问题化学习的教育哲学高度，思考学习者个体生命的价值与意义，判断他们的逻辑起点，以及与所要学习的具体课程的联系，以引领问题化学习。

第三节　以学科的问题为基础

要把握好学科的基本问题，教师需要经常追问：本课的核心知识是什么？学习知识所获得的关键能力（如学科思维）是什么？如何指向学科的核心概念、价值追求与核心素养？

一、学科基本问题

学科基本问题通常代表着教师和学生对本学科本质的理解。它可能包含这门学科是什么、以什么为研究对象，在课程中我们主要学习什么、将按照怎样的方式去学习，通过学习我们最终将获得什么。所以，学科基本问题既是关于这个学科的本体论问题，也是认识论与方法论问题，甚至还具有生存论的意义。

例如，数学是一门研究现实世界空间形式和数量关系的学科。因此，数学学科最基本的问题就是数与形的问题，数学学习最主要的方法就是逻辑推理。所以学生在学习数学之后，不仅要掌握数学的概念、原理，获得计算的方法与能力，更重要的是在这个过程中获得数学的思考方法。

又如，物理学是研究物质结构、物质相互作用和运动规律的自然科学。在物理学中，力学是核心的部分。力学中最基本的问题可能是：力是什么？力有哪些特征？力的种类有哪些？运动状态与力有着什么样的关系？当然，与所有的自然科学学科一样，学习物理除了了解与掌握科学内容之外，更重要的是获得科学探究的能力。

再如，历史学科是研究人类社会发展过程的学科。学习历史，不仅要让学生了解史实，其终极目标是培养学生的历史思维，使之能够运用唯物史观对社会历史进行观察与思考，逐步形成正确的历史意识。

一位优秀教师，不仅仅要关注教材、关注教法，还要从更高的层次去关注学科。关注学科也就意味着要思考所教学科的本质是什么，哪些是最主要的学习内容，怎样让学生去学习，学生应获得的素养是什么。这些素养可能是学会观察事物与发现问题，学会判断与思考问题，学会用特有的方法去解决问题，等等。这些素养，是学校教育中最有价值的部分，也是学科教学中最有意义的内容。

所以说，学科基本问题是指向课程内容的关键和核心、将学科内容的丰富性与复杂性展示出来的问题，往往是这个领域中最具历史重要性与争议性的问题，它们在学科的发展与人们的学习过程中自然重演。[①]学科基本问题也许没有明显的"正确"答案，但它们是这门课程学习的线索。

比如，我们在历史学科的学习中通常会问："'进步'的含义是什么？比如

---

① 祝智庭，沈书生，顾小清.实用教育技术：面向信息化教育［M］.北京：教育科学出版社，2008：152.

说，工业革命代表了进步，但工业革命也带来了生态的破坏。在人类历史的长河中，如何看待这个'进步'？"又如："回顾历史，我们能看到怎样的未来？"历史思维具有历时性，强调的是历史发展演变的过程，强调今天的社会来源于过去的历史，要用辩证的发展观去理解。这是学习历史的要义。

又如，在语文阅读教学中，最基本的问题可能包含："文章写了什么？怎样写的？""为什么这样写？""这样写，好／不好在哪里？""我同意不同意作者的观点？""如果我是作者或文中人物，我会怎么想？""文章对我有什么启示？"

二、单元主要问题

如果说学科基本问题让我们站在宏观的层面思考，获得"一览众山小"的体验的话，那么把握好单元的主要问题，应该学会从中观层面提升课程实施的能力，它是让教师从课堂走向学科、从课时走向课程的重要通道。

单元是指学科的课程单元，如语文课程中的主题单元、数学与科学课程中的知识单元、研究型课程中的专题研究或综合实践活动，通常需要多个课时完成，而课时与课时之间在课程内容与目标上有着内在的联系。如果说整个学科教学属于宏观层面，而课时属于微观层面，那么课程单元应该属于中观层面。通俗地说，如果学科是森林，课程单元就是树林，而课时则是一棵树。

一个新手教师向有经验的教师转变的重要标志之一，就是具有一定的学科视野，能够站在单元层面进行整体性教学设计：清晰地知道这一单元最主要的课程内容是什么，与学科总体目标之间的关系是什么，单元的主要目标是什么，这些目标如何分解到各个课时，课时与课时之间的关系又是什么，前一课时的教学如何影响后一课时的教学。因此，它一定是中观层面系统化的教学设计。

中观层面的单元系统思考对于问题化学习是极其必要的，也只有这样才能体现问题系统化的优势。因为问题系统的架构往往是基于一个单元的内容结构或学习进程的。从大量的实践看，中观层面的单元设计对增进教师对学科的理解、提升教师综合设计能力与提高教学效果具有非常重要的意义。

单元的主要问题通常指向这个主题／知识单元最主要的学习任务与学习目

标。自然科学学科（如物理、化学、生物学）通常按照知识专题来组建单元，人文学科在教材设计上往往采用多条线索并行的方式，比如语文统编教材是"双线组元"的，明线是"人文主题"，暗线是"语文要素"。"人文主题"关注"用心感受生活，发现生活中的美，丰富我们的精神世界"。虽然文体不同，"语文要素"则要求"抓住文章中心，关注材料与中心的关系；感受观察的细腻与描写的巧妙"。这些都需要教师有一个整体把握。

中观层面的单元问题通常是抽象的，没有明显而直接的答案。单元问题应该渗透学科基本问题，同时基于特定的情境主题或知识专题的主干问题，体现这个单元的学习重点。同时，单元问题应该是情境化的、激发学生兴趣的、具有启发性的问题。比如，在莎士比亚作品的专题学习中，单元问题可以是"为什么莎士比亚对 21 世纪的人们依然有吸引力"。

三、课时重点问题

课时重点问题通常指向一节课最主要的教学目标与教学重点，就是通过这节课达到的最主要的目标。换言之，就是：通过这节课，最主要解决什么问题？

课时重点问题与单元主要问题不同，通常指向具体的知识点、具体的学习任务与内容。比如，学习折线统计图这一课，重点问题就是"折线统计图的特点是什么"。围绕周长与面积的教学，课时的重点问题是"探究周长与面积的关系是什么"。又如，在《孔乙己》一课中，主要的教学目标是剖析孔乙己这一典型的人物形象，学习小说通过描写人物的外貌、语言、动作等表现人物性格的写作手法，以及探究孔乙己这种人物产生的社会根源。为了实现这些重要的教学目标，课时的重点问题就应落在"孔乙己是个什么样的人？文章是怎样塑造这个人物形象的？孔乙己悲剧的社会根源是什么？"。

从学科的角度确定课时的重点问题对中小学教师来说并不陌生，也不会特别困难，因为这是大家经常在做的，而且时间上严格限定的授课制度，以及以单一课时为单位的开课、评课活动，都为教师提供了这方面的训练。

所以说，难的不是确定课时重点问题，难的是在单元主要问题之下，实现课时与课时重点问题之间的转承、联结，使它们系统地构成单元的系列问题。更难的是站在整个学科的高度，思考课时重点问题对学科基本问题的渗透、落实与具体化。如果课时问题是棵树的话，就得知道它在哪片林子里，它的身边有哪些树，它们构成了怎样的一个小生态。此外，还得认真地审视这棵树对于整个森林的贡献，即它在知识脉络中处于哪一个节点，在学生能力发展中具有什么作用，它又为学生学科素养的发展做了哪些铺垫。当然，课时重点问题不一定同时承载课程的所有素养要求。正因为如此，我们有必要了解课时重点问题在整个学科问题系统中的位置，为学生将来的学习打开一扇窗。这样，教师才能拥有教学的淡定与从容。

在确立课时重点问题的时候，特别要注意同一个知识点在不同年级的能力与素养要求。比如摩擦力，一年级学生是通过感受接触面的光滑程度初步感知摩擦力的大小，四年级学生则要学习设计实验比较摩擦力的大小。那么相应的问题就可能是：在粗糙与光滑的表面移动物体，你有什么发现？为什么？（一年级）你能根据所给的材料设计一个实验，探究一下摩擦力的大小与什么相关吗？（四年级）

总之，学科的问题，包括学科基本问题、单元主要问题与课时重点问题，反映了教师对教材与教学要求的基本把握，是教学设计的基础。

第四节　以教师的问题为引导

在我们充分地思考学科的问题与学生的问题之后，才有条件思考教师在课堂上该提出怎样的引导性问题。教师的引导性问题是帮助学生生成问题、扩展问题、聚焦问题与解决问题的问题，也是最终为形成问题系统服务的问题。教师的引导性问题包括在课堂导入时的驱动性问题，以及为了解决核心问题而设计的具有内在联系的推进性问题。教师的引导性问题贯穿了教师对教材的理解、对学科知识的认识、对学生学习的支持，具体包括对学习任务的分解安排、对学习活动的设计、对教学策略的选择、对评估方法的确定等，体现了教师对课堂教学的设计和总体把握。

一、教师的驱动性问题

驱动性问题通常是教师在课堂导入或某一个教学环节开始之时提出的问题，通常它需要具体的问题情境，以谋求与学生的经验产生联结，并能激发他们的兴趣与自主学习的愿望。驱动性问题通常也是教师启发学生发现问题的问题。

比如，在教一年级数学"比较长短"时，教师可以这样问："在生活中，你比较过长短吗？你是用什么方法比较的？能举例说明吗？"这个问题的意图是了解学生已经熟悉和掌握了哪些比较长短的经验。在这个基础上，教师可以继续追问："你是否在比较长短时遇到困难？能举例说说吗？"这就是一个启发学生提出问题的问题。

二、教师的推进性问题

教师的追问通常是推进性问题。课堂上教师的追问通常是围绕课堂核心问题不断聚焦与深化、归纳与引申的问题，这些问题又形成了内在的联系，可以是层层推进的问题链，也可以是迂回曲折的问题网，还可以是逐步扩展的问题圈，它们反映了对核心问题的分阶段、多层次、多角度的演绎、归纳。在课堂中，推进性问题通常有以下类型。

（1）分解的问题。如果一个核心问题或主问题太大，学生无从下手，就可以将之分解成若干子问题，分步骤解决。所以，教师可以引导学生："对于这个问题，我们可以从哪几个方面去思考？每一个方面分别是什么？"

（2）扩展的问题。如果学生的思维狭隘局促，教师就可以提出帮助他们拓展思路、从不同角度思考的问题。

例如，唐秋明老师在引导学生以"耳朵"为题写一篇议论性文章时，指出在审题立意上，可以充分挖掘耳朵的功能，比如说，可以从"听什么"的角度，思考是聆听世界、聆听历史、聆听自我、聆听别人还是聆听自然；从"怎么听"的角度，思考是兼听、是善听、是广听还是倾听。此间，"听什么"和"怎么听"的问题，就是扩展的问题。

（3）聚焦的问题。当学生的思维很活跃，提出了很多问题，但是问题呈无序状态、浮于表面，或有很多无关问题时，教师就有必要通过聚焦的问题来使他们回归核心问题。

聚焦的问题通常具有很强的针对性，它发挥组织和过滤功能，把分散的问题集中归拢到最主要的问题上，从而引导学生达到目标。如：学生试图给出全球十大城市的相对安全指数。如果教师把学生的这样一个大问题（哪个城市最安全？）转化成一个相对聚焦的问题（根据联合国报告，全球十大城市的犯罪率是多少？近十年来的变化是什么？），那么学生的研究会更成功。

聚焦的问题的另一个主要功能是帮助学生透过现象看本质。通常学生的问题更多描述的是一种现象，教师可以通过"这是为什么""这实质上是什么""通过这个现象，我们可以进一步思考什么"等问题帮助学生看到问题的实质。

（4）转化的问题。如果我们需要学生转变一个角度进行思考，可以提问："刚才×××同学提出的问题，是从××角度出发的。如果我们从××角度看，又会怎样呢？"转化的问题也可以看成问题扩展的一部分。

（5）归纳的问题。归纳的问题通常是一个学习活动结束时，教师用以引导学生进行归纳性思考的问题。如："在刚才的学习/讨论/研究中，我们从哪些角度探讨了××？""你觉得××……？"

（6）引申的问题。引申的问题通常是在解决好课堂核心问题之后，教师引发的新问题，也可以是意犹未尽的学生自己发现的新问题。

引申的问题代表问题化学习的较高境界，它追求在发现问题中解决问题，又在解决问题中发现问题，让学生带着问题进课堂，又带着问题出课堂。比如，在学生建构出长方体体积计算方法后，学生提出："不规则物体的体积怎么求？"于是教师在此基础上展开第二课时的教学。在课结束时，学生联系实际又"将教师一军"：溶解于水中的盐的体积如何求？这一新问题也许超越了小学数学的范畴，但从学生终身学习的角度看，却是一个很有意思的引申问题。引申的问题也可以作为教师课堂的结束语，让学生带着深深的思考在意犹未尽中暂别课堂。

（7）促进反思的问题。促进反思的问题通常是指促进学生元认知发展的问题，它帮助学生自我认知，获得策略。

比如：我是怎样发现这个问题的？我接下来做什么？我怎样处理下一步，接受下个挑战？我做过什么？什么是有效的，什么行不通？对于这个任务，哪种类型的问题可能对我最有帮助？我需要怎样改变我的研究计划？等等。

促进反思的问题可以帮助学生自我计划、自我监控、自我调节。这些问题可以由教师引导，也可以由学生自己提出。

课堂中的推进性问题可以是一个，也可以是多个。推进性问题的质量，充分考验教师的课堂智慧与教学涵养，考验其能否在师生互动的过程中将问题的讨论引向深入。事实上，在问题化学习的初级阶段，推进性问题可能更多地由教师提出，在学生逐步成长为发现问题、提出问题和解决问题的高手后，课堂的推进性问题往往由师生共同提出，师生相互促进。

三、教师的问题引领力

以教师的问题为引导，不仅可以体现教师的问题化学习力，即教师的提问、追问、预判核心问题、建构问题系统、运用学科思想方法解决问题的能力，也表现在教师在实施教学时能够聚焦核心问题、建构问题系统、应对学生问题、组织有效交流、推进问题解决、组织有效分享、促进反思回顾。

四、教师对学生问题的孵育力

教师对学生问题的孵育力，包括五个方面。培养学生问题的发现力，即引导学生主动发现问题、引导学生清晰表达问题、鼓励学生相互倾听问题，以及指导学生从学科视角提出问题。培养学生问题的建构力，即辨别学生问题对接学科问题、转化引导聚焦核心问题、引导学生关注有价值的问题、引导学生发现问题间的关系、引导学生建构问题系统，以及促进学生持续追问。培养学生问题的解决力，即不同问题匹配适切活动、聚焦推进核心问题的解决、引发学生深度学习、合理应对学习过程中的问题、促进并组织有效交流分享、合理安排独立及合作活动，以及及时准确全面地获得反馈。培养学生问题的反思力，即促进学生反思回顾问题解决的过程、形成学习经历，引导学生完善问题系统，以及总结归纳学习路径。培养学生问题化学习的设计力，即指导学生规划学习方案，引导学生设计学习步骤。

本 章 小 结

以问题为基点的问题化学习，既不是学科中心主义，也不是教师中心主义，更不是学生中心主义。"三位一体"首要原理，要求把握学科的基本问题，鼓励学生提出自己的问题，在此基础上完善教师的引导性问题，进而聚焦有效益的学习问题。这样有助于既尊重儿童经验又兼顾知识体系，既实现儿童自主学习又重视教师的有效引导。

第八章 问题化学习的课堂结构与生态

作为一种学习新方式，问题化学习建构了学与教的新逻辑，从而创建了课堂新形态。

第一节 问题化学习的课堂基本结构

一、建立课堂新的逻辑起点

问题化学习的首要原理，即"以学生的问题为起点、以学科的问题为基础、以教师的问题为引导"，"三位一体"产生有效学习问题。问题化学习的核心特征是"基于问题系统优化的学习"，即学生在教师与同伴的促进下持续提出问题，自主建构问题系统，在问题系统化、系统图式化、图式可视化中建构知识体系，寻找学习路径，发展学科思维。问题化学习的首要原理与核心特征，构成了课堂实施的逻辑起点。其中，"学生的问题"正是课堂升级的源代码，"问题系统"形成了以学为中心的路径，"问题的持续探索"模糊了课堂原有的环节与边界。

1. 以学生的问题为起点，重写课堂教学的"底层代码"

遵循"以学生的问题为起点、以学科的问题为基础、以教师的问题为引导"，意味着在课堂上教师的教作为一条"暗线索"隐性支持学生的学，学生问题才是推动课堂往前走的"明线索"。教路顺应学路，学生的学习才是课堂的风景。学科的逻辑顺序与学生的心理顺序，被统筹为"学习的认知逻辑"。

2. 问题系统化，重构课堂教学的"算法"

如果说碎片化的问答难以形成结构化的知识体系，那么建构问题系统的过程不仅实现了思维的深度与广度发展，也获得了系统的知识，优化了知识与认知的结构。此外，"课堂算法"不应由代表"教"逻辑的教学环节及指令构成，取而代之的是体现问题解决过程，即学习内在逻辑的"问题系统"。所以说问题系统就是内在的"学路"，问题系统建构的过程也是学习路径发现的过程，有利于促进学生学习的迁移能力的形成。

3. 围绕问题持续探索，重塑课堂教学的"空间"

"三位一体"原理让学生的问题、学科的问题和教师的问题实现了有机统一，但不同的学生有不一样的问题，课堂中会生成很多新问题。为此，可以让问题延伸到课外，让它们连接起更为广阔的学习时空，成为推进与深化学习的巨大能量，让学习在全时域、全场域中发生。基于问题化学习的课堂不仅要达成特定的课时目标，更要培养学生新的学习方式，通过问题的不断触发、学习的延展建立起课堂与课堂、课程与课程、课内与课外、校内与校外有效连接的新空间。

二、课堂的解构与建构

如图 8.1 所示，学生提问、学生追问、学生自建问题系统，解构了传统以"教"为中心的课堂，而"三位一体"聚焦核心问题、问题系统的形成与优化，以及合作解决问题，又建构了以"学"为中心的课堂新结构。

以学生的问题为起点

核心问题

以学科的问题为基础　以教师的问题为引导

方略一："三位一体"聚焦核心问题

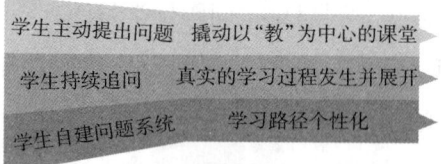

学生主动提出问题　撬动以"教"为中心的课堂

学生持续追问　真实的学习过程发生并展开

学生自建问题系统　学习路径个性化

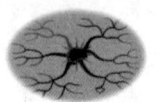

方略二：问题系统的形成与优化

方略三：合作解决问题

图 8.1　问题化学习——撬动以"教"为中心的课堂

1. 问题化学习对传统课堂的解构

课堂"底层代码"的改变，激发了学生学习的动力；课堂"算法"的改变，引发了课堂结构与流程的再造；课堂"空间"的改变，提升了整个课程实施的成效。问题化学习带来了课堂结构、教学流程、教学设计、教学行为、课堂评价等系统变革。

"学生的问题""学科的问题""教师的问题"以及"解决问题的学习环境"构成了问题化学习课堂的基本要素。"学生的问题"成为课堂的关键要素。以学生的问题为起点，要求学生主动提出问题，而做到这一点尤为艰难，但要突破传授式的课堂，这一点恰恰又最为关键。学生自主提出问题，让以"学"为中心成为必然；学生持续深入追问，让教路顺应学路成为当然；学生自建问题系统，让个性化学习成为自然。于是，课堂主体、课堂结构和课堂流程发生变化，课堂不再是线性的教的逻辑演绎而是动态的学的路径发现。

以学生的问题为起点，意味着：在执行任务之初，学生先行提出问题，动机系统启动；在解决问题过程中，生成新的问题，不断追问；在问题解决之后，反思与拓展新的问题，元认知系统、认知系统综合发生作用。而以教师的问题为引导，不仅仅要求教师通过设问去启发学生思考，更多的时候是引出学生的问题，"孵"出学生的解决方案，育出学生的潜能。教师关键是要摸到学生的真问题，并把学生的问题当问题，在学生问题与学科问题之间做对接与转化。

2. 问题化学习对新课堂的建构

学生的问题提出来后，教师往往会面临"失控"的课堂。问题化学习是通过怎样的课堂机制，把"失控"的课堂逐步建构为一个自组织的课堂，而不是一个由教师主控的课堂呢？这是对问题化学习课堂的路径探索。

自组织路径之一，是"聚焦课堂的核心问题"。对于"以学生的问题为起点、以学科的问题为基础、以教师的问题为引导"三位一体的课堂而言，聚焦核心问题既是面对混乱局面的自然选择，也是课堂集体学习的价值体现。

自组织路径之二，是"建构问题系统"。问题化学习强调连续地提出问题、系统地解决问题。问题与问题形成具有内在联系的问题系统。问题系统从一开始的"知识的问题系统"逐步成为由追问而产生的"思维的问题系统"，问题化学习从优化知识结构逐步走向促进能力形成。

自组织路径之三，是"合作解决问题"。合作是问题化学习课堂的自然选择，合作支持并促进问题的发现与提出、组织与聚焦、解决与分享、反思与拓展。课堂作为一个复杂系统，通过有效的合作从无序走向有序。问题化学习以学生在学习中产生的真实问题作为合作的起点，在一个学习共同体的自主对话与交往中发现问题、解决问题、深化问题。

三、问题化学习的课堂结构

所有的教学必须以学生学习为主线去设计，必须让学生真实的学习过程能够发生并且展开。课堂以"问题的发现与提出、问题的组织与聚焦、问题的演进与解决和问题的反思与拓展"为基本线索，形成学习的基本过程与课堂的一般流程。

（1）问题的发现与提出。

学生根据学习的内容、任务、情境自主发现并提出学习问题。

（2）问题的组织与聚焦。

学生在教师的引导下通过交流对问题进行判断、筛选、组织与聚焦，确立学习的核心问题，建构初步的问题系统。

（3）问题的演进与解决。

学生独立思考，合作解决核心问题，通过持续探索、互动追问深化问题解决，深度建构问题系统，寻找学习路径，形成学科思维，在教师的组织、设计或引导下规划学习任务与步骤，持续思考行动与合作创造学习成果。

（4）问题的反思与拓展。

在教师的引导下，学生对问题解决的方法、过程与结果进行分享与交流，通过互动反思、回顾、评价、追问、质疑来判断并提升自己的学习成果，实现知识的建构与增值、学习的迁移与拓展、能力的形成与发展。

问题解决的四个基本阶段，并非一节课的基本环节。通常一个大问题的解决，也就是一个学习活动，会包含这四个基本阶段。如果一节课包含多个大问题解决，也就是由多个学习活动构成，那么这四个基本阶段就会循环往复。

第二节　合作解决问题的课堂组织生态

一、问题化学习与合作学习

1. 问题化学习是有效合作的基础

有效的合作有两个前提条件：一是让每一个学生都养成自主学习的习惯。二是把学习内容转化成两种问题。一种是基础性的问题，是学生独自就能解决的问题，或者是一些规定性的学习内容，通过教师的讲授更容易理解；另一种是挑战性的问题，一个学生解决不了，但是通过小组合作，可以一起将其解决。

问题化学习以学生的问题作为学习的起点，并在合作的过程中将个体的问题通过交流转化为集体共同的问题。大家有共同的问题需要解决，就有了合作的基础。

2. 合作成为问题化学习的自然选择

课堂教学其实是两种过程的交织：一是个体认知过程，学生对尚未掌握的知识展开探索，它的基础是学科知识及认知逻辑；二是对话过程，在课堂教学展开的过程中，人际关系确立了，一个集体建构了，基于学习共同体的学习就开始了。

对于问题化学习而言，学生提出的问题有以下三种情况：一种是自己能够解决的，另一种是自己无法解决但通过同伴互助能够解决的，还有一种是必须通过教师的帮助才能解决的。通常情况下，如果学生自己解决问题有困难，合作就成为一种自然选择。有了问题，合作就有了方向；有了问题，合作就有了明确的任务；有了问题，合作就有了预期的成果。

问题化学习解决学生"愿不愿学""会不会学"的问题，有合作支持的问题化学习解决学生愿不愿及会不会"共同学"的问题。

二、基于合作的问题化学习

在问题化学习中，合作有助于澄清与明晰问题，促进问题的发现与提出；合作有助于有效筛选与组织问题，有效聚焦核心问题；合作有助于共同探索，突破关键问题；合作有助于深化问题的解决，优化问题系统的建构；合作追问可以规划学习任务与步骤，共同创造学习成果；合作分享汇报、互动评价，可以使学习的成果增值。合作的关键在于建立学习共同体，从而建构新的课堂生态。

1. 合作发现问题

合作改变了课堂互动的方式，建构起新的课堂生态，能够让学生更安全地表达自己的问题，在交流中澄清问题，在互学中生成新的问题。

具体的学习过程包括：（1）学生独立思考自己的问题；（2）与同伴交流自己的问题；（3）小组选择一个最有探讨价值的问题与全班交流；（4）在全班分享小组或自己的问题。最有探讨价值的问题通常是小组成员共同关注的且没有明确答案的问题、独特有创意的问题、组内已经解决但觉得有必要引起全班关注的问题等。

2. 合作聚焦问题

合作的价值还体现在共同判断最重要的问题，聚焦课堂核心问题，并在这个过程中学习他人不同的视角。

具体的学习过程包括：（1）独立思考判断最重要的问题；（2）教师引导学生反思问题；（3）对大家共同关注的问题进行讨论辨析，尝试整合问题；（4）在全班交流核心问题；（5）在教师引导下分类、合并、归纳，最终形成一个共同探讨的问题。

在这个过程中，学生通常需要思考：自己最迫切解决的问题是什么？对于学习内容而言最重要的任务是什么？对于学科学习而言最重要的本领是什么？本课／本主题的核心问题是什么？

对于教师而言，预判核心问题的路径通常是：一问课程中的核心知识是什么？（关注学科基本问题与核心概念。）二问知识的核心价值是什么？（涉及学科核心素养。）三问本节课的教学重点是什么？（观照课时基本问题。）四问本节课的学习难点是什么？（了解学生学习这个内容的核心障碍。）五问本课／本主题的核心问题是什么？

3. 合作建构问题系统

问题系统的建构体现学科学习的思维与逻辑，要变教师组织问题系统为学生自建问题系统。学生合作建构问题系统时，小组中每一个成员的新问题，以及另一个成员的追问，都有可能连接为一条新的学习路径。

具体的学习过程包括：（1）独立思考破解之路；（2）头脑风暴分解问题；（3）合作确定问题解决的顺序与方法；（4）教师引导优化问题系统。在这个过程中，学生需要独立思考核心问题有哪些子问题，子问题有哪些解决的路径，从而尝试画出自己的问题系统。如果在独立分解核心问题的过程中遇到困难，也可以通过小组的头脑风暴，了解同伴的问题。如果大家有争议，可以在形成集体"路线图"的同时，保留自己不同的思考。

4. 合作解决问题

不同领域的学习有着不同的方式，合作学习活动需要恰当的情境设计与活动安排。应该说，"合作讨论"是合作中的重要学习行为，学生相互之间的追问可以促进"合作讨论"从"互说""互教"走向基于倾听的"互学"。这是因为追问必须建立在倾听的基础上，这样避免了讨论仅仅是"互说"，而走向更为深入的学习。

具体的学习过程包括：（1）理解任务与分工；（2）合作完成任务；（3）梳理学习成果。在这个过程中，学生需要理解任务——要做什么；理解成果与目标——要做成什么，做到什么程度，如何汇报；理解解决方式——怎么做；理解分工——和谁一起做，自己的责任是什么；明确工具——用什么来做。

教师需要判断任务类型，确定问题解决方式，确定小组规模、成员分工，建议合作步骤、时间分配，设计评价方案，确定成果形式与汇报方式，准备合适的工具。在教师引导的学习阶段，可以由教师设计任务单，而在独立学习阶段或面对较为简单的学习内容时，可以由学生自主设计学习任务，自定学习方法与步骤。

5. 合作分享成果

合作的价值就是在互动分享的过程中使信息与知识增值，使智慧与生命成长，以追求课堂学习效益的最大化。信息的增值是通过组内与组间的成果分享从而让个体获得更丰富的信息。知识的增值在于成果分享过程中的互动补充、答疑让不同观点得以交流碰撞，目的在于深化学习并产生个人新知识。伴随着思考的过程智慧得以产生，伴随着交往的过程人格得以完善。

具体的学习过程包括：（1）组内汇报预演；（2）全班分享汇报；（3）教师引导学生对问题解决的方法、过程进行反思、回顾，对尚存的疑惑进行梳理，对学习的收获进行总结与提升。

三、问题化学习的课堂生态建构

学校教育的应有之义，是在学习共同体中学习。

1. 基于问题化学习优化课堂生态

美国教育学家沃勒（W. Waller）于1932年在《教育社会学》中提出通过教师、学生、教学环境（包含教材）三个生态因子的整合，达到教学生态的相对平衡，最终达到教学效果提升的目的。在一个生态系统中，能量流动是指生态系统中能量输入、传递、转化和丧失的过程，它是生态系统的重要功能。在自然界中生物因子、非生物因子通过能量流动构成一个相对稳定的自然综合体。

在问题化学习的课堂生态系统中，能量来源于学生与教师提出的问题，能量的流动在于发现与解决问题。能量流动具有逐级递减的特性，但持续提出问题可以使能量源源不断地产生。提问让课堂的学习主动发生，追问让课堂的学习持续发生。要构建问题化学习的课堂生态，除了教师的问题，更要加强学生相互之间的提问与追问，可以通过调节各因子（学生、同伴、教师、教材、资源、空间等）之间的关系，促进能量转换，从而改善课堂的学习生态，转变课堂的互动方式，形成学习共同体（见图8.2）。

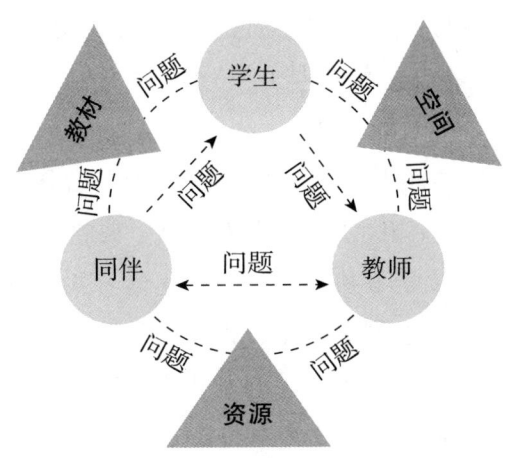

图 8.2　问题化学习生态系统

　　关注学生的生态位，调节学习生态系统的平衡。教师要关注每一个学生，遵循生态位分化原理，尊重差异，设置有针对性的教学内容，遵循个性化的学习方法，创设包容的学习环境，构建过程性的学习反馈，充分发挥处于不同生态位的学生个体及群体之间的彼此依存、互相促进的作用，以保持系统因子的丰富多样和动态平衡。

　　促进学生主动提问，赋予学习生态系统更多能量。要创建以学习为中心的生态系统，就需要改变传统课堂中以教师提问为主导的基本状态，变教师的提问为学生的自主提问，让生态系统中每一个学习者成为学习的"发动机"、主动的"发球者"，成为能量的来源，从而赋予学习生态系统更多的能量。

　　促进生生互动，激发系统内所有因子的活力。改变课堂"师问生答"的互动方式，变教师的追问为学生相互之间的追问，让学习共同体中的每一个成员卷入其中、投入其中，让集体成为每一个"乐手"都在发挥作用的"交响乐队"、每一节"车厢"都自带发动机的"动车组"。

　　合作解决问题，提升学习生态系统的功能。课堂作为一个复杂系统，合作可以促进学习生态系统内的能量流动，优化能量传递与转化的效能，让更多的成员受益。合作意味着更多的交往与对话、信息加工、知识增值，让学习变得更为丰富。

　　学生持续追问，促进学习生态系统能量的转化。一个优质的学习生态系统能通过学习者持续探索与追问实现能量的有效转化，使得长江后浪推前浪，能量流动持续不断、生生不息，实现学习的持续主动发生。

2. 培育问题化学习共同体

《学记》中云："独学而无友，则孤陋而寡闻。"合作不仅是相互学习的过程，更是在共同解决问题中相互分享、相互欣赏、彼此交融的过程。

首先，什么是问题化学习共同体？问题化学习共同体是指以解决共同的问题为目标，以不断互相追问为纽带，以全时域发现问题、解决问题、建构问题系统为协同基础的学习者团体。问题化学习共同体的规模由问题解决的需要决定，并不固定，可能是一个学习小组，可能是整个班级，也可能是学校或社区。

值得关注的是，追问是学习者合作解决问题的纽带。因为有共同需要解决的问题，学习者之间的追问使得核心问题的解决层层深入，在学习的过程中所产生的情感连接也使成员之间关系愈发紧密。此外，由于追问让学习得以延展，学习无处不在、无时不发生，学习共同体也因此成为一个更为开放的系统。

其次，学生自主提问与追问如何改变师生关系？《学记》云："学，然后知不足；教，然后知困。知不足，然后能自反也；知困，然后能自强也。故曰：教学相长也。"一方面教师的引导使学生得到发展；另一方面学生提出问题和要求，又促使教师继续学习，不断进步。学生自主追问，可以改变传统课堂中单向的教师引导方式，从而体现更民主的师生关系。

最后，学生互动追问如何改变课堂生态？合作的价值是将教师的追问转化为学生相互之间的追问，互动追问的价值是使"合作讨论"从"互说""互教"变为基于倾听的"互问""互学"。

课堂互动的三个主体是"学生自己""同伴"和"教师"。如果改变课堂单一的教师追问，增加生生互动追问，就可以重建课堂的生态，从"以教为中心"的课堂走向学习共同体的课堂。那些只有教师追问与师问生答的课堂，事实上还是教师主导的课堂。从信息传播的路径就可以发现，学习共同体的课堂互动方式多元，更多时候是学生相互之间的互动，包括组内互动、组间互动。多元互动促进了更为复杂的信息传播方式，知识就在这个过程中被不断加工，得以增值。

3. 建构学习共同体，优化课堂生态

首先，建立以倾听为基础的学习共同体，营造平和润泽的课堂生态。倾听是合作的基础，也是形成学习生态系统的基础。只有在"用心相互倾听的教室"里，彼此的发言都得到尊重，各种思想和情感才能得以交流。倾听是学习的重要行为，尊重学生的教师擅长倾听，善于学习的学生擅长倾听。在问题化学习的课堂上，除了传统的学生对教师的倾听之外，更应关注教师倾听学生、读懂学生，也包括学生倾听学生，建立互学关系，以及学生自我倾听，独立思考、内化反刍。

其次，建立以互学为纽带的学习共同体，重塑民主共生的课堂生态。如何理解学习共同体中的互学关系？许多教师要求"懂的学生教不懂的学生"，而这实际上是一种单向关系，没有互惠，并不能体现真正的合作性。必须养成小组内的学生互相学的习惯，教师多鼓励"不懂的学生请教懂的学生"。询问、追问可以建立更紧密的互学纽带。

最后，建立师生多元对话的学习共同体，创建交响乐式课堂生态。一是个体对个体追问，包括个别学生对个别学生、学生对自己的追问；二是个体对群体追问，包括个别学生对小组、个别学生对班级的追问；三是群体对群体追问，包括小组对小组的追问等。多元的互动方式改变了传统课堂上师问生答的交往方式，形成了更为丰富的信息传播方式与能量流动方式，创建了交响乐式的学习生态。

4. 课堂里的"思想乒乓球"

构建追问的学习生态能够克服课堂能量流动中逐级递减的现象。研究团队成员上海市宝山区实验小学张伶俐老师说，问题化学习的课堂应该让学生打一场"思想乒乓球"，在不断地补充、追问与探讨下，教师和学生之间、学生和学生之间形成复杂的信息流，知识发生"化学反应"，从而产生新的思想。

问题就好比"球"，这个球可以是老师"发"的，也可以是学生"发"的。把这个球打出去，思想的交锋就开始了。最值得"打"的"球"就是课堂的核心问题。

当然，打好课堂里的"思想乒乓球"，不仅需要"发好球"（抛出好的问题），也需要"接好球"（通过追问、补充、质疑把"球"传下去），还需要教师"救好球"（当思维阻滞、观点雷同或一方败下阵时），让更多学生参与"打球"，把问题的探讨推向多角度、深层次，最后需要总结好"球路"（梳理解决问题的路径、思考的方法与过程）。

学习是对话与修炼的过程，是学习者在问题的求索中发现世界、认识自己、实现交往的过程。课堂教学是个体认知过程与集体对话过程的交织，课堂的基础是集体逻辑。合作学习不仅仅是一种教学组织形式、一种学习方式，而且是一种育人的价值追求。

第三节　问题化学习的课堂成长阶段

一、教师引导阶段

在此阶段，学生具有初步的问题意识，但还不具备判断核心问题、自构问题系统的能力。因此课堂教学通常采用"学生自由提问—教师聚焦核心问题—教师组织问题系统进行教学"的形式。

1. 学生自由提问

学生可以在预学的基础上提出自己的问题，或在课堂上根据任务情境自由提问。在这个过程中，学生需要努力提出自己的问题；将自己的问题表达完整，让他人明白；注意倾听教师与同伴的问题，听明白他人的问题，指出问题中的关键信息或用自己的话重新表述他人的问题。由于这个阶段学生的问题大多是散点状的，散点状的问题会使课堂变得没有效率，因此可以让学生通过小组合作解决一部分问题，再将小组内无法解决的问题提交到班级共同解决。教师在这个阶段应努力做到：引导学生主动发现问题，摸到学生的真实问题，引导学生清晰地表达问题，鼓励学生相互倾听问题。

2. 教师聚焦核心问题

根据学生提出的问题，教师结合教学目标，选择具有探究价值的问题，聚焦核心问题进行教学。由于在这个阶段学生提出的问题不一定具有针对性，需要在他人引导或指导下感知核心问题，需要在他人帮助下将问题排序，并理解问题系统代表的学习路径，因此教师在这个阶段应努力做到：辨别学生问题，对接学科问题；转化学生问题，引导聚焦核心问题。

3. 教师组织问题系统进行教学

在这个阶段，问题系统可以由教师梳理，通常在学生提出问题后进行合理组织，也可以在确立核心问题之后逐步追问演化出来。虽然在这个阶段核心问题与问题系统都是教师确立的，但为了提升学生的问题化学习力，教师需要指导学生用学科领域特有的方法解决问题。教师在这个阶段应努力做到：引导学生回顾问题发现与解决的过程，体会核心问题在解决问题中的统领作用以及问题系统的逻辑关系。

二、学生自主尝试阶段

在此阶段，学生能够提出有一定质量的问题，但还不具备系统思考问题的能力。因此课堂教学通常采用"学生提出问题并聚焦核心问题—学生通过合作尝试将问题排序—在教师引导下基于问题系统进行学习"的形式。

1. 学生提出问题并聚焦核心问题

学生在敢于提出自己问题的基础上，能够提出有价值的问题，学会判断核心问题。在这个过程中，学生需要大胆提出自己真实的困惑与兴趣，并知道自己的问题与特定领域的学科问题之间的联系；学会判断不同问题的重要性；清晰地表达自己的问题，学习整合归纳自己的问题与他人的问题，形成更合理的问题；养成边听边想的习惯，及时补充与完善他人的问题；在伙伴合作中学会判断并聚焦核心问题；初步学会归纳问题（把很多小问题归纳成一个大问题）。由于这个阶段学生提出的问题有一定的针对性，与主题相关，教师在这个阶段应努力做到：引导学生关注有价值的问题，指导学生提问，提供学科视角与支架。

2. 学生通过合作尝试将问题排序

在此阶段，在教师为学生演示过几次问题组织的过程后，学生可以初步尝试确立问题解决的顺序，将提出的主要问题进行排序或逻辑化，建立问题系统。可以是先独立建构问题系统，然后合作优化。如果有困难，也可以合作建构问题系统。在这个过程中，学生学会说清楚不同的问题以及它们之间的关系。教师在这个阶段应努力做到：引导学生发现问题间的关系，引导学生建构问题系统。

3. 在教师引导下基于问题系统进行学习

学生初步建构问题系统后，教师引导学生进行优化然后推进学习。在这个过程中，学生需要学习把大问题分解成若干个小问题，学会在比较中提出相互联系与区别的问题，学习他人经验，用学科路径解决问题，并对小组解决问题有所贡献：倾听同伴发言并积极补充；提出自己的想法并接纳、整合他人的观点；按照任务分工与同伴协同完成任务；按照任务单提示，参与小组的集体汇报，完成自己的汇报任务；接纳、整合同伴的意见后发表自己的想法。教师在这个阶段应努力做到：帮助学生独立反思自己的学习过程，发现、归纳并表达自己的学习路径与方法；组织学生对自己与他人的学习路径与方法进行比较，发现各自优势与不足；促进学生与伙伴一起，对任务执行的步骤、策略和过程进行评估和分析，并基于评估结果调整学习方案。

三、学生自主建构阶段

在此阶段，学生已经具有了系统思考问题的能力，因此，他们可以在一开始就提出一系列问题，然后通过集体学习优化问题系统，最终通过小组合作或独立自主地解决问题。课堂教学通常采用"学生自主构建问题系统—全班集体优化问题系统—学生自主合作解决问题"的形式。

1. 学生自主构建问题系统

学生独立提出一系列问题，尝试独立建构问题系统，并通过合作分享优化自己的问题系统。在这个过程中，学生需要学会独立判断并聚焦核心问题，学会自建问题系统。教师在这个阶段应努力做到：引导学生基于学科素养要求，提出有价值的核心问题；结合不一样的问题系统，整合和完善问题系统；通过合作学会从多个维度理解并建构问题系统。

2. 全班集体优化问题系统

在学生自建问题系统的基础上，全班集体优化问题系统。在这个过程中，学生需要及时记录与分析他人的问题，归纳与整理他人的问题；需要理解不同问题系统所代表的学习路径，对他人的问题系统提出自己的见解，并对比自己的问题系统，解释不一样的学习路径。教师在这个阶段应努力做到：促进并组织有效交流分享，及时准确全面地获得反馈，引发促进学生深度学习的问题，引导学生完善问题系统，总结归纳学习路径。

3. 学生自主合作解决问题

在教师引导下全班优化问题系统后，可确立学习方案，由学生自主合作解决问题。在这个过程中，学生引导伙伴解决问题；组织伙伴有步骤地讨论与解决问题；通过追问启发帮助组内其他伙伴解决问题；代表小组，归纳小组同学的意见进行汇报；整合其他小组的意见进行交流；发现自己独特的学习路径与方法，并与他人分享；学会借鉴他人的学习路径与方法，并整合创新；在任务执行的过程中独立自主地评估与分析，对学习方案进行有意义的调整；学会设计学习任务，自定学习步骤。教师在这个阶段应努力做到：指导学生规划学习方案，引导学生设计学习步骤，合理安排独立及合作活动，为不同问题匹配适切活动，合理应对学生学习过程中的问题，促进学生持续探索与追问。

从实践看，问题化学习能力修炼是一个循序渐进的过程，学生有一个培育的过程，教师也有一个成长的过程，课堂就在师生互动中不断发展。在这个过程中，师生教学相长，共同成长，彼此成就，实现课堂的生长。

本章小结

　　问题化学习的课堂不能简单地理解为一种课堂教学模式，而应理解为由问题化学习这样一种学习方式产生的课堂新样态。在这个课堂新样态中，"三位一体"是基本原理，问题的发现与提出、组织与聚焦、演进与解决、反思与拓展是基本过程，学生自主提问、持续追问、建构问题系统是自建构路径，基于学习共同体的合作解决问题是互动方式。随着学生问题化学习能力与教师问题化学习教学指导力的提升，课堂不断生长，课堂样态也在发生变化。

第九章　问题化学习的教学设计与实施

　　问题化学习的教学设计，体现在对学习目标的科学建构、以学习为中心的路径设计、有效的课堂实施与课程视野下的教学实践等方面。

第一节　问题化学习目标体系的构建

一、学习目的与学习目标

　　1. 先有目的再有目标

　　目标（objective）是在特定的时间内所追求的最终成果，目的（goal）则可理解为梦想与期望。目的可以分解为目标，所以目标是围绕目的而设计的，先有目的，再有目标。比如说，你今年的目标是挣 30 万元，那你的目的是什么呢？目的是改善生活，实现完美的人生。所以说，目的关涉意义，是"为啥做"；目标是做了之后需要达成的结果，也就是"做成啥"。

　　长久以来，传统教学之殇就是缺乏学习目的。基于标准的教学明确了每一个学习者在进行学科学习时需要达成的最终结果，但目的问题却被严重忽略，这种缺乏学习动机的教学暴露了传统教学根基上的弊病。

　　学习有目的，才会有目标。在具体的操作层面，目的是需要解决的问题，目标是解决问题的结果。没有学生真实的问题，哪来发自内心的动机？没有目的，实现目标就只是为了完成任务。

所以说，如果想让学习有意义，首先要寻找学习的目的。而寻找具体的目的，可以从学生的真实问题开始。

2.让问题成为目的与目标的桥梁

比如说，"实数是什么"或许是学科的基本问题，却未必是学生真实的问题。当学生求解"面积是 2 的正方形边长是多少"的时候，就产生了一个实际的问题：$\sqrt{2}$ 是个怎样的数？如果教师稍加引导，提出"$\sqrt{2}$ 让我们对数有了一个怎样的新认识？"，这样一个问题更符合学习的视角。对学生而言，探究新出现的数到底是一个怎样的数是有学习意义的，也是他们的学习目的。在这个目的的驱动下，理解无理数有怎样的特征、有理数与无理数共同构成实数恰好成为这节课的学习目标。

有一种观点认为，目标可以有两种陈述的方式：一种是陈述句的方式，一种是问句的方式。问句的方式可以理解为将学习目标转化为学习问题。倘若这个问题一开始是由学生自己提出的，我们则认为学生具备了学习的目的，并且这个目的对学生个人是有意义的，教师需要做的就是在学生的问题与学科的问题之间建立联系，并进行对接、转化与提升，使得学生的学习具有学科学习的价值。这与教师把学科教学目标直接转化为学习问题是完全不同的，后者体现了从"教学目标"到"学习任务"的转化，但并不能给予学习的主人——学生确立学习目的的机会，也就是说学生解决教师提出的问题，本质上还是一个"被动"的过程。当然，对于问题化学习而言，学生提出问题是第一步，学习者在追求个人学习意义的同时应实现学科学习的共有价值。

二、问题化学习能力目标与学科素养目标

在进行教学设计、制定学习目标的时候，需要落实问题化学习的能力目标与学科课程目标。

1. 落实问题化学习能力目标

问题化学习力是在问题化学习的过程中，重点发展与集中体现的关键能力，概述为"在面对不可预测的世界和问题时，所能表现出来的主动适应性能力"，包括"自主发现与提出问题的能力、聚焦核心问题与建构问题系统的能力、持续探索与自我追问的能力、独立与合作解决问题的能力、自我反思与设计学习任务的能力"。需要指出的是，问题化学习力并不单纯表现为学习的结果或是培养的内容和标准，更多时候是作为一种过程性的目标，是更好地完成学习任务的目的、手段和途径。因此，问题化学习力是培养问题化学习者、达成学习者培养目标的重要依靠和路径，其所包含的能力要素，作为问题解决的通用素养，也是问题化学习者全面发展、学科核心素养发展的催化剂。

问题化学习的五大关键能力包括："问题的发现力"，即学习者"敢于提出自己的问题、能够提出有价值的问题、能够提出一系列问题、能够清楚地表达问题、能够理解倾听他人的问题"的能力；"问题的建构力"，即学习者"学会判断核心问题、学会建构问题系统、能够完善问题系统"的能力；"问题的解决力"，即学习者"做出预测或假设、寻找方法与路径、持续追问与深究、形成结论或成果、学会交流与汇报"的能力；"问题的反思力"，即学习者"反思过程、总结方法，反思结果、研究未来"的能力；"问题化学习的设计力"，即学习者"设计学习任务、自定学习步骤、调控学习过程"的能力。

2. 协同学科素养目标的落实

协同学科素养目标是指不同学科课程依据学科核心素养和课程目标，结合课程内容与教学规律，对标问题化学习能力目标框架进行学科化处理。依据教育部颁发的 2017 版普通高中学科课程标准，在《学会追问》一书中，我们梳理了语文、数学、科学（物理、化学、生物学）、历史与地理、艺术（音乐与美术）等学科领域的学科基本问题，问题化学习提问与追问的视角，以及基于学科思维的问题系统建构方式，目的是通过发展问题化学习的五大关键能力促进学科核心素养的落地。

其一，明确学科的基本问题，对接核心素养。如数学是一门研究现实世界空间形式和数量关系的学科，数学学科最基本的问题就是数与形的问题，最主要的学习方法就是逻辑推理。又如历史是研究人类社会发展过程的学科，学习历史不仅要了解史实，更需要发展唯物史观、时空观念、史料实证、历史解释、家国情怀这些学科素养。

其二，梳理提问的维度，培育学科学习的视角。以语文阅读理解为例，基本的问题可能包含这样几个方面：（1）浅释性理解问题——文章写了什么？怎样写的；（2）领悟性理解问题——"为什么这样写"；（3）赏析性理解问题——"这样写好/不好在哪里"；（4）洞察性理解问题——"我同意不同意作者的观点"；（5）移情性问题——"如果我是作者或文中人物，我会怎么想/怎么做"；（6）自省性理解问题——"文章对我有什么启示"。

其三，建构问题系统，发展学科思维。在不同的领域、学科以及特定类型的任务中探索问题系统建构的基本规律。例如对于历史事件，可以从"历史史实""史料实证""历史解释""历史态度"等方面建构问题系统。又如综合思维是地理学科基本的思维方法，具体包括要素综合、时空综合与区域综合，问题系统的建构就不应只是地理知识的简单罗列，而更应体现地理学科的特有思维。

其四，分学科、分年级实现能力目标的具体化和系统化。这包括分学科、分年级制定问题化学习的能力目标，在单元教学设计中制定问题化学习能力发展与学科素养发展的双重目标，在课时教学设计中落实双重目标、活动任务的匹配性设计，同时制定分学科和分年级课堂观测表、练习与评估表等。基于教学五环节，细化能力目标达成的策略、路径、方法、内容和评估，真正让问题化学习力的生长"可见、可行、可测"，即具有清晰的目标体系描述、具体的学段学科操作、一致性的教与学评估。

下面以八年级物理"声"单元目标为例，分别描述学科学习的目标与问题化学习力的发展目标（见表9.1、表9.2）。

表 9.1　"声"单元学科学习目标汇总

序号	目标编码	目标描述	学习水平	达成率
1	WL8I2-01	能说出任何发声体都在振动	A	85%
2	WL8I2-02	能说出发声体的振动是通过介质以疏密波的形式向四周传播，且只向外传播声源振动的信息和能量	A	85%
3	WL8I2-03	能说出声波在不同介质中传播速度不同，空气中的声速还与温度有关	A	85%
4	WL8I2-04	能说出声波不能在真空中传播	A	85%
5	WL8I2-05	能说出回声产生的原因及简单应用	A	85%
6	WL8I2-06	能通过观察实验现象归纳出响度与发声体的振动幅度有关，还与离发声体的远近有关	A	85%
7	WL8I2-07	能通过观察实验现象归纳出音调与发声体的振动频率有关，发声体的振动频率与发声体的结构有关	A	85%
8	WL8I2-08	能通过观察实验现象归纳出音色随发声体的不同而不同	A	85%
9	WL8I2-09	能说出噪声的含义及其危害与控制方法	A	85%

表 9.2　"声"单元"问题化学习力"发展目标规划

类别	能力目标	任务/认知活动	学习场景		
			课前	课中	课后
问题的发现力	敢于提出自己的问题	—			
	能够提出有价值的问题	阅读课本，小组讨论，确定本小组最有价值的 3—5 个问题	√		
	能够提出一系列问题	—			
	能够清楚地表达问题	把问题准确地写在黑板上，师生一起评价黑板上的问题		√	
	能够理解倾听他人的问题	对课上重要知识或重点问题的复述		√	

续表

类别	能力目标	任务 / 认知活动	学习场景		
			课前	课中	课后
问题的建构力	学会判断核心问题	每节课由学生判断核心问题		√	
	学会建构问题系统	每节课师生一起梳理问题，建构问题系统		√	
	能够完善问题系统	每个小单元学习后，先由教师梳理好课堂内师生共同建构的问题系统，打印出来后发给每个学生，在这个基础上学生继续提出自己的问题，教师给予学分奖励			√
问题的解决力	做出预测或假设	对解决的问题有一定的预测或假设		√	
	寻找方法与路径	在教师指导下用学科方法解决新问题，并理解此方法		√	√
	持续追问与深究	每一节课引导学生追问，课后基于问题系统继续追问		√	√
	形成结论或成果	在教师的指导下归纳形成结论、完成成果		√	
	学会交流与汇报	每一次小组合作中都进行交流与汇报		√	
问题的反思力	反思过程、总结方法	整理错题			√
	反思结果、研究未来	—			
问题化学习的设计力	设计学习任务	设计追问，优化学习路径，完善问题系统			√
	自定学习步骤	根据错题，自定学习路径；根据长作业任务，自定学习路径			√
	调控学习过程	通过错题整理，调整学习路径			√

3. 课时层面双重目标的统整落实

在课时层面，需要将学科学习目标与问题化学习力目标融合，形成可行可测的目标。如八年级"声"单元中的复习课，学科学习的主要目标是"理解并说出'声'单元相关核心概念的联系，运用有关声音的知识解决生活中的问题"，问题化学习力目标是"学会追问、建构问题系统"。这两个目标很好地结合在一起就是"学生不断追问深化对概念的理解，学会建构自己的问题系统，建立单元核心概念间的联系"。具体如下。

基于单元设计方案，列出课时教学需要达成的目标。将学科学习目标与问题化学习力目标有机整合后叙写，明确问题化学习力的课时发展重点。

（1）通过观看视频或现场演绎，提出有关声音的问题，不断追问深究，学会建构自己的问题系统，并能说出"声"单元核心概念间的联系。

（2）通过小组合作设计简单的学习活动，解决组内的问题，说出对概念新的理解及问题解决的过程或方法。

（3）通过观看编钟演出的视频，了解古代声现象研究的成就，提出有价值的新问题，运用有关声音的知识解决新问题，归纳问题解决的方法，体会民族自豪感。

三、目标的分类学依据与学科课程标准

加涅关于言语信息、智力技能、认知策略、动作技能和态度的学习结果的分类在教学设计领域被广泛应用，也是进行知识分类、目标导向教学设计的理论基础。梅里尔的业绩－内容矩阵分类虽然主要限于认知领域，但是独创性地将三种认知水平（业绩）和不同学科具体知识技能背后的四种类型的认知结果联系起来，因此在教学设计实践中也大有用处。布卢姆的目标分类学得到全面修订，不仅渗透着当代教育心理学研究的一些重要发现，同时也为在教学设计实践中贯彻目标、教学、评价一致性原理提供了基本的依据。

1. 布卢姆目标分类学

在系统的问题化学习设计过程中，首先可根据课程标准或布卢姆目标分类

学定义问题属性,这也是实现有效学习的基本保障。布卢姆从知识维度与认知过程维度对教育目标进行了分类:知识维度包括事实性知识、概念性知识、程序性知识与元认知知识,其下又有 11 个亚类(见表 9.3);认知过程维度包括记忆、理解、应用、分析、评价与创造,其下又有 19 个亚类(见表 9.4)。

表 9.3 知识的主要类别[①]

类别	定义	亚类
事实性知识	学生通晓一门学科或解决其中的问题所必须知道的基本要素	术语的知识(A_A)
		具体细节和要素的知识(A_B)
概念性知识	能使各成分共同作用的较大结构中的基本成分之间的关系	分类或类目的知识(B_A)
		原理和概括的知识(B_B)
		理论、模式和结构的知识(B_C)
程序性知识	如何做,研究方法和运用技能、算法、技术和方法的标准	具体学科的技能和算法的知识(C_A)
		具体学科的技术和方法的知识(C_B)
		决定何时运用适当程序的标准的知识(C_C)
元认知知识	一般认知知识和有关自己的认知的意识和知识	策略性知识(D_A)
		包括情境性的和条件性的知识在内的关于认知任务的知识(D_B)
		自我知识(D_C)

表 9.4 认知过程维度目标[②]

类别	定义	亚类	替代名称	定义
记忆	从长时记忆系统中提取有关信息	再认	识别	从长时记忆系统中找到与呈现材料一致的知识
		回忆	提取	从长时记忆系统中提取相关知识

---

① 安德森,克拉斯沃尔,艾雷辛,等.学习、教学和评估的分类学:布卢姆教育目标分类学修订版(简缩本)[M].皮连生,主译.上海:华东师范大学出版社,2008:43.

② 同①59.

类别	定义	亚类	替代名称	定义
理解	从口头、书面和图画传播的教学信息中建构意义	解释	澄清、释义、描述、转化	从一种呈现形式（如数字的）转化为另一种形式（如言语的）
		举例	示例、具体化	找出一个概念或一条原理的具体例子
		分类	类目化、归属	确定某事物属于某一个类目（如概念或原理）
		概要	抽象、概括	抽象出一般主题或要点
		推论	结论、外推、内推、预测	由提供的信息得出结论
		比较	对照、匹配、映射	确定两个观点、客体等之间的一致性
		说明	构建、建模	建构一个系统的因果模型
应用	在给定情境中执行或使用某程序	执行	贯彻	把一个程序运用于熟悉的任务
		实施	使用	把一个程序运用于不熟悉的任务
分析	把材料分解为它的组成部分并确定部分之间如何相互联系以形成总体结构或达到目的	区分	辨别、区别、选择	区分呈现材料的相关与无关部分或重要与次要部分，专注于相关信息或重要的信息
		组织	发现一致性、整合、列提纲、结构化	确定某些要素在某一结构中的适切性或功能
		归属	解构	确定潜在于呈现材料中的观点、偏好、假设或意图
评价	依据标准做出判断	核查	协调、探测、监测、检测	查明某过程或产品的不一致性或谬误；确定过程或产品是否有内在一致性；查明某种程序运行的有效性
		评判	判断	查明产品和外部标准的一致性，确定某产品是否具有外部一致性；查明一个程序对一个问题的适合性
创造	将要素加以组合以形成一致的或功能性的整体，将要素重新组织成新的模式或结构	生成	假设	根据标准提出多种可供选择的假设
		计划	设计	设计完成某一任务的一套步骤
		产出	建构	发明一种产品

在教学设计中，我们将知识层次、认知层次及课标中的各个层次目标综合考虑，对应学习问题，这样有利于教师把握教学目标，较清晰地表达；明确通过何种类型的学习问题适切地引发学生思考、探究，直至问题的解决，从而使学生习得知识与技能。

在小学四年级自然课程"生锈与防锈"教学中，我们列出了学习中需要解决的以下主要问题，从知识维度与认知过程维度定义问题属性，从而判断学习问题的目标层次（见表9.5）。

学习中需要解决的问题如下：

（1）金属生锈的主要原因是什么？锈是如何生成的？

（2）生锈对钢铁制品有什么危害？

（3）金属的类型有哪些？哪些金属不容易生锈？

（4）铁锈有什么特点？

（5）铁制品在哪些环境中最容易生锈？

（6）请设计一个实验，检验铁制品在哪种环境中最容易生锈？

（7）实验报告的提纲包括哪些内容，用什么方式列出？

（8）用思维导图记录实验过程，在此基础上进行分析与汇报。你有什么特别的感受？

（9）生活中有哪些预防生锈的方法？

（10）你熟悉的预防生锈的方法是什么？如何应用这个方法去储藏家里的铁钉？

（11）你能设计一个更好的预防生锈的方法吗？

（12）请你核查一下，邻组同学的结论与实验数据是否相符？

（13）请你从防锈效果、成本与环保三个方面谈谈谁设计的防锈方法最好。为什么？

表9.5 "生锈与防锈"学习问题的目标界定

		事实性知识		概念性知识			程序性知识			元认知知识		
		A_A	A_B	B_A	B_B	B_C	C_A	C_B	C_C	D_A	D_B	D_C
记忆	1.1 再认											
	1.2 回忆		（9）									

		事实性知识		概念性知识			程序性知识			元认知知识		
		A_A	A_B	B_A	B_B	B_C	C_A	C_B	C_C	D_A	D_B	D_C
理解	2.1 解释		（2）									
	2.2 举例											
	2.3 分类			（3）								
	2.4 概要		（4）									
	2.5 推论											
	2.6 比较											
	2.7 说明				（1）							
应用	3.1 执行								（10）			
	3.2 实施											
分析	4.1 区分											
	4.2 组织							（7）		（8）		
	4.3 归属											
评价	5.1 核查						（12）					
	5.2 评判				（13）							
创造	6.1 生成				（5）							
	6.2 计划								（6）			
	6.3 产出								（11）			

经安德森修订后，布卢姆的目标分类学受到大家的广泛关注并被逐步运用到教学实践中，它更侧重理解、应用、迁移，这些与目前倡导的建构学习相一致，它也提供了成功解决问题所需的知识与认知过程，即如何更好地表征问题（理解），提出问题解决的办法（应用、分析、评价、创造），获得相关的程序性知识与元认知知识。它为设计知识与能力目标提供了理论基础与技术保障。但是，布卢姆在情感领域的目标分类学却没有受到应有的关注，这是一个遗憾。

对于一线教师来说，直接运用布卢姆目标分类学进行教学设计，存在一定困难。此外，一开始教师可能更习惯于用它定义自己预设的教学问题，来帮助自己反思教学设计是否指向了合理的目标层次。随着问题化学习的推进，更多的教师会将在"三位一体"原理基础上产生的问题放置于分类表中，这样做更能体现以学为中心的设计思路。在具体操作的过程中，分类表不仅可以在教学设计的一开始（即写备课方案时）使用，教师还可以在课后用分类表评估课堂上生成的问题，反思教学，体现系统的、开放的教学设计思路。

此外，在教学系统观的引领下，豪恩斯坦（D. Hauenstein）基于一种整合的思路，超越了布卢姆的"要素法"，在对认知、情感和心理动作领域的目标分类的基础上，提出聚焦行为领域分类，从而实现对认知、情感与心理动作领域目标的全面整合。而马扎诺从人的思维过程和知识两个维度出发，构建了教育目标的二维分类模型，这对于目标分类学无疑具有启示意义，因为其揭示了人学习的行为模式。这种分类学的新视野为学科核心素养的落实提供了理论借鉴。

2. 从课程标准到学习目标

学科课程标准是教学设计的基本依据，但是课程标准还是相对高位与宏观的内容，作为具体的课时目标缺乏操作性，需要教师将其转化为具体可测的学习目标。

2017 年教育部颁布的普通高中课程标准确定了每一门课程的核心素养。在具体的课程目标上，围绕学科核心素养进行了学习目标的分类。在这种情况下。教师可以依据学科课程目标来确定学习目标，并设计相应的活动（见表 9.6）。

表 9.6　语文学科核心素养与认知活动

核心素养	核心素养关键词	认知活动
语言建构与运用	积累与整合	筛选与提炼、收集与组合
	语言与语理	归整与分类、比较与抽象
	语境与交流	应对与调整、发现与再造
思维发展与提升	实证与推理	推断探究、解释与分析
	想象与联想	描绘与表现、发现与再造
	辨识与批判	整体感知信息整合、赏析评价
	反思与创造	推断探究、赏析评价、发现与再造
审美鉴赏与创造	体验与感悟	理解阐释、描绘与表现、发现与再造
	理解与鉴赏	赏析评价、描绘与表现
	表现与创新	推断探究、赏析评价、比较与抽象

续表

核心素养	核心素养关键词	认知活动
文化传承与理解	理解与借鉴	理解阐释、筛选与提炼、收集与组合
	自觉与自信	赏析评价、发现与再造

从教育目标到课程标准，再到具体的学习目标，是一个逐层分解、逐步转化的过程。新课程改革基于先进的教育理念，在课程标准制定上倾注了大量精力，这需要实践者好好学习并落实。在具体的教学中，在单元层面、课时层面以及课堂活动层面，制定出精确可操作的学习目标，仍然需要大量的基础工作，更需要基层实践者凝聚共识，积极实践。

单元学习目标是指学生在学科单元教学活动中所要达到的预期结果与标准，它在整个学科目标中起到承上启下的作用。对于整个学科课程来说，单元是大系统中的子系统；而对于具体的课时来说，单元又是其上位的系统。因此，单元学习目标是对课程目标的分解，又是对课时目标的总揽，既是单元教学过程的基本纲领，也是制定课时学习目标的出发点，以及进行单元评价的基本依据，它是实现系统化学习与结构化建构的支点。

课时学习目标是指学生在本课时教学活动中所要达到的预期结果与标准。要将单元目标分解为课时目标，并做具体陈述：首先，要结合具体的学习任务进行陈述，这样做有利于指导教学实施与行为检测。其次，要用分类学中的动词进行陈述，使之明确、具体，可以观察和测量。最后，陈述的是预期的学生学习的结果，能反映学习结果的类型，明确目标需要达到的层次。

我们可以用行为目标的 ABCD 表述方法。A 即 audience，意指"学习者"，即学生是行为主体，是目标表述句中的主语。B 即 behavior，意为"行为"，要求说明通过学习后，学习者应能做什么，是目标表述句中的谓语和宾语。C 即 conditions，意为"条件"，要求说明上述行为在什么条件下产生，是目标表述句中的状语。D 即 degree，意为"程度"，要求明确上述行为的标准。

具体活动的学习目标是指具体情境活动的学习目标，它与课时目标的不同之处在于需要结合具体的活动情境加以描述，可以进一步明确具体活动的要求，以及学生通过这个活动需要实现的目标。

四、建立问题与目标的联系

就如本章一开始所谈到的，学生自主提出问题是确立个人的学习目的、实现更有意义的学习的过程。而"三位一体"聚焦问题，并把问题与目标建立联系的过程，保障了学习者在追求个人学习意义的同时实现学习的共有价值。从教学设计的原理看，令问题与目标建立联系，是因为问题更多地在学习活动过程中出现，这样做有利于实现目标、教学与评估的一致性。

目标是指向学习结果的，而问题是指向目标的，学习目标需要在问题解决过程中实现，问题是推动学生学习发展的关键，也是教学实施的基本载体。同一个目标，可以通过几个子问题的推进，循序渐进得以实现。当然，不同的目标，也可以通过一个核心问题整体性地实现。因此，目标与问题的关系不是简单的一一对应关系，可能是一对多的关系，也可能是多对一的关系。不管怎样，令目标与问题建立对应关系，是有效教学的基本保障之一。

1. 单元目标与单元问题

确定好单元的主要目标之后，就可以统筹安排各课时的教学内容，在此基础上分解与制定课时学习目标，接着再确定课时核心问题（预设）。之后，就可以在各课时的核心问题与单元目标之间建立联系。

单元问题系统，可以由单元的核心问题演绎而来，最后落实到课时中，也可以由诸课时所应解决的课时核心问题归纳形成。单元目标与单元问题系统对应，才能保证每一个问题具有实施的意义。基本的操作步骤是：（1）根据课标与课程核心素养，分析教材、学情，初步确定单元学习目标与单元核心问题；（2）研究具体教学内容、学生基本学习规律，统筹安排各课时教学内容；（3）根据单元目标与课时教学内容，分解制订课时学习目标；（4）提炼课时核心问题（预设），归纳各课时核心问题，形成问题系统；（5）也可以由单元核心问题演绎出问题系统，然后确定各课时的目标与核心问题；（6）在此基础上修正单元目标，使之具体明确可操作。

由此可以看出，单元学习目标的制订不是一蹴而就的，它是在一个教学设计的系统中不断修正完善的。单元问题系统与单元目标的照应也体现了其总揽全局的作用。如"山川风物"单元设计所示，单元核心问题体现了单元学习重点。又如"电路"单元问题系统所示，单元问题系统不仅需要与单元目标紧密联系，还需要体现单元层面的认知过程与思维发展。

单元主题（课题）：山川风物

年级：八年级　　　设计者：袁宁

一、本单元学科学习的重点

在反复诵读、整体感知的基础上，借助联想和想象，仔细品味诗文，体会作者的情感。

二、本单元主要内容与基本要求

1.在《三峡》的学习中，借助联想和想象，进入课文情境，感受长江三峡的雄伟和奇丽的景色。

2.在《短文两篇》的学习中，把握文中景物的不同特点，领略不同的写景手法，理解和把握作者的情感。

3.在《与朱元思书》的学习中，学习作者描绘景物的手法，体会作者寄情山水的高雅情趣。

4.在《唐诗五首》的学习中，了解诗歌特点，领会诗人谋篇布局之精巧，结合相关背景，领会诗歌主旨，体会诗人情感。

三、本单元问题化学习力目标

1.读两遍课文，在预学单上提出有价值的问题。小组讨论，确定本小组最有价值的3—5个问题，并写在黑板上。师生一起评价黑板上的问题。在学习活动过程中，适时提出具有学科价值的问题。

2.在课开始时或结束前确定核心问题，基于核心问题找出子问题，构建问题系统。在教师引导下，基于问题系统继续追问，课结束前基于学习过程完善问题系统，总结文本的学习路径。

四、本单元核心问题与问题系统

作者通过对景物的描写表达了什么情感？

- 描写了哪些景物？
- 这些景物有什么特点？
- 怎么描写景物的？
- 景物的描写表达了怎样的情感？

如图 9.1 所示，"电路"单元问题系统更多指向单元学习中的认识过程。由于本单元学科素养目标主要指向科学思维中的科学推理，通过对物理量描述及物理量变化中相互关系的不断发现，关注现象变化背后的规律。单元问题系统所体现的问题化学习过程看似复杂，实则简单。问题系统中的问题不仅提供了学习的视角，也提供了学习的线索，问题系统建构起认知的逻辑体系。

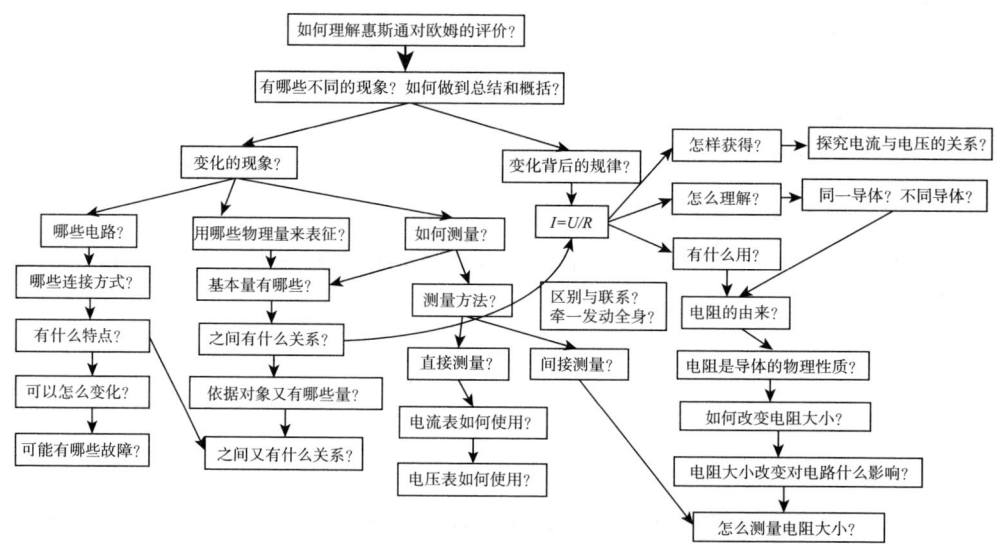

图 9.1 "电路"单元问题系统 [①]

2. 课时目标与课时问题

由于课时问题直接指向课堂教学的实施，因此更需要体现"三位一体"的课堂实施原理。学科的基本问题、学生的起点问题，教师规划的课时核心问题通常指向本课时最主要的学习目标。由于核心问题是具有统领价值的大问题，学生一般无法一步解决，需要构建一个有内在联系的问题系统，以最终实现核

---

① 设计者：上海市教育学会宝山实验学校王金玲。

心问题的解决。

如《记承天寺夜游》第一课时教学设计所示，课时核心问题"作者通过记承天寺夜游，想表达什么情感？"体现了本课时最重要的学习目标"学会在品读关键字词中提出问题，体会作者的思想感情和人生态度，能准确表达"。课时设计的具体操作步骤如下：（1）预估本课时学生的起点问题与生成问题。（2）根据预估的学生问题与先前确定的课时基本问题，预设本课时核心问题。（3）预估教学过程中学生的生成问题，设计教学过程。（4）优化问题系统。

课时主题（课题）：记承天寺夜游

课时：第一课时　　　　年级：八年级　　　　设计者：袁宁

【学习目标】

1. 借助诵读，把握文中景物特点，学习写景手法，能进行改写。

2. 学会在品读关键字词中提出问题，体会作者的思想感情和人生态度，能准确表达。

3. 对"闲人"持续追问，深究核心问题。

【学习重点】

学会在品读关键字词中提出问题，理解和把握作者的思想感情。

【学习难点】

追问"闲人"，理解句中的丰富意蕴。

【"三位一体"确定核心问题】

1. 学生的问题：谁在夜游？为何夜游？夜游时看到什么景物？写这篇文章想表达什么情感？"记"是什么意思？……

2. 学科的问题：通过记叙夜游表达了什么情感？

3. 教师的问题：记叙了一件什么事？写了什么景？景有什么特点？怎么写景的？"闲人"是什么意思？由此可见作者的心境怎样？

4. 课时核心问题及问题系统：

作者通过记承天寺夜游，想表达什么情感？
$\left\{\begin{array}{l}\text{何人？何时？为何夜游？}\\ \text{何景？有何特点？怎样写景的？}\\ \text{"闲人"何意？作者心境如何？}\end{array}\right.$

第二节　以学习为中心的路径设计

在问题化学习的过程中，学生问题是推动课堂往前走的"明线索"，教师的教作为一条"暗线索"隐性支持学生的学。课堂中遵循"以学生的问题为起点、以学科的问题为基础、以教师的问题为引导"三位一体原理，使得教路顺应学路，学科的逻辑顺序与学生的心理顺序统一，形成"学习的认知逻辑"。

问题化学习应建立起一个以学习为中心的设计路径——摸清学生真问题、聚焦核心问题、预设问题系统、设计学材学单、设计学习活动、设计引导策略、设计学习评价，从学科的基本要求、学生的真实问题、教师的适宜引导入手，建立起教师、学生和教学内容之间的多次"对话"。从达成目标、过程展开、策略方法、活动组织、资源工具、即时评价等方面进行系统的思考，意味着教学设计是一个立体动态的过程。

由于学生的问题成了教学设计中最关键的变量，并且学生的问题既包含进入课堂之前的起始问题，也包括在课堂学习过程中的生成问题，于是就有了预估、对接、现场三种状态下的三度设计，并且每一次设计都是基于学生问题进行的学科基础、教师引导的对话，最终统合为对学生学习过程的支持。

一、摸清学生真问题

1. 一度设计：触摸学生的起点问题

不了解学生的问题在哪里，教学设计很难开始，这是实践问题化学习的教师们的共同心声。没有进入课堂，如何知道学生的问题在哪里呢？一种方法是让学生预学提问。然而在小学低年级，为了不增加学生的负担，同时也限于学生的学习能力，通常并不提倡让学生在提前预习的基础上提出问题，更多地是让学生在课堂中当场提问，而教学设计通常采用预估的学生的问题。

为了养成学生提问的习惯，可以设立专门的提问本或预学单，为学生提供提问的支架与指南。"问题指南"不仅可以作为引导学生提问的工具，也可以帮助教师了解学生的问题。在学生提出各种问题的基础上，教师对问题进行整理、分类，然后引导他们讨论解决这些问题所需要的条件，选出最有探讨价值的问题。这样做既能让学生自己提出问题，使他们兴趣盎然、探究愿望强烈，又能提高课堂教学的效率。

要实施有效的教学，摸到学生的真问题至关重要。而如何有效搜集与呈现学生的问题，也会影响教学效率。比如，通过预学单来搜集学生的起点问题，通过磁条贴来呈现学生课堂中生成的问题，通过建立班级"问吧"来展示学生课堂上的延展问题。

2. 二度设计：了解学生学习的核心障碍

问题比陈述更具有定向功能，因此触摸到学生的真问题比笼统的学情分析更有价值，可以让教师更深层次地了解学生在想什么，在哪一个切入点上产生了思考，思考的方向是什么。比如，同样是对人生开关内涵的理解，学生若提出"为什么人生道路也有开关？""为什么人生的开关能把人带进光明和黑暗两种境遇？""为什么轻轻一按就把人带进光明和黑暗？"三个不同的问题，其疑惑与思考点都不同。第一个问题思考的是"人生的开关与普通的开关有什么区别与联系"，第二个问题探讨的是"人生不同的选择为何会带来不同的境遇"，第三个问题是想探讨"轻轻一按意味着什么，人生道路上关键时刻的把握也许就在那不经意之间"。教师能了解学生的核心障碍，对决定课堂从哪个角度切入有直接帮助。在此基础上的师生交流才是一种具有实质意义的互动。

3. 三度设计：根据问题解决过程中学生的障碍点孵育追问

如果说一度设计解决的是定位问题，二度设计解决的是定向问题，三度设计则需要解决助跑的问题。也就是针对学生在问题解决过程中的障碍点，设计教师的引导，激发学生自主追问。比如，关于长方形的周长与面积的关系，学生认为"周长长的长方形面积就一定大"，这就是他们的障碍点。围绕这样的障碍点，可以要求学生用一根长24厘米的铁丝围出几个不同形状的长方形。当学生围出不同面积的长方形后，教师可以要求学生"将一组周长都是24厘米的长方形,长宽不同且面积不同的排列在一起"。此时教师提问:"你有什么发现?有什么问题?"学生自然会追问:"这些周长相等的长方形,面积为什么不同?"也可能会回应:"周长都是24厘米的长方形,长与宽越接近,面积越大。"之后教师再提问"周长是24厘米的长方形具有这样的规律,如果周长不是24厘米,你有什么新的问题",从而"孵育"学生追问:"是不是所有周长相等的长方形,都有这样的规律呢?怎样来验证?"

二、聚焦核心问题

核心问题是"三位一体"的体,即学生疑难问题、学科基本问题与教师引导问题的聚焦点。以学习为中心的教学设计,要求摸清学生真问题,把握学科的核心知识与知识的核心价值,然后顺应学生的问题并与学科问题对接,形成具有统领价值与探究空间的核心问题。

1. 一度设计:分析课程的核心知识与知识的核心价值

把握学科的基本问题时,通常我们需要追问:课程中的核心知识是什么?知识的核心价值是什么?核心知识就是在学科中具有重要价值的基础知识、基本原理与核心概念体系。比如,物理学中的物理观念包括物质观念、运动观念、相互作用观念、能量观念等。又如,在生命科学中,学生应该在较好地理解生物学概念性知识的基础上形成生命观念,如结构与功能观、进化与适应观、稳态与平衡观、物质与能量观等,并能够用生命观念认识生命世界,解释生命现象。

那么,如何挖掘核心知识背后的核心价值呢?这涉及学科的核心素养,即学习这一知识背后的学科关键能力、必备品格与价值观念。比如,"秦岭—淮河一线的地理意义"是初中地理中具有重要价值的学习内容,可以理解为初中地理学科中的核心知识,这是因为秦岭—淮河一线是中国南方和北方的地理分界线,此线的南面和北面,无论是自然条件、农业生产方式,还是地理风貌或是人民的生活习俗,都有明显的不同。这些认识能够帮助学生建构起人地协调观,发展综合思维与区域认知。而人地协调观是地理学和地理教育的核心理念,综合思维是地理学基本的思维方法，即能够从多个维度对地理事物和现象进行分析，认识各要素之间相互作用、相互影响、相互制约的关系。所以，人地协调观、综合思维与区域认知就是认识"秦岭—淮河一线的地理意义"知识的核心价值，也是地理学科的核心素养。

所以，无论是一个单元还是一节课，都需要在整个学科体系中去思考具体课程内容所对应的学科重要概念，而且需要进一步思考其是否承载了学科重要的观念、思想和方法，这是教学的重点。

2. 二度设计：对接学生问题，把握学科素养，设计统领问题

以学习为基点的设计，教的路径要顺应学的路径，要摸清学的起点在哪里。所谓学的起点，就是学生的认知基础与关切点。要找到学的起点，最好的办法就是让学生自己提出问题。比如，在七年级学生学习"实数的概念"这一课时，教师可以在求面积为 2 平方厘米的正方形边长的情境中引进无理数的概念，并将数从有理数扩充到实数。学生在求解"面积为 2 平方厘米的正方形，它的边长是多少"后，紧接着面对的问题是"$\sqrt{2}$ 是一个怎样的数，可以用分数表示吗？"。然而，这节课的内容不仅仅是了解无理数，在数系的扩展过程中还充满着对立统一的辩证关系及分类思想，所以这节课不仅仅要完善学生的知识结构，还要渗透数学分类、逼近无限的思想。因此，教师可以在对接学生问题的基础上进一步将问题转化为"$\sqrt{2}$ 让我对数产生了怎样的新认识？"，进而理解数系扩充的过程。

又如，七年级学生学习"从贞观之治到开元盛世"时，面对《唐太宗纳谏图》和《昭陵六骏图》，提出问题：为什么两幅画对唐太宗的评价不一样？历史学科需要在唯物史观下把历史人物置于当时的历史条件下，从政治、经济、文化等多个视角全面评价历史人物的作用和影响。所以，对接学生的问题，教师可以进一步引出"评价历史人物有统一的立场和视角吗？我们应该如何评价历史人物？"，作为这节课的核心问题。这样学生不仅可以评价唐太宗，而且可以学会怎样评价历史人物。

再如，学生在学习小学语文《采蒲台的苇》一文时，提出："文章题目叫《采蒲台的苇》，课文只有四小节写芦苇，很大一部分内容在写人，这是为什么？"马上有同学说："作者想借苇来比喻人！"教师追问："可是，作者为什

么要借苇喻人呢？"又有同学说："一定是苇和人有很多相同之处。"教师追问："那你们知道有哪些相同之处，字里行间又是如何体现的？"教师的两次追问，将学生的问题对接转化为本课核心问题："作者为何要借苇喻人，字里行间又是如何体现的？"这个问题没有脱离学生原有的问题，但进一步体现了语文学科的语言要素。

3.三度设计：聚焦核心问题，设计合理的问题空间

如果核心问题激动人心，就能够使学生全身心投入其中。对于一节课而言，核心问题的表达不应是概念性的、笼统的，而应与这节课的核心探究内容、任务情境息息相关；既要有一定的思考空间，又要有具体的承载物；既要从学生的立场切入，又要具备一定的学科内涵。

在小学数学"长方形的周长与面积"一课中，学生的起点问题就是"周长长的长方形面积就一定大吗"，要探究的学科问题是"长方形周长与面积具有怎样的关系"。课中学生借助 24 厘米长的铁丝围成不同的长方形，核心问题是："这些周长相等的长方形，面积会怎样？"获得这个问题的结论或许并不太难，学生经过探究就会得出"周长相等的长方形，长与宽越接近，面积越大"的结论。如果需要拓展核心问题的空间以提升探究的价值，可以进一步追问："周长是 24 厘米的长方形，周长与面积有这样的规律，那么所有周长相等的长方形，都有这样的规律吗？怎样来验证？面积相等的长方形，周长一定相等吗？"这些问题，在问题化学习的起始阶段由教师提出，在孵育学生追问阶段可以引导学生在举例验证、逆向推理中自主提出。

三、预设问题系统

1.一度设计：预设学科学习问题系统

在教学设计初始，对教材进行分析时，围绕学科的基本问题预设问题系统。比如，学习"实数的概念"，可以把实数进行分类，形成问题系统。确切地说，这只能算是一个概念地图或知识系统。

2. 二度设计：基于核心问题，构建作为"学的路径"的问题系统

问题系统不是概念地图，也不是知识结构，而是一个认知建构的过程，简单地说，就是学习者思考的过程，它由一组逐步推进的问题构成，而不是由一堆概念组成。问题系统可以通过对整堂课学生问题的归纳或追问来建构，所以问题系统着力发展的是思考过程与思维方法。

举个例子。在一堂数学课上，学生思考的过程是这样的：面积为 2 平方厘米的正方形边长是多少？$\sqrt{2}$ 是一个什么数？能用分数表示吗？还有哪些数也是无理数呢？我们如何理解数的分类？数的分类可以有几个维度？以后还会有新的不为我们所知的数的类型吗？（见图 9.2）

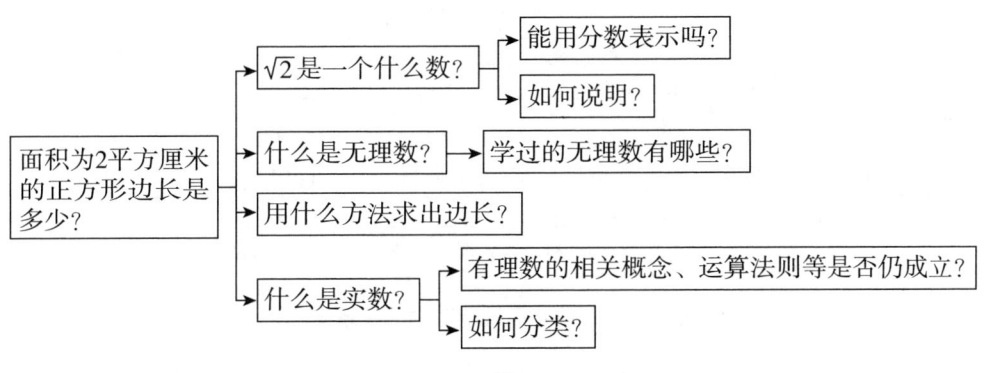

图 9.2　认识 $\sqrt{2}$ 的问题系统[①]

真正的问题化学习是贯穿整个学习过程的。或者说，为了解决大问题，教师一定要站在学生的立场去真切地体会甚至重温学生的思考过程，然后引导学生不断地自我追问、相互追问，最终解决这个大问题。在把问题不断推向深入的过程中，建构起解决这个大问题的问题系统。

3. 三度设计：根据学科核心素养，优化问题系统

如果说二度设计是从学的路径重构了问题系统，三度设计要解决的问题就是提升学科学习的内涵。所谓提升学科学习的内涵，就是对接学科核心素养，提升学科思维，完善问题系统，优化学习路径。

例如，学习了罗斯福新政的内容后，学生对罗斯福新政非常认可，此时教师引出一段材料，创设了一个历史情境：有人咒骂罗斯福向富人敲竹杠，有人

[①]　设计者：上海市教育学会宝山实验学校吴琼。

批判新政是法西斯性质，有人说这是苛政，有人说这是没有骨气的自由派所为。学生立即举手追问："这些人为什么要咒骂罗斯福啊？""他们是谁？""他们对什么内容不满啊？""对罗斯福新政的认识为什么会不一样？""我们究竟该怎样认识罗斯福新政？"……

在学生追问的基础上，教师可以完善追问视角，优化问题系统，在特定时空背景下，基于对身份、视角、立场、证据、主观动机的理解，继续追问"这样的视角全面吗？证据是否真实？立场是否客观？"，从而完善理解评价不同观点的方法和视角（见图 9.3）。

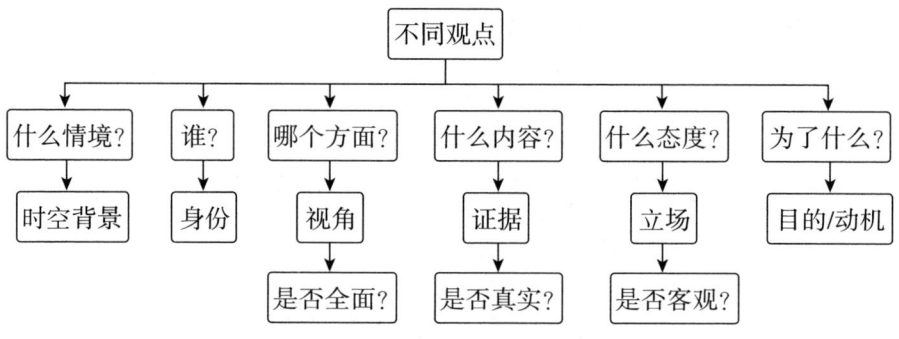

图 9.3 "理解不同观点"的问题系统 ①

四、设计学材学单

支持学生自建构的学习就需要为学生提供自主学习的资源与促进自主学习的支架。就单元学习而言，需要开发系统的学习材料；就课时学习而言，需要提供支持学习过程的预学单、导学单与诊断单；对于核心问题的解决，通常需要基于合作的任务单。

1. 一度设计：开发单元学材

单元学材，是指单元层面支持学生自主学习的学习资源的总和。它通常包括课程标准及教学基本要求中的相关描述，重要知识点梳理及目标学习水平描

---

① 设计者：上海市海滨中学蓝文仙。

述，本单元学科学习目标汇总，本单元问题化学习力发展目标规划，本单元核心问题与问题系统，教学进程与课时安排，教学策略与课型安排，教学测试设计，与目标配套的学单设计（包括导学、诊断、巩固、合作、问题搜集等），差异化变式练习设计，本单元学科拓展活动或长周期作业（详见第四节中单元设计模板）。

2. 二度设计：开发课时学单

课时学单，是指课时层面支持学生自主学习的预学单、导学单、诊断单等学习资源。预学单支持先学后教，用于学生预学，通常包括旧知链接、初学新知、提出问题、预学检测等。导学单是对课堂学习活动的支持，具有过程支架、路径支架、思维支架等作用。诊断单不仅可检测学习结果，也可帮助学生进行自主诊断与反思。

3. 三度设计：开发合作任务单

预学单、导学单、诊断单构成了支持学生自主学习的学单系列。由于学习不仅是独立思考、个体认知建构的过程，也是集体互动、知识社会协商的过程，因此，学习的组织形式可以是独立学习、合作学习与集体学习，不同的学习目标匹配不同的学习活动，不同的学习活动匹配不同的组织形式。合作是为解决独自不能解决的问题。对于起步阶段的合作活动，需要开发合作任务单，明确任务分工、合作程序、组织方式以及对合作的评价。

五、设计学习活动

1. 一度设计：对应不同问题，依据学习目标，设计相匹配的学习活动

不同的问题解决，需要不同的学习活动；不同的学习活动，需要不同的组织方式与教学策略。学习活动涉及任务类型、学习结果类型、问题解决的方式。不同学科有不同的问题解决方式，比如自然学科需要探究与实验，人文学科需要感悟与理解，社会学科需要体验与观察，等等。不同学科需要设计合适的学习活动，指导学生采用恰当的方式解决问题，用学科的方式做学科的事。跨学科的活动需要引导学生感受不同领域的认知方式，通过多种学习活动的综合体

验与灵活的问题解决方式丰富学生对于世界的感知与理解。

2.二度设计：创设合适情境，帮助学生发现与解决问题

问题化学习不是为问而问的学习，而是学生自主发现问题与解决问题的真实过程。所以，要让学生有真问题与真提问，就要有真情境。要创设合适情境，促进学生产生真实的问题。首先，情境要贴近学生生活，具有学习意义；其次，情境要能产生认知冲突，促进学生产生问题；最后，情境指向学科学习的关键目标。

例如，在学习小学科学中桥梁结构时，如果只是让学生泛泛地谈谈"你对这座桥有什么疑问？"，那么"泛泛而谈"产生的就是"泛泛而问"。为了让学生问题更聚焦，教师可以通过情境设计将观察点聚焦到更具代表性的桥。例如出示赵州桥图片后引导学生提问，就激发了学生更深入的思考："这座石头桥是拱形的，是怎么建造的？"教师回应："你对这座拱桥的建造方法有疑问吗？"学生又问："海上也有一些桥，建造方法是什么样的？"教师回应："你认为海上的桥和河上的桥的建造方式应该是不同的，对吗？你不仅思考了建桥方法，还关注到建桥的地点。"

3.三度设计：围绕核心问题，设计合作解决问题的活动

核心问题的解决，通常是较难的任务，需要设计合作学习活动来支持问题解决，具体就表现为合作任务单的设计。以下就是围绕"如何理解作者对蝉的情感变化"这一核心问题所进行的合作活动设计。

案例：如何理解作者对蝉的情感变化 ①

学习目标：通过细读关键句体会作者的情感变化过程，感悟生命的意义。

核心问题：文章表达了"我"对"蝉"怎样的情感？

小组合作活动设计：

（1）组长：4人一组，组织组员进行学习活动，明确分工。

（分别扮演作者、蝉、记者、记录员。）

（2）记录员：记录小组学习结果，完成表格（见表9.7）。

---

① 执教者：上海市宝山区庙行实验学校熊黎鸣。

（3）角色体验：

● 如果你向文章作者或蝉提问，那你就是小记者；

● 如果你答记者问，那你就是作者或蝉；

● 如果你反驳伙伴的观点，那你就是最佳辩手……

表 9.7　任务单

文中表达"我"对蝉情感的语句	问作者	问蝉	"我"的感情变化
1. 窗外的蝉更知知不休的，使事忙的人听了很烦。			烦
2. 何必聒聒？那只不过是一个夏天罢了！			
3.			
4. 哦！那是蝉的生命意义！			
5.			恕

（4）汇报分享：请小组用合作汇演的方式把你们在组内互动采访的过程复现给全班同学。建议记录员做主持人，另 3 人中 1 人扮演记者，1 人扮演作者，还有 1 人扮演蝉。

合作任务单，一是体现了"恰当的情境设计"，通过设计一个采访的情境，让学生走近作者，走近蝉，进而体会作者的情感变化过程，感悟蝉的生命意义。二是体现了"恰当的问题解决方式"，因为文本解读不仅需要"读懂作品"，即理解作品表达了什么，也需要"读懂作者"，即理解作者想要表达什么，或需要"摆进自己"，即把自己放进去与作者以及作品中的人物对话。如果说前者体现的是文本立场，后者体现更多的是人本立场、人文立场。用角色扮演的方式比较好地实现了这种对话。

六、设计引导策略

1. 一度设计：引导学生提问的策略

一度设计，即设计如何引导学生主动发现并提出问题。除了之前所谈到的学材学单支持、学习活动的设计，还包括教师在教学现场的具体引导。

如比较的问题通常比较两者之间的异同，对应的是对比思维：通过对两种相同或不同事物的对比进行思维，寻找事物的异同及其本质与特性。例如，"郑和与哥伦布，谁更伟大？"这个问题可以从历史、地理、政治诸多方面进行探究。又如数学学习中学生会提出"表面积和面积有什么不一样？"。这是一个进行比较的好问题，因为只有立体图形才有表面积，平面图形只有面积，这样可以帮助学生进行概念辨析。再如"《哦！冬夜的灯光》中几次写到灯光？几次表达都一样吗？不同的写法作者想要表达什么？"这些问题反映了语文阅读中联系的思维，即在阅读过程中，针对文章前后相关内容或者重复出现的内容，也可能是文章前后看似矛盾之处，或是局部和整体之间的某种不够协调处，提出问题。

学生的提问能力需要培养，教师需要给学生提供语言与思维的线索等。具体的提问视角与引导策略详见第三章第二节"问题的类型"。

2. 二度设计：孵育学生追问的策略

二度设计，需要思考如何在学生问题解决的过程中引导他们进一步追问。学生追问并非可遇不可求，而是可以培育的。课堂追问首先需要学生的"刨根问底"、同伴的"侧耳倾听"、教师的"稍等片刻"，这是孵育追问的课堂生态。

引导追问在具体的教学过程中，一是引导深化，就是对已有的问题、结论或解决方法做进一步引导追问。例如，学生提问："夏朝是中国的第一个王朝吗？"教师追问："学习历史，不仅仅需要知道具体的史实，更需要掌握'我们是如何获得这个史实的，我们如何证明这确实是事实'。所以，你们觉得仅仅获知夏朝是中国的第一个王朝是我们学习历史的关键吗？我们的问题应该是……？"学生回答："我们是如何知道的？"

二是放大矛盾。例如学生通过文献资料与考古资料考证了夏朝确实是中国的第一个王朝，这时教师出示美国历史学家斯塔夫里阿诺斯的《全球通史：从史前史到21世纪》，其中写到中国的第一个王朝是商朝。学生追问："为什么对同一段历史有不同的解释？如何处理不同史料？"

三是引导互动，就是通过引导学生对由不同层面、不同观点、不同视角的碰撞所产生的新问题进行追问。可以通过合作小组互相追问，也可以进行全班性互动追问。

3. 三度设计：应对学生提问与追问的策略

三度设计，需要预设学生提问与追问后教师应对的策略。研究团队成员王金玲老师提出，如果将教师在课堂上所要应对的学生问题进行分类，根据对核心问题的提出与解决的贡献度可分为：（1）无价值的问题；（2）有部分价值的问题；（3）很有价值的问题。从提问的时机来看，可以分为时机恰当的问题和时机未到的问题。

如图 9.4 所示，根据问题有无价值、提问时机恰当与否来决定教师应对的策略。首先是判断问题有无价值，然后是判断时机是否成熟，最后来确定教师如何回应。第一种情况，如果是跟核心问题没有关系的问题，教师可以重新拉回到核心问题转而推出；第二种情况，如果是有部分价值但时机未到的问题，教师可以先回应再记录，然后等待时机；第三种情况，如果是有部分价值且时机恰当的问题，教师可以回应并转焦后推出；第四种情况，如果是很有价值但时机未到的问题，教师可回应记录并等待时机；第五种情况，如果是很有价值且时机恰当的问题，教师可复述明确，然后推出。

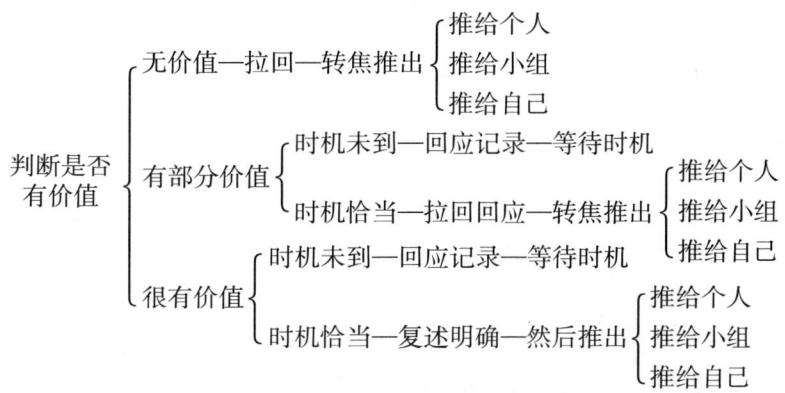

图 9.4　教师回应学生问题的推拉术

在这个过程中，"拉"就是教师把问题聚拢到核心问题的解决，"推"就是推给学生个人来思考并回应，或推给学习小组来讨论和解决。当学生有困难时教师也可以自己提示、讲解。

教师通过课堂里的"推拉术"，让课堂始终聚焦在核心问题的提出和解决上，也让课堂变得更流畅。

此外，针对问题化学习的不同目标、过程，需要匹配不同的策略方法、活动组织、资源工具及课堂评价。表9.8展示了问题化学习的课堂策略适配框架，它可以帮助教师在教学设计中开展全局性的思考。

表9.8　问题化学习的课堂策略适配框架

达成目标	过程展开		策略方法	活动组织	资源工具	即时评价
确定核心问题，产生学习需求	导入	问题发现	□ 课题激疑 □ 预学生疑 □ 生活有疑 □ 作业留疑 □ 诊断归疑 □ 其他	□ 教师讲授 □ 学生发现 □ 其他	□ 预学单 □ 诊断单 □ 问题搜集单 □ 合作学习单 □ 成果验收单 □ 其他	□ 有 □ 无
	过渡	问题聚焦	□ 追问拓展 □ 合作排序 □ 其他	□ 教师主导 □ 合作互动 □ 其他	□ 预学单 □ 诊断单 □ 问题搜集单 □ 合作学习单 □ 成果验收单 □ 其他	□ 有 □ 无
课时学习目标	新授活动1	问题解决	□ 讲授法 □ 发现法	□ 教师讲授 □ 自主学习 □ 合作学习 □ 其他	□ 预学单 □ 诊断单 □ 问题搜集单 □ 合作学习单 □ 成果验收单 □ 其他	□ 有 □ 无
		环节连接	□ 活动连接 （产生新问题） □ 内容连接 （发现新问题） □ 问题连接 （追问新问题）	□ 教师讲授 □ 自主学习 □ 合作学习 □ 其他	□ 预学单 □ 诊断单 □ 问题搜集单 □ 合作学习单 □ 成果验收单 □ 其他	□ 有 □ 无

续表

达成目标	过程展开		策略方法	活动组织	资源工具	即时评价
课时学习目标	新授活动……	问题解决	□ 讲授法 □ 发现法	□ 教师讲授 □ 自主学习 □ 合作学习 □ 其他	□ 预学单 □ 诊断单 □ 问题搜集单 □ 合作学习单 □ 成果验收单 □ 其他	□ 有 □ 无
		环节连接	□ 活动连接 （产生新问题） □ 内容连接 （发现新问题） □ 问题连接 （追问新问题）			
优化知识结构，优化认知过程	小结	形成问题系统	□ 师生讲授 □ 合作发现 □ 概念填空 □ 重点描画 □ 其他	□ 教师讲授 □ 学生讲授 □ 合作归纳 □ 其他	□ 预学单 □ 诊断单 □ 问题搜集单 □ 合作学习单 □ 成果验收单 □ 其他	□ 有 □ 无

七、设计学习评价

1. 一度设计：设计课堂练习，进行形成性评价

根据学科学习目标汇总、学习水平及达成度，设计基于学习目标的分阶段课堂练习，通常包括课前诊断、课堂分阶段小练习，即时检测学生的学习掌握程度，以便及时调整教学。形成性评价不仅关注学生对知识的掌握程度，还需要使学生提出的问题成为下一步教学的起点，学生的问题是诊断评价的重要内容。

2. 二度设计：基于学习活动设计表现性评价

表现性评价通常要求学生在某个特定的真实或模拟情境中，运用先前所获得的知识完成某项任务或解决某个问题，以考查学生知识与技能的掌握程度，或者问题解决、交流合作和批判性思考等多种复杂能力的发展状况。表现性评

价考查学生对学习活动的参与及问题化学习能力的表现水平。对于问题化学习中学生的问题发现、建构、解决、反思及设计能力，更需要结合学生在学习过程中的具体行为表现进行评价，通常可以通过评价量规、课堂观察、师生互动等途径进行评价。

3.三度设计：设计课后作业，进行综合评价

课后作业既是学习的延续，对课堂学习的整理、巩固与提升，也是检测课堂学习成效的基本手段。首先，作业的设计与检测要落实学科学习与问题化学习的双重目标；其次，需要尊重学生的差异，合理设计作业；最后，可以设计促进反思的支架，帮助学生对问题解决的过程进行自我总结与评价。

以下提供了课时教学设计模板和问题化学习研究课磨课流程。

附1：课时教学设计模板

课时主题（课题）：

课时：　　　　　　　年级：　　　　　　　设计者：

【学习目标】

基于单元设计方案，陈述课时教学需要达成的目标。将学科学习目标与问题化学习的目标有机整合后叙写，明确问题化学习力的课时发展重点。

【学习重点】

【学习难点】

【课堂问题】

1.学生的问题（预估或搜集）：

2.学科的问题（学科学习重点）：

3.教师的问题（教师引导的主干问题）：

4.课时核心问题：基于学科的基本问题，结合学生的学习起点，以及学习

这个内容需要突破的关键问题与可能遇到的核心障碍,综合考虑预设本课时的统领性问题。

预设核心问题时需要关注:(1)问题的解决对达成主要教学目标起决定作用;(2)基于学生原有的问题或认知基础,能引起学生的认知冲突,具有适度挑战性;(3)有一定的探究空间、思维含量与开放度;(4)统领课堂的主线索,能够解决学科的基本问题。

【课时问题系统】

问题系统是指围绕本课时的学习主题,由具有内在关系的诸多问题所构成的问题集合,通常指向本课时核心问题的解决。

课时问题系统的预设尽可能体现学科学习的规律、学习者解决问题的思维过程与认知路径。问题系统建构应着力发展学生的思维方式,实现认知升级,而不仅仅是知识地图的简单归纳。问题系统可以通过提问归纳或追问建构。问题系统也可表征为不同的形态,如问题集、问题链、问题网等。

【学与教过程】

学与教过程	问题化学习力及策略
一、问题的产生 包括学生发现并提出问题、教师引导聚焦核心问题的过程	★学习活动对接的问题化学习力,以及相应的教学策略
二、问题的解决 包括建构问题系统、持续探索追问、独立或合作解决问题的过程	
三、结果展示 包括成果的汇报与分享、问题解决过程的回顾与反思等	★学习活动对接的问题化学习力,以及相应的教学策略
(课堂上如有多次问题解决也可循环,不同学科可根据实际情况做调整)	

【作业布置】

【板书设计】

板书可与问题系统有机结合设计。

附2：问题化学习研究课磨课流程

课前磨教案：执教教师说教案，组内教师帮助评估核心问题，预估学生问题。

第一次磨课：组内教师听课，摸清学生真实的问题；组内教师评课，调整课堂所要解决的核心问题和问题系统。

第二次磨课：组内教师听课，判断问题解决过程中学生的障碍点；组内教师评课，聚焦教师如何引导学生消除障碍和如何"诱"出学生的追问。

第三次磨课：组内教师听课，聚焦学生追问后教师的应对处理；组内教师评课，聚焦学生追问后教师引导与评价的细节处理。

第三节　问题化学习的课堂实施

一、真正做到以学生的问题为起点

1.课堂实施原则

对于问题化学习的课堂，"以学生的问题为起点"是改写课堂底层代码的基础，也是解构以教为中心的传统课堂的关键。但要真正地做到"以学生的问题为起点"，并把学生的问题当问题，却不是一件容易的事，需要真情境、真问题与真提问。

所谓真情境，就是无论是学科学习还是跨学科实践，所面对的应是真实的或类真实的学习境遇，与学生真实的感受相通。把学生真实的困惑与学习需要激发出来，就会产生真问题，有真探究。就如之前所举的七年级数学教学案例："实数是什么，包含哪些数的类型？"只是一个抽象的学科问题，并不是一个真实的学习情境。但是当学生需要求解一个面积为 2 平方厘米的正方形的边长时，这就是真实的任务情境。没有学过无理数的学生就遇到了困难：如何来表示这个数？$\sqrt{2}$ 又是个什么数呢？这些是他的真问题。所谓真提问，就是教师真心实意地让学生不懂就问，而不是为了教学推进的需要，为问而问。

另外，教师关注的不只是整堂课开始时学生提出的问题，而且包括整个学习过程中学生产生的问题，以及学习之后要进一步研究的问题。对"起点"的理解不能过于狭隘，也就是说，教师要以不断被刷新的起点为起点进行教学。

2. 教师实践瓶颈

学生真提问，教师就会遇到一些实际困难。比如说：学生提不出问题怎么办？学生提的问题太多太散怎么办？学生的问题与教学目标无关怎么办？学生表达不清问题怎么办？学生的问题如何呈现？教师无法接招怎么办？等等。

3. 教学实施策略

面对这些困难，教师需要坚持让学生提出自己真实的困惑与真正感兴趣的问题，还需要学会判断学生真正的困难在哪里，并通过有效的组织暴露与呈现学生真实的疑难，也可以通过合作解决学生的一部分问题。除此之外，教师需要把握以下几条实施策略。

● 策略一：创设靶向情境。问题情境载以真实的任务，并指向学科核心概念与关键能力。

● 策略二：建立安全心理。建立独立思考、畅所欲言、互相鼓励、彼此尊重的互学共同体与课堂生态。

● 策略三：尝试对接转化。教师要把学生的问题当问题，倾听学生问题，引导聚焦核心问题。

● 策略四：注重长期培养。学生提问的能力需要长期培养，一般经历愿意问、能够问、持续问三个阶段。

二、聚焦激动人心的核心问题

1. 课堂实施原则

核心问题如何打动人心，使学生全身心地投入其中？首先，核心问题需要对接学生的真实冲动与学科关键能力；其次，核心问题应基于真实任务，让学习更有意义；最后，需要拓展核心问题的空间从而提升探究的价值。

2. 教师实践瓶颈

在聚焦核心问题的过程中，教师的困难主要表现为：被学生的问题牵着鼻子走，忘记了学科的基本问题；教师设下"埋伏"让学生的问题最终走到预设的"陷阱"里去，从未想过生成预料之外的探究；教师对于学科内涵理解不够，无法带领学生看到更远的风景；教师缺乏整合的能力，在聚焦问题上困难重重。此外，如何平衡"学生的问题"与"学科的问题"？如果学生有了不同的核心问题怎么办？这些都是教学实践中的实际问题。

3. 教学实施策略

面对这些问题，通常需要把握以下几点。

- 策略一：遵循"三位一体"原理——对接学生的内心冲动与学科核心问题。
- 策略二：基于真实任务——让学习有个人的意义。
- 策略三：提升挑战空间——让学生跳一跳，才能够得着。
- 策略四：抓住主要矛盾——统领课堂的主线索。

三、开展合作活动有效解决问题

1. 课堂实施原则

合作活动如何有效支持问题解决？其一，合作解决不能独立解决的问题；其二，核心问题通常需要合作解决；其三，独立思考依然重要且必不可少；其四，合作过程中的学生互问互学促进知识的建构协商。

2.教师实践瓶颈

学生提出问题、聚焦核心问题后，课堂一不留神又会回到教师主导的状态，为何重蹈覆辙？首先，教师缺乏学习活动设计的意识，课堂没有通过学习活动实现学生主动解决问题的过程；其次，教师设计的学习活动比较单一，缺乏有效的合作活动支持；最后，教师未把问题解决转化成相匹配的任务。

3.教学实施策略

如何设计合作活动，有效解决问题？

● 策略一：建立常态化小组。建立常态化的合作小组，使得合作更默契，并将常态化小组与更灵活的临时小组相结合。

● 策略二：匹配合作任务。也就是设计的合作活动与学习任务相匹配。合作方式的选择与学科任务、目标有关，与特定任务的解决方式有关。关键是要明确教学目标，认识学科学习的基本规律，然后根据学情设计恰当的合作任务。

● 策略三：实施合作评价。制订小组合作契约，加强对合作技能的训练，对合作效能实施常态化的评价，养成合作的习惯，培植合作的精神。

● 策略四：依托任务单。设计合作任务单，使得合作解决问题有支架，有成效。

四、互动追问，深化问题解决

1.课堂实施原则

问题化学习的课堂是自然流淌的，是学生源源不断的问题推着课堂往前走，而不是由教师的问题生拉硬扯地拽着学生往前走。这意味着只有学生一开始的提问，没有持续的追问，还不是问题化学习。所以，对于问题化学习的课堂，要把握的基本原则就是把教师的追问转化为学生之间的追问以及学生自我的追问。

2.教师实践瓶颈

在实际的教学中，教师通常会犯以下错误。一是急切地带领学生在自己的主导下解决问题；二是恪守课堂教学的完整性，较少思考学习的真实过程；三是缺乏多元的视角和尝试"条条大路通罗马"的勇气；四是缺少引导学生自主寻找学习路径的方法与策略。教师认为学生追问是可遇不可求的。

3.教学实施策略

要突破这些瓶颈，教学实施时可以采取以下策略。

● 策略一：提供追问视角。包括提供前文所详述的追问视角，提供学科思维视角，提供任务情境视角。

● 策略二：采用推拉引导技术。从两个维度，即有无价值、时机恰当与否来决定教师引导的先后顺序与选择机制。

● 策略三：注重长期培养。学生的追问分为四个阶段，即自然追问的阶段、刻意追问的阶段、系统追问的阶段、超越常规的阶段。对于学生追问能力的培养，需要长远规划，分步实施，循序渐进。

五、问题系统的建构体现学科学习的逻辑与思维

1.课堂实施原则

问题系统建构有两个基本依据：一是知识的内在联系，二是学习者的认知规律。因此问题系统的建构体现学科学习的逻辑与思维。解决问题不仅是为了解决问题本身，而且要建立良好的心智模式。问题系统的形成过程是解决问题与知识建构的统一过程。

2.教师实践瓶颈

在实际的教学中，教师的问题表现在：一是对于学科核心素养缺乏认识，对于学科思维、学科学习的逻辑与路径缺乏梳理。二是只有问题链，这是实践中极其突出的问题。大部分教师习惯以一种线性思维来建构学科学习的逻辑与教学，因此大大束缚并限制了学生的思维。三是急于把自己的学习路径强加于学生，在引导学生自主建构问题系统方面缺乏意识与策略。四是在引导学生自主建构问题系统上缺乏多元视角与融通的方法。五是不注重让学生回顾自己的学习路径和培养元认知能力。

3. 教学实施策略

建构问题系统的意义就是"见树木，也要见森林"。在这个过程中，需要提供视角、维度与线索。

● 策略一：追问建构路径。通过师生共同追问建构问题系统，使学习路径可视化，教师逐步引导学生学会相互追问与自我追问，自建问题系统。

● 策略二：凸显学科思维。学科思维体现学科核心素养，如综合思维是地理学科的核心素养，地理学科学习中追问与问题系统的建构应体现综合思维。

● 策略三：关注多元建构。多元建构是指追问视角多元，建构问题系统的路径多元，比如语文学科阅读文本过程中可进行多元解读，也可尊重学生的个性化解读与个性化问题系统的建构。此外，教师可引导学生通过拓展多维度的思考来建构问题系统（可以参照本书第五章第一节"问题系统化"）。

六、汇报分享，有效检测学习目标达成情况，增值学习成果

1. 课堂实施原则

汇报分享的意义，一方面在于有效反馈学习的成果，检测学习目标的达成度；另一方面在于通过互动使成果得以增值。增值体现在通过合作的"集体活动"提升"个体认知"的水平，通过内化合作的成果提升个体的经验。因为课堂的基础是"集体逻辑"，课堂教学就是"个体认知"与"集体活动"交织在一起的过程。要使有典型意义的个人问题在集体中获得共振，变成集体的问题；再通过集体的探究，包括多元的视角与多重的解释，去丰富个人的理解。

2. 教师实践瓶颈

教师有很多实践误区，比如更多地用独立汇报而非小组集体合作汇报方式，追求答案的快速呈现而忽视汇报本身也是每一个学生成长的机会；如果是小组合作的成果，分享者常常固定为小组长或学习能力较强的学生，导致强者更强、弱者更弱；在分享的过程中，除了教师的引导提升之外，忽略学生之间的互动，也未能根据学生的实际情况与任务类型提供汇报的支架与相关提示，并且缺乏必要的合作技术支持，如通过海报展览会，人人参与跨组补充、评论、质疑，

使得信息得到增值并产生新知识，促进学生将个人学习成果提升为规范的认知逻辑或学科逻辑；忽略在成果分享的过程中生成新问题。

3.教学实施策略

我们需要进一步追问：谁来分享？分享什么？怎么分享？学生在互动分享的过程中获得哪些成长？

● 策略一：多元主体分享。谁来分享？不仅仅是组长或汇报员来代表小组分享，更应该是每一个成员都有机会汇报；不一定是代表汇报，也可以是集体汇报、组合汇报；不仅可以是推举分享，也可以是学生按编号共学、自由抢答；不仅仅是小组汇报，也可以是跨组合作、自由点将等。

● 策略二：多元视角分享。分享什么？学习的成果除了结论、答案之外，还包括问题解决的方法与过程、探究的线索与路径等。因此对学习成果进行分享，不仅可以说"我们获得了……结论"，还可以陈述"我们通过……获得了……结论，经历了……过程，寻找到……路径"等。可以分享一个思路与方法，也可以分享一个过程中的收获，还可以分享一个组内的纠错过程，分享一个尚待解决的困惑，等等。

● 策略三：生成提升认知。怎么分享？通过组内、组间的互动反思、回顾、评价、追问、质疑来判断并提升学习收获，实现知识的连续建构、学习成果的有效迁移与能力的逐步形成。

七、在课程视野下实践问题化学习

1.课堂实施原则

学生在课堂里提出的问题都要解决吗？只要是学生提出的真问题，都需要我们教师去关注。限于有限的时间，课堂上不可能解决所有的问题，但学生的问题需要细心呵护与妥善安放。所以我们需要转化视角，课堂里产生的问题不一定要在课堂上解决，学习不只是在课堂上发生，要在课程视野下实践问题化学习，让学习全时域发生。

2. 教师实践瓶颈

具体来说，教师实践的误区如下：其一，对课堂的理解更多地局限于课堂40分钟，忽略课前、课中、课后的连接；其二，对课堂的理解更多地局限于一个课时，未能从单元层面系统设计课堂，包括考虑可能的复合多元课型；其三，对课堂改进更多地是静态的理解，未能从动态渐进的角度考虑学生是成长的、教师也是成长的，所以课堂亦是成长的；其四，秉持学科本位，未能从育人角度考虑问题化学习可更好地实现学科之间的连接。

3. 教学实施策略

要基于问题化学习实现学校课程体系的整体建构、结构优化，全面育人，具体做法如下。

● 策略一：单元中观实施。基于单元整体实施问题化学习，在课程安排上做到目标统整、问题化学习方式贯通，课时总量控制、重点突破、灵活安排。

● 策略二：学科之间连接。分科课程之间基于问题实现连接，构成分科课程之间基于主题的跨学科学习。

● 策略三：专题实践贯通。包括学科课程基于问题拓展生成学科类专题学习，也包括分科课程与综合课程之间以专题为纽带实现课程贯通。

第四节　课程视野下的系统设计与实施

一、学科单元中观设计

1. 单元与中观设计

课程设计可以分为微观、中观与宏观三个层面。微观设计是指单节课层面所进行的教学设计；宏观设计是指针对某一学科课程或整本教材进行的教学设计；中观设计是指介于课程与课时之间的教学设计，通常是对课程单元或主题模块的设计。中观教学设计的好处是使教师获得操控教学时空资源的较大自由度和优化教学方法的可能性，往下可以合理协调课时之间的教学逻辑，往上可以较好地观照课程整体目标和知识结构。[①] 由于教师的教学设计大多停留于微观层面，从中观单元层面出发的教学设计，可以较好地改变教师在教学设计中"只见树木不见森林"的状况。

单元是中观层面的课程基本单位，也是实施较为完整的学习过程的基本单位。根据课程类型的不同，课程单元也有不同的类型，最主要的是知识单元与主题单元。知识单元是指按照知识专题来组建的课程单元，如数学、物理、化学、生物学等课程中的单元。主题单元则是由话题、议题组建的课程单元，如语文课程中的人文主题课程单元。还有一些综合活动通常也采用主题单元模式。

大一点的课程单元为发展和评估学生复杂学习能力的教学活动提供足够的时间。[②] 正因如此，单元学习过程设计更体现了中观课程实施的价值，那就是教师对知识脉络、逻辑关系的把握，对落实学科"双基"、发展关键能力、培育必备品格与价值观念的整体性思考。实践证明，要在短期内提升新教师课程实施的能力，中观层面单元设计的专业训练是有效途径。

前文我们已对单元设计的必要性做了说明。现在要重点探讨的是，如何基于问题化学习在单元层面思考更为完整的学习过程，如何安排课时、选择课型；在一个完整的单元学习中知识如何连续建构并形成结构，经验如何获得并实现迁移，情感如何在不断地体验中获得升华。

2. 单元设计的基本要求

基于问题化学习的支持性教学，是课程视野下的教学，强调教师对学科课程教材的三次转化，即教材教程化、教程学材化、学材学单化。因此，学科组、备课组必须通过集体备课的方式，集中研讨确定单元的教学方案。

第一，双重目标的落实。一是掌握课程标准与考试要求中相关知识内容的学习要求与教学建议，教师必须明确教什么、教到怎样的程度。二是明确问题化学习能力目标和本单元学生能力发展的规划。

---

① 祝智庭．教育技术培训教程（教学人员版·中级）［M］．3 版．北京：北京师范大学出版社，2008：39.
② 安德森，克拉斯沃尔，艾雷辛，等．学习、教学和评估的分类学：布卢姆教育目标分类学修订版（简缩本）［M］．皮连生，主译．上海：华东师范大学出版社，2008：97.

第二，关注标准向目标的转化。教师必须制定清晰、规范的学习目标，目标应具有可检测性，用行为化的动词来界定学生学习的结果。

第三，制定合理的单元教学进程。学科组对完成单元教学要形成统一的认识，并充分考虑单元检测与学生差异化补救可能需要的时间。

第四，教学策略的制定需要考虑这样一些因素：（1）知识的不同类型；（2）多样的教学方法与评价方法的运用；（3）问题化学习能力目标的综合达成，即除了学科素养的落实，还需要就"问题的发现、建构、解决、反思及设计"这些问题化学习的关键能力培养进行活动设计。

第五，主题单元设计必须开发与课时目标相配套的多样的学单。学单的开发与应用贯彻一条主线，即"以学习为中心"，提供教学支持。

以下提供一份单元设计参考模板。

主题（课题）：

教材：　　　　　　年级：　　　　　　设计者：

一、课程标准及教学基本要求中的相关描述

把课程标准中与本主题的教学内容相关的文字描述找出来。

把考试纲要中与本主题的教学内容相关的文字描述找出来。

二、重要知识点梳理及目标学习水平描述

依据上述两方面内容，分析本单元内容，再着重梳理出本单元中要落实的知识点，即教什么。进一步分析这些知识点学习要达到的水平要求，即教到怎样的程度。例如，八年级物理"声"单元重要知识点及学习水平如表9.9所示。

表9.9　"声"单元重要知识点及学习水平描述

重要知识点		学习水平
声波的产生与传播	声波的产生	A
	声波的传播	A
乐音 噪声	响度	A
	音调	A
	音色	A
	噪声	A

三、学科学习目标汇总

依据知识点和学习水平描述，制定本单元的教学目标。教学目标的表述方法为：动词＋名词。动词是指欲通过教学发展的学生的行为类型（例如，记忆、理解、应用、分析、综合、评价；再如，能辨别、能阐述、能说出、能表述、能分析出、会计算、会操作、会用……写出……、能通过……分析出……）；名词是指被学生的行为运作的教材内容，即知识点。

四、问题化学习力目标

问题化学习力目标如表 9.10 所示。

表 9.10　问题化学习力单元发展目标

类别	能力目标	任务 / 认知活动	学习场景			学科素养指向说明
			课前	课中	课后	
问题的发现力	敢于提出自己的问题					
	能够提出有价值的问题					
	能够提出一系列问题					
	能够清楚地表达问题					
	能够理解倾听他人的问题					
问题的建构力	学会判断核心问题					
	学会建构问题系统					
	能够完善问题系统					
问题的解决力	做出预测或假设					
	寻找方法与路径					
	持续追问与深究					
	形成结论或成果					
	学会交流与汇报					
问题的反思力	反思过程、总结方法					
	反思结果、研究未来					
问题化学习的设计力	设计学习任务					
	自定学习步骤					
	调控学习过程					

五、单元核心问题与问题系统

从学习的角度，表述本单元将要解决的核心问题，以及围绕这个核心问题所建构的问题系统。

六、学科活动或长周期作业

设计一项指向本单元力求培养的学科核心素养（包括问题化学习力目标等）的活动或长周期作业，具体包括：（1）目标；（2）任务描述；（3）评价细则；（4）所需学时；等等。

七、教学进程安排

（略。）

八、教学策略描述

采取怎样的策略进行教学以确保单元目标的有效达成，包括教学组织形式、具体的教学方法等。

（注：问题化学习强调多样的组织形式与教学方法的应用，即在一个单元中通过多样的方式、方法综合达成核心素养培养目标。因此，教师必须填入以下信息。）

组织形式：单人单座、双人合座、小组围坐等。

教与学的方法：自主学习、有指导的自主学习、讲授、探究、小组合作等。

训练重点：基础知识与技能、自主学习能力、语言表达与合作能力、目标达成与自我评估等。

基于大单元教学的要求，原则上在单元开始的第一个课时，安排有指导的自主学习，通过自主学习、合作学习，让学生产生问题，并通过小组合作学习，解决学生自己能够解决的问题。

九、教学测试设计

设计一份或多份指向本单元学习目标、能够发现教与学问题的高质量试题卷。要通过细目表来说明试题卷的考点、考点的权重、考点的能力水平要求等。

十、目标配套学单设计

设计基于目标的配套学单，涉及导学、诊断、巩固、合作、问题搜集等。

十一、差异化变式练习设计

设计针对不同学生、不同目标的差异化练习，作为教学资源。这些差异化的变式练习主要运用于个别辅导和补救教学。

3. 课时教学设计的要求

课时教学设计是贯彻问题化学习首要原理并实施问题化学习支持性教学的基础。其框架可粗略分为三个部分，即问题的产生、问题的解决、结果的展示。

事实上，问题化学习作为一种学习方式，并不强调统一的教学模式，但从学科教学规范与问题化学习支持性教学的有效实施角度，建立这一教学设计的基本框架还是必要的。

课时教学设计应关注以下几个要点。

首先，对单元目标进行课时层面的细化。目标向问题转化，目的是让教师明确"学科的问题"，即在基于学生的问题开展教与学之前，确立教学的"暗线索"，作为"风筝的线"，让教师"攥在手中"。

其次，教师必须细致解读教材，预估学生的问题，确立课时教学的核心问题，并在核心问题的基础上，建构教师预设的问题系统，即明确问题解决路径或目标达成路径。

再次，教师需要明确不同学习活动可能需要的学单，学单除了实现问题化学习以学生的问题为起点之外，也是为了有效帮助学生自主达成学习目标。

最后，"结果的呈现"在框架中表述为"归纳展示"，它需要教师设计相应的教学活动，这一活动可能涉及的操作内容包括：（1）教师课堂小结；（2）学生学习结果展示；（3）课堂即时的评价检测。建议对这三个内容进行一体化设计，主要以学生成果展示的方式进行，即通过学生个人或小组的方式呈现课堂阶段性的学习成果，并对学习结论、知识结构与问题解决路径等多个方面进行描述。在可能的情况下，教师可让学生追问问题，作为后续教学的线索。

总之，一个学科的教学设计至少包括单元教学设计、课时教学设计、各类学单制作、教学课件设计、差异化作业设计、单元测试卷设计等。课时教学设计模板详见本章第二节。

二、学科拓展学习与长周期作业

1.学科长周期作业设计

长周期作业，顾名思义，就是指学生用较长时间完成的作业，通常围绕一个特定的主题，以解决学生问题或完成生活中的真实任务为主线，以学用结合为核心，引领学生开展以本学科学习为主的实践活动，促进学生解决实际问题。长周期作业有助于培养学生主动行动与持之以恒的品格、团队合作及创新实践能力等。

例如，围绕"音调与哪些因素有关"，八年级物理"声"单元设计了长周期作业——制作我的八音盒。具体的任务是：小组合作购买制作八音盒的材料或利用生活中的废旧物，组装并美化自己的八音盒，同时做一份小报介绍八音盒的原理。活动的目标是：通过自主追问理解音调与哪些因素有关，通过制作八音盒理解金属或木制部件的连接方式及特点；学会组装成形，并依据主题美化作品；学会依据任务要求和评价细则对任务进行分解，并自定学习步骤。

基于问题化学习的学科长周期作业的设计与实施，通常先确立探究的问题，基于问题设计真实的任务，以学材和学单为载体支持较长过程的学习，通过评价导向自主学习，并凸显作业成果的作品化。

2.学生追问生成的学科小专题研究

如果说长周期作业通常是教师课程设计中的预定部分，那么由学生追问生成的学科小专题研究，通常是以学生在学科学习过程中产生的课程之外的真实问题为起点，自主进行的相关专题研究。

随着问题化学习的不断深入，学生提问意识越来越强，提出的问题也越来越具有深度和广度。有的问题是学生后续将会学习的内容，但他们非常迫切想探究问题的结论与答案。有的问题虽然与课程本身无关，但他们特别感兴趣。该怎么办？课堂上很难解决学生所有的问题，但教师可以引导学生把课堂中颇具挑战性且又无法当堂解决的问题，通过学科小专题的方式在课后自主开展研究，培养学生运用学科思想方法来解决问题的能力，从而让学习走得更远。

例如，在本研究团队成员汪慧芳老师的二年级数学"角的初步认识"课上，学生通过与直角比大小的方法，把角分成了三类，即锐角、直角和钝角，并对这三类角的大小进行了排序。这时有学生说："我知道角有度数，那这些角的度数是多少呢？"还有一个学生提出问题："有没有比锐角更小的角呢？有没有比钝角更大的角呢？"这些是后续学习的内容，但学生又迫切想了解问题的答案。于是教师引导学生开展了关于"角的知识"的数学小专题研究。他们甚至研究了"用放大镜看一个角，这个角的大小会不会发生变化，为什么？"。在成果展示中学生通过手势、钟面上时针与分针的夹角等形式形象地表示不同角的大小以及它们的名称，还在研究中提出了自己发现的新问题："0度角两条边重合了，那角的符号画在哪里呢？射线和0度角很像，又怎么来区分呢？"有一个学生听了同学课后研究的成果后，把他们所研究的这些问题进行了整理，做了"十种角"的专题小讲座，对角的相关知识进行了比较系统的整理，还提出新的问题："书本上角的定义是'有公共端点的两条射线组成的平面图形叫作角'，但是角还可以这样描述，即一条射线绕着一个端点旋转，就可以得到角。为何角会有两种定义呢？"

所以说，由学生追问引发的学科小专题研究，就是自然生长出来的学科拓展学习。

三、基于问题化学习的跨学科学习

1. 基于问题化学习的跨学科连接学习

基于单元的问题化学习，突破了单课时实施在课堂结构、教学时间、教学流程上的种种限制。此外，问题化学习可以促进课程之间的联系。其一，学科学习中基于问题生成的学科专题学习，构成了学科课程与学科拓展类课程的问题化连接；其二，分科课程之间基于问题的连接，构成了分科课程之间基于主题的跨学科连接；其三，分科课程与综合课程之间以问题为纽带的贯通，构成了学术课程与实践类课程之间的问题化连接。这些都有助于学校基于问题化学习实现课程体系整体实施、结构优化、全面育人。

学校课程的意义，不是给孩子建造一个科学世界，让他们逐渐远离自己的生活世界，而是让他们通过对科学世界的学习更深刻地认识、理解并探索自己的生活世界，并在自己的生活世界里感受科学世界的秩序与美感。如图9.5所示，我们围绕分科学习与综合学习，建构了让科学世界与生活世界紧密连接的课程连续体，从而优化学校已有的课程结构。如语文阅读与写作是学科的基础性学习；语文综合学习是学科综合学习活动课程板块，体现了听说读写能力的综合发展；科技课程整合了原先的科学、劳动技术、信息技术，是跨学科学习（单领域综合）；大综合主题课程，围绕同一个知识（学术）主题实现跨领域综合学习；小学低年级生活主题的综合学习，更是一种超学科学习。多年来，课程经历了分久必合、合久必分的历史轮回。但从问题发现与解决的角度看，"合"不是简单的"合"，而是在更深处走向融合；"分"也不是简单的"分"，而是在更高处形成学问。

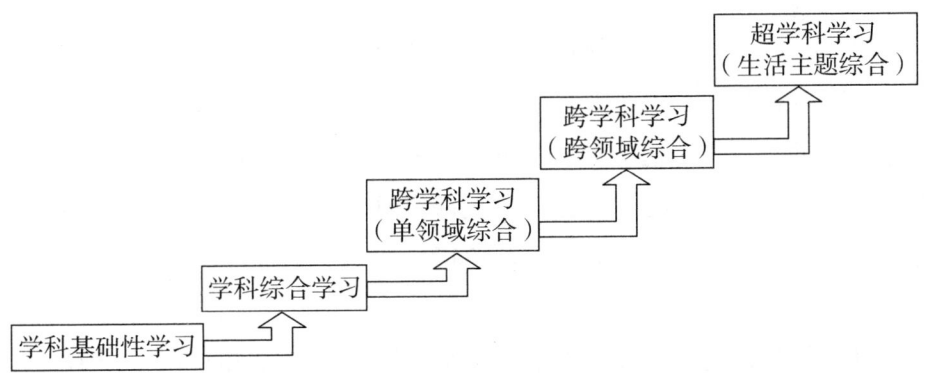

图9.5 建构让科学世界与生活世界紧密连接的课程连续体

2. 基于问题化学习的小学主题综合活动课程

小学主题综合活动课程从儿童生活出发选取主题，围绕生活主题设计活动和学习任务，通过各类活动提供学习经历，引导儿童整体感受和探索真实世界，是一种以实践、体验、探究为主要活动方式的活动课程。其基本理念是"遵循儿童立场、关注终身发展，面向生活世界、凸显综合经验，突出实践经历、强化整体感知，关注个体差异、注重多元评价"。

基于问题化学习的主题综合活动课程以生活为主线，以问题为核心，由近及远、由个人到社会，以主题统整各类学习内容。例如，上海市教育学会宝山实验学校主题综合活动课程，围绕"我是谁"，形成一个主题学习的问题系统（见图9.6）。

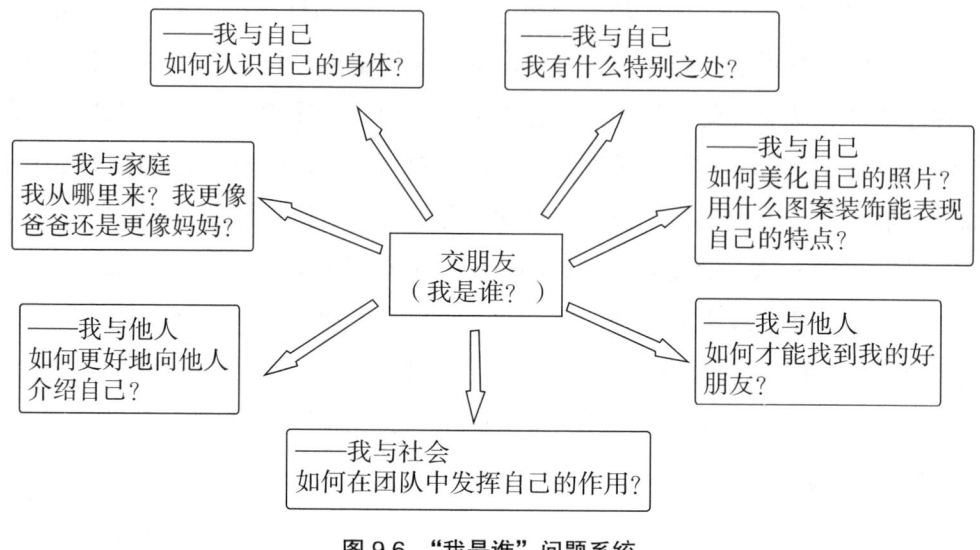

图 9.6 "我是谁"问题系统

基于问题化学习的主题综合课程的价值在于，它不是简单的拼盘学习，而是超越学科的学习，是基于问题与问题化学习来建构课程。基于主题，它使课程具有生活的意义；通过"问题"，它使课程内容具有智慧的意义。经历问题化学习，它使学习者在丰富的场景中解决问题，实现生命成长。

3. 基于问题化学习的中学小学期课程

母体实验学校初中阶段的小学期课程是在每一个学期的期中，将社会实践活动相对集中安排，通常为期两周，让学生经历真实情境下的跨学科探究活动。在教师和家长的指导下，学生与同伴一起拟订自己小学期的学习计划。在探索的过程中，提出自己的问题；在教师的带领下，聚焦有价值的核心问题；在真实情境中，尝试运用多种方法解决复杂问题。学生用不同的形式总结汇报自己小学期的学习成果，关注综合素养的提升。例如，"我和自然有个约会"小学期课程，涉及科学技术、社会科学、人文艺术、体育健康等领域，通过参观上海自然博物馆等，让学生经历跨学科的综合实践活动。

本 章 小 结

以学习为中心的教学设计，学生的问题是关键，它不仅使学习具有个人的意义，也是沟通学习目的与学习目标的桥梁，还是连接课内与课外、学科与学科的线索。教学设计的过程，应真正地"以学生的问题为起点"；教学实施的过程，应真正"把学生的问题当问题"。

第十章　问题化学习的学与教评估

自教育部 2014 年印发《关于全面深化课程改革落实立德树人根本任务的意见》以来，中国基础教育正式进入基于核心素养的改革深化阶段。2017 年教育部正式颁布普通高中新课程标准，其中明确了各学科核心素养。从"三维目标"到"核心素养"，标志着中国基础教育课程改革汇入了始于 20 世纪末 21 世纪初的世界基础教育改革的潮流中。问题化学习需要建构起面向 21 世纪关键技能及中国学生发展核心素养的论述，同时将问题解决的通用素养贯穿于各科学习，对接并落实学科核心素养。

第一节　问题化学习能力目标

一、问题解决与问题解决能力评估

1. 问题解决理论

国际上，学习理论中对于问题解决的研究可谓经久不衰，从联结主义的试误、行为主义的控制反应、格式塔学派的顿悟，到信息加工认知心理学的"问题空间"与"算法"、建构主义的真实情境下的问题解决，以及 20 世纪 70 年代开始的专家 – 新手问题解决研究，再到认知神经科学对问题解决的研究，经历了长期的发展。

与感觉、知觉、记忆等不同，问题解决通常被视为一种高级的认知过程，与其他诸如分析、归纳、推理、决策、创造等多种认知过程相联系。加涅把问题解决界定为一种涉及高级思维的学习，即高级规则的学习。

2. 问题解决的过程

对于问题解决的过程，杜威提出五阶段论：暗示、理智化、假设、推理、检验假设。沃拉斯（G. Wallas）于 1926 年提出创造性问题解决的四阶段论，包括准备阶段、酝酿阶段、明朗阶段和验证阶段。[①] 与沃拉斯不同，波利亚（G. Polya）在 1957 年提出的问题解决过程理论强调意识和可控的心理活动。他认为，问题解决主要有四个阶段：理解问题、制订计划、执行计划和回顾总结。[②]PISA 测试（Programme for International Student Assessment，简称 PISA 测试）提出问题解决的一般过程，即"探究和理解""表征和构思""计划和执行""监控和反思"，并以此作为问题解决能力评估的基本结构。

3. 问题解决能力评估

在问题解决能力评估方面，乔纳森提出了评估学生问题解决能力的三种形式：评估学生问题解决表现，评估问题解决所需要的内容和认知技能（例如理解学科概念和因果推理），评估学生论证其问题解决方法的能力。他认为每种评估形式要求不同的认知技能，三种形式应该同时运用。

英国研究者华莱士（B. Wallace）等提出应该从收集／整理（信息）、识别（问题）、形成（思路）、制订（计划）、执行、评估、交流和经验总结等方面来评估学生的问题解决能力，每个方面的具体指标设计都应该从"有没有""行不行""证据"三个方面进行考虑。[③]

对于问题解决能力的评估，在国际上具有较大影响力的是 PISA 测试。PISA 测试是经济合作与发展组织（OECD）于 2000 年发起的一项国际学生能力比较研究项目，在我国通常被译为"国际学生评估项目"。

---

① 奥姆罗德. 学习心理学（第 6 版）[M]. 北京：中国人民大学出版社，2015：307.

② 詹慧佳，刘昌，沈汪兵. 创造性思维四阶段的神经基础 [J]. 心理科学进展，2015（2）：213-224.

③ Wallace B, Bernardelli A, Molyneux C, et al. TASC: thinking actively in a social context. a universal problem-solving process: a powerful tool to promote differentiated learning experiences [J].Gifted education international, 2012, 28（1）：58-83.

PISA 2003 报告首次明确了"素养"概念的内涵，即"学生运用知识和技能的能力，在不同情境中提出问题、解决问题和阐释问题时有效分析推理和交流的能力"[①]。这进一步地明确了素养的具体内容和评估方式。也就是说，PISA测试中的"素养"是在问题解决的过程中表现出来的，它包括运用知识和技能的能力以及分析、推理和有效交流的能力两个部分。

二、问题化学习的五力结构

如图 10.1 所示，根据问题化学习的基本过程，问题化学习的能力分为"问题的发现力""问题的建构力""问题的解决力""问题的反思力""问题化学习的设计力"。其中"问题的发现力"包括敢于提出自己的问题、能够提出有价值的问题、能够提出一系列问题、能够清楚地表达问题、能够理解倾听他人的问题；"问题的建构力"包括学会判断核心问题、学会建构问题系统、能够完善问题系统；"问题的解决力"包括做出预测或假设、寻找方法与路径、持续追问与深究、形成结论或成果、学会交流与汇报；"问题的反思力"包括反思过程、总结方法，反思结果、研究未来；"问题化学习的设计力"包括设计学习任务、自定学习步骤、调控学习过程。

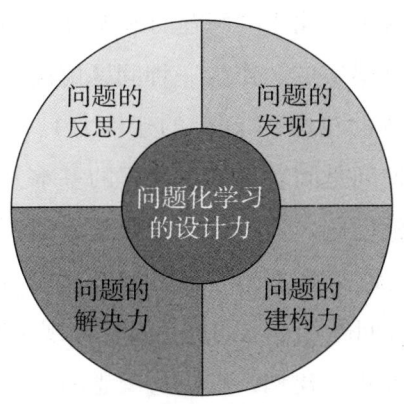

图 10.1　问题化学习的能力结构

---

① OECD. Learning for tomorrow's world： first results from PISA 2003 ［Z］. Paris： OECD Publications，2004：23.

1. 凸显学习者对问题的发现与提出

把学习者对"问题的发现"作为学习起点与重要的能力，体现了一种面向未知的精神。如果把完整的学习过程看成学习者发现问题与解决问题的过程，那么学生对问题的自主发现是"上游学习"，解决问题是"下游学习"。

2. 问题化学习指向广义的问题解决

问题包括 problem，也包括 question，即包含了事实性知识的获得、概念性知识的理解与应用、策略性知识的获得。与国际 PBL 模式不同，2003 年开始的问题化学习实践在 9 大基础课程领域获得广泛的适用性，为知识体系良好的学科学习提供了问题解决学习的中国本土方案。

3. "问题化学习的设计力"是统领性能力

"问题化学习的设计力"作为统领性能力，贯穿于问题的发现、建构、解决与反思过程中。学习者能够主导"发现并厘清问题、聚焦核心问题、建构问题系统、寻找方法工具解决问题、反思修正提升"这样一个完整的学习过程，也就是说，学生通过设计、调控等元认知活动来主导自己的学习经历，让问题的发现、建构、解决、反思成为一个有意识的理性过程。问题解决过程中的计划执行及反思中的调控，都被纳入贯穿全程的问题化学习的设计力。

4. 凸显了"追问"在问题化学习过程中的独特价值

在问题化学习的语境下，提问发生在问题解决之初，追问发生在问题解决过程之中或之后。"追问深究"属于"问题的解决力"，问题解决的具体策略（方法与路径）是通过追问来落实的。作为一种问题解决力，它又可以作用于"核心问题的聚焦、问题系统的建构"（问题的建构力）、"问题的反思"（问题的反思力）等方面。因此，追问是问题化学习过程的基本元素，贯穿于问题化学习的全过程：通过追问厘清问题，通过追问聚焦核心问题，通过追问分解核心问题，通过追问持续深化问题，通过追问反思问题解决，通过追问拓展问题视域。

需要特别说明的是，问题化学习的能力目标体现了问题化学习的一般过程，体现了学习者对问题的发现、建构、解决与反思的基本过程，以及基于这一过程的问题化设计。然而，问题的发现、建构与解决并不总是依次发生的，很多时候是交织在一起并共同发生作用的。比如，反思就不一定发生在最后，而是作用于整个过程，而追问作为问题化学习的重要元素，不仅是问题解决力的重要体现，同时也作用于问题的发现、建构与反思。

三、问题化学习力的两个维度

合作作为一个独立维度，与个体学习维度共同建立起个体发现与解决问题、合作发现与解决问题的两种能力序列（见表10.1）。

表 10.1　问题化学习能力目标

水平	个体学习维度	合作学习维度
一级水平	简单回应型问题化学习者	参与其中的学习者
二级水平	推断－理解型问题化学习者	关注他人的学习者
三级水平	系统－应用型问题化学习者	协商冲突的学习者
四级水平	综合－创造型问题化学习者	共克时艰的学习者

四、问题化学习力的四级水平

1. PISA 测试的分类

PISA 2003 将问题解决水平分为四级，包括反思－交流型问题解决（三级）、推理－决策型问题解决（二级）、基本问题解决（一级）、弱或紧急问题解决（一级以下）。PISA 2012 从场景及系统（是否熟悉、复杂程度）、条件（数量）、推理（到达目标的步骤）、信息（数量）四个方面构建了问题解决的六级水平。PISA 2015 提供了一个全面的协作解决问题能力量表，从问题解决的过程（探究与理解、表征与形成、计划与执行、监控与反馈）以及协作技能（达成共识、采取行动、建立团队）两个维度，建构起 12 个基本考查项目（见表10.2）。

表 10.2　协作式问题解决能力矩阵[①]

问题解决的过程	协作技能		
	1. 达成共识	2. 采取行动	3. 建立团队
A. 探究与理解	A1 发现团队成员的观点与能力	A2 根据目标，找到团队协作的方法以完成任务	A3 理解角色定位
B. 表征与形成	B1 建立对问题表征与理解的共识	B2 识别并描述需要完成的任务	B3 描述角色和组织团队（制定沟通与参与规则）
C. 计划与执行	C1 与队员沟通问题解决的方法	C2 制订计划	C3 遵守规则（如促使其他队员完成任务）
D. 监控与反馈	D1 监控和调整共识	D2 监控行动结果和评估问题解决的成效	D3 监督、反馈并调整组织和角色分工

2. 问题化学习能力个体学习维度水平分类

参考 PISA 2012 对问题解决能力的评估与 PISA 2015 对协作问题解决能力的评估，根据"问题的复杂程度"与"协作要求的复杂程度"，我们在个体学习维度与合作学习维度分别形成了问题化学习能力的四级水平分类。

在个体学习维度，我们将问题化学习者分为四级，包括：一级水平，简单回应型问题化学习者；二级水平，推断 – 理解型问题化学习者；三级水平，系统 – 应用型问题化学习者；四级水平，综合 – 创造型问题化学习者（见表 10.3）。

表 10.3　问题化学习能力水平分类——个体学习维度

水平	类型	具体表现
一级	简单回应型问题化学习者	（1）问题情境：熟悉的类似情境 （2）系统结构：单一，特定约束 （3）认知水平：回忆、辨别、指认 （4）解决策略：简单假设 （5）条件数量：一个简单条件 （6）信息数量：较少 （7）推理步骤：只需一到两个步骤

---

① OECD. PISA 2015 assessment and analytical framework：science，reading，mathematic，financial literacy and collaborative problem solving［Z］. Paris：OECD Publications，2017：137.

水平	类型	具体表现
二级	推断－理解型问题化学习者	（1）问题情境：不熟悉，能够找到联系 （2）系统结构：多元素，但结构良好 （3）认知水平：理解 （4）解决策略：多条件下理解，相互关联 （5）条件数量：多个条件 （6）信息数量：多个信息 （7）推理步骤：多步骤问题解决
三级	系统－应用型问题化学习者	（1）问题情境：不熟悉，需要寻找潜在联系 （2）系统结构：复杂，有潜在联系 （3）认知水平：应用、分析 （4）解决策略：多条件下系统尝试多种可能性 （5）条件数量：多层次、多视角 （6）信息数量：多途径 （7）推理步骤：全面、系统地解决问题
四级	综合－创造型问题化学习者	（1）问题情境：不熟悉，未知情境 （2）系统结构：复杂，结构不良 （3）认知水平：综合、创造，发展出完整的、连贯的思维模式来应对层出不穷的问题 （4）解决策略：完整的问题解决心智模型，制订一个全面的战略计划，有创新突破 （5）条件数量：条件不足 （6）信息数量：信息冗余或不足 （7）推理步骤：复杂的、灵活的、多步骤的

3. 问题化学习能力合作学习维度水平分类

在合作学习维度，我们将问题化学习者分为四级：参与其中的学习者、关注他人的学习者、协商冲突的学习者、共克时艰的学习者（见表 10.4）。

表 10.4 问题化学习能力水平分类——合作学习维度

水平	类型	具体表现
一级	参与其中的学习者	能够以有限的协作完成复杂度较低的任务，可以确认他人的行动或建议。倾向于关注自己在群体中的角色

水平	类型	具体表现
二级	关注他人的学习者	可以通过合作努力解决中等难度的问题，面对不同的观点与视角会征求团队成员的意见，主动提出建议。倾向于相互倾听、借鉴
三级	协商冲突的学习者	可以解决复杂的问题或完成复杂的协作，当学习过程中发生冲突时可以帮助团队成员协商解决。倾向于弥合分歧，协商解决冲突
四级	共克时艰的学习者	能够以高水平的合作成功地完成高水平的复杂问题解决任务，主动采取行动或提出要求克服障碍，解决分歧和冲突。可以平衡合作和解决问题，确定解决问题的有效途径，并采取有效行动。倾向于主动承担责任并共同克服困难

4. 问题化学习能力目标指标体系

结合个体学习维度和合作学习维度，我们建构了包含 5 个一级指标和 18 个二级指标的问题化学习能力目标指标体系（见表 10.5）。

表 10.5　问题化学习能力目标指标体系

一级指标	二级指标	个体学习维度	水平	合作学习维度	水平
1. 问题的发现力	1.1 敢于提出自己的问题	1.1.1 敢于提出自己感兴趣的问题	A	1. 提出自己感兴趣的问题与他人分享	A
		1.1.2 敢于提出自己真实的困惑	A	2. 向他人请教自己的问题	B
		1.1.3 能够明确自己的困惑，并知道自己所提问题与特定领域学科问题之间的联系	B	3. 在合作中能关注到伙伴的问题，并能判断它与主题之间的关系	B
		1.1.4 提出自己的问题，学会判断不同问题的重要性	B	4. 在合作中能关注到伙伴的问题，能判断不同问题的重要性	B

一级指标	二级指标	个体学习维度	水平	合作学习维度	水平
1. 问题的发现力	1.2 能够提出有价值的问题	1.2.1 能在帮助与指导下提出与特定领域知识、学科或主题有关的问题	A	1. 各抒己见，提出与特定领域知识、学科或主题有关的问题	A
		1.2.2 能够主动思考，明白自己是从哪个角度提出问题的，提出符合该领域学科视角的问题	B	2. 合作讨论中将自己的问题与他人的问题进行比较，理解问题反映的不同视角	B
		1.2.3 能基于学科思维，提出有探讨价值的问题	C	3. 讨论时如对问题价值有不同的判断，能共同探讨	C
		1.2.4 能够全面思考，提出有重要价值的问题	C	4. 能挖掘其他成员问题的价值	D
		1.2.5 能提出有创见的问题，发现别人不能发现的问题，有突破	D		
	1.3 能够提出一系列问题	1.3.1 面对情境、现象或描述，能提出多个问题	B	1. 小组合作，各抒己见，提出多个问题，自己提出至少两个问题，合作建构问题系统	A
		1.3.2 能从不同视角提出多个问题，并对问题进行分类	C	2. 小组合作，头脑风暴，分别从不同视角提问，自己有至少两个视角的贡献	B
		1.3.3 能够从不同维度或层次进行思考，提出问题	D	3. 小组合作，主动担当，分别从不同维度或层次进行提问，自己至少有两个维度或层次的问题	D
	1.4 能够清楚地表达问题	1.4.1 能将自己的问题表达完整，让他人明白	A	1. 能理解他人的问题，并进行转述	B
		1.4.2 能够说清楚不同问题以及它们之间的关系	C	2. 用规范的学科语言来表达问题	B
				3. 学会整合归纳自己的问题与他人的问题，表述更合理的问题	C

续表

一级指标	二级指标	个体学习维度	水平	合作学习维度	水平
1. 问题的发现力	1.5 能够理解倾听他人的问题	1.5.1 倾听、理解他人提出的问题	A	1. 注意倾听教师与同伴的问题，理解并指出问题中的关键信息或用自己的话重新表述他人的问题	B
		1.5.2 在情境中获得问题的相关信息，通过图表、符号或语言进一步表征描述问题，并在各种表征形式之间转换	B	2. 养成边听边想的习惯，能及时补充与完善他人的问题	B
		1.5.3 及时记录与分析他人的问题	B	3. 能整理与归纳他人的问题	C
2. 问题的建构力	2.1 学会判断核心问题	2.1.1 能在他人引导或指导下感知了解核心问题及其聚焦的过程	A	1. 和同伴交流不同问题时，会经常思考哪个问题更重要	B
		2.1.2 能判断每节课学习的重点与关键问题	B	2. 合作聚焦核心问题，通过讨论把几个人的问题变成一个大问题	C
		2.1.3 初步学会归纳问题（把很多小问题归纳成一个大问题）	C		
		2.1.4 学会独立判断并聚焦核心问题，进行探索时，总能找到最主要的问题或问题的关键	D		
	2.2 学会建构问题系统	2.2.1 关注教师建构的问题系统，在教师的帮助下能够理解其背后的学习路径	B	1. 合作建构问题系统，能参与其中	A
		2.2.2 能将问题排序	B	2. 在合作过程中，能注意到别人和自己不一样的问题系统，能理解不同问题系统所代表的学习路径	B
		2.2.3 能理解不同问题系统所代表的学习路径	B		
		2.2.4 能够围绕一个主题，将问题进行分类，形成问题集	B	3. 合作建构问题系统，对最终的学习成果有贡献，遇到不同意见时能弥合分歧，求同存异	C
		2.2.5 能够围绕问题解决的过程，形成问题链	B	4. 通过合作学会从多个维度建构问题系统	D

一级指标	二级指标	个体学习维度	水平	合作学习维度	水平
2. 问题的建构力	2.2 学会建构问题系统	2.2.6 学会从两个维度建构问题系统矩阵	B		
		2.2.7 思考子问题的相互关系，形成问题网	C		
		2.2.8 围绕跨学科的主题，多视域思考问题，建构问题域	C		
		2.2.9 尝试并掌握问题系统建构的多种模式	D		
		2.2.10 在不同的领域、学科以及特定任务类型中探索规律，学会建构问题系统	C		
		2.2.11 能够创建独树一帜的问题系统，有创新思维，能突破性地解决问题	D		
	2.3 能够完善问题系统	2.3.1 在教师的指导下修改完善问题系统	B	1. 在合作中关注他人不一样的问题系统，能对其做出合理的解释，发现优势及不足	B
		2.3.2 结合他人不一样的问题系统，整合完善自己的问题系统	C	2. 在合作中能对他人的问题系统提出自己的见解或建议	C
				3. 带领小组，协商完善小组的问题系统	D
3. 问题的解决力	3.1 做出预测或假设	3.1.1 对解决的问题有一定的预测或假设，从单一方向思考	A	1. 小组交流各自的猜想与假设	A
		3.1.2 对解决的问题有基本的预测或假设，依据多个因素考虑	B	2. 能够认真听取别人的预测与假设，并给出建议或吸纳建议	B
		3.1.3 对解决的问题有较全面的预测或假设，系统思考	C	3. 合作解决问题，能深入研究成员不同的预测与假设，从而形成全面系统的思考	C
		3.1.4 对解决的问题有全面且独特的预测及假设，进行突破性思考	D	4. 合作解决难题，创新突破，大胆预测	D

续表

一级指标	二级指标	个体学习维度	水平	合作学习维度	水平
3. 问题的解决力	3.2 寻找方法与路径	3.2.1 用学过的方法解决老问题，或在教师指导下用通用方法或学科方法解决新问题，并理解此方法	B	1. 在组长带领下用统一的方法解决问题	A
		3.2.2 会运用学过的方法解决新问题，较全面地思考，运用工具（观察、测量等实验工具，分析、统计等认知工具）寻找证据	C	2. 认真倾听同伴的方法，提出自己的想法，相互借鉴；会观察别人，会借鉴别人的方法与思路解决问题	B
				3. 合作解决问题，探讨成员不同的方法，形成最优路径	C
		3.2.3 自己寻找解决问题的方法与路径，产生新的策略	D	4. 合作解决难题，对小组解决问题有贡献，遇到困难时能组织引导同伴寻找途径解决问题	D
	3.3 持续追问与深究	3.3.1 用分解的思路把大问题变成若干个小问题（如关键词追问、要素法追问等）	B	1. 在组长带领下对已有的问题、结论及方法进行追问	A
		3.3.2 学会在比较中提出具有联系与区别的问题	B	2. 能理解他人的问题并积极回应	B
		3.3.3 时常为自己的想法寻求证据，对于已有的结论会产生疑问，用递进、推理、求证的思维追问	C	3. 小组讨论时，能对关键处互相追问	C
		3.3.4 进行举一反三的追问，学会迁移应用	C	4. 合作解决问题时，能意识到伙伴遇到的瓶颈，能用追问的方式启发伙伴深入思考	D
		3.3.5 对一下子不能解决的问题，会换一种思路看待，用横向的思维追问转化的问题，用侧向的思维追问引申的问题，用求异或平行的思维追问扩展的问题	D		
		3.3.6 把不同的事物联系起来思考，用交叉思维、渗透思维、组合思维提出潜在的问题	D		

一级指标	二级指标	个体学习维度	水平	合作学习维度	水平
3. 问题的解决力	3.3 持续追问与深究	3.3.7 有逆向思维，能从正反两方面思辨追问	D		
	3.4 形成结论或成果	3.4.1 用一到两个步骤完成推理，形成结论，解决问题，或在教师的指导下归纳形成结论，形成成果	A	1. 在组长带领下对搜集的信息进行归纳，形成结论或成果	A
		3.4.2 多步骤推理形成结论，解决问题，基本形成成果	B	2. 在形成结论的过程中征求团队成员的意见，使自己的成果成为团队成果的一部分	B
		3.4.3 系统地解决问题，形成较全面的结论与成果，有多视角的思考	C	3. 合作解决问题，结论有分歧时能通过协商达成共识，或存疑，或形成多元解释的结论	C
		3.4.4 灵活地创造性地解决问题，形成创新的结论、成果，或有辩证思考	D	4. 合作解决难题，对小组形成创新的结论与成果有突出贡献	D
	3.5 学会交流与汇报	3.5.1 能够在教师引导下或基于任务单提示，按照汇报要求和流程进行交流与汇报，完整表达自己的想法	A	1. 能够按照任务单提示参与小组的集体汇报，完成自己的汇报任务	A
		3.5.2 汇报成果时，符合逻辑地组织信息，有证据、有观点	B	2. 能够在接纳整合同伴的意见后发表自己的想法	B
		3.5.3 汇报成果时，能对两个及以上论证过程进行阐释	C	3. 能够代表小组并归纳小组同学的意见进行汇报	C
		3.5.4 汇报成果时，能说明成果具有创新性	D	4. 能够整合其他小组的意见进行再交流	D
4. 问题的反思力	4.1 反思过程、总结方法	4.1.1 能够在教师的带领下反思自己的学习过程，归纳学习路径、方法及策略	A	1. 合作中交流分享各自的学习过程、方法及策略，表达自己，倾听他人	A

一级指标	二级指标	个体学习维度	水平	合作学习维度	水平
4. 问题的反思力	4.1 反思过程、总结方法	4.1.2 独立反思自己的学习过程，发现、归纳并表述自己的学习路径、方法及策略	B	2. 学习他人的学习路径、方法及策略，与自己的进行比较，发现各自的优势与不足	B
		4.1.3 面对新情境时，反思自己用过的路径、方法及策略，能将反思的结果恰当运用到解决新问题中	C	3. 学会借鉴他人的学习路径、方法及其策略，并整合创新	D
		4.1.4 反思并发现自己有创意的学习路径、方法及策略，体现独特、灵活的思路，升级自己认知的方式	D		
	4.2 反思结果、研究未来	4.2.1 依照指定的目标对结果进行反思，发现不足与未知	C	1. 小组合作依照指定的目标对结果进行反思，发现各自的优势和不足	B
		4.2.2 从不同角度对结果进行反思，批判性地评价前期预测和行动	D	2. 协同分工，从不同的视角对结果进行反思，批判性地评价各自的优势与不足	D
		4.2.3 意识到不足后，明确补救行动，包括还需要的信息，还需澄清的内容，还需要采取的计划和行动，等等	D	3. 主动发现并指出结果的不足，合作讨论补救行动，并在补救行动中承担重要责任	D
5. 问题化学习的设计力	5.1 设计学习任务	5.1.1 明白教师为什么要提出这样一个问题，理解问题背后的意图	D	1. 参与到合作设计学习任务、制订学习方案与计划的过程中	A
		5.1.2 面对学习情境，不需要教师和同学的提醒，有发现与聚焦核心问题的主动意识	D	2. 如果任务需要多人一起完成，会设计分工合作的方案，合理分配不同的任务	B
		5.1.3 能够基于需要解决的问题，设计学习任务，能够分析与判断学习任务对解决问题及学习的意义	D	3. 如果分工的过程中遇到分歧，协商解决	C

一级指标	二级指标	个体学习维度	水平	合作学习维度	水平
5. 问题化学习的设计力	5.2 自定学习步骤	5.2.1 在指导与帮助下一步一步解决问题，理解其意图	B	1. 在合作交流中表达自己对任务及意义的理解	B
		5.2.2 对需要完成的学习任务独立进行分解，制定学习步骤	C	2. 能通过合作对学习任务进行分解，制定合适的学习步骤	C
		5.2.3 能综合分析和判断完成任务可能涉及的各个变量，考虑周全，对可能遇到的困难有所预判，提出建议	D	3. 在合作交流中认识到完成任务可能涉及的各个变量，献计献策，博采众长，考虑周全，对可能遇到的困难有所预判并提出建议	D
		5.2.4 会给自己完成学习任务制订一个完整的计划	D		
	5.3 调控学习过程	5.3.1 能够在有指导与帮助的情况下，学会评估与分析任务执行的过程，通过具体的工具（如统计表格、图示图表等）呈现问题解决或目标达成的情况	B	1. 与他人合作解决问题时，关注自己需要完成的任务	A
				2. 能够与伙伴一起，以适当的方式交流问题解决的进展，在完成自己任务的同时随时关注他人的进展，随时调整自己	B
		5.3.2 能够自我主导"发现并厘清问题、聚焦核心问题、建构问题系统、寻找方法工具解决问题、反思修正提升"的完整学习过程	C	3. 能够与伙伴一起，对任务执行的步骤、策略和过程进行评估和分析，能够基于评估结果调整学习方案，面对困难主动采取行动或提出要求，克服障碍，解决分歧和冲突	D
		5.3.3 在学习过程中经常进行清晰度与准确度核查，能够基于各类变量（如人、目标、时间、步骤、策略、方式、方法等）对任务执行过程进行主动且独立的评估与分析。在解决问题的过程中，及时对学习方案进行有意义的调整，能有效应对随时发生的困难	D		

第二节 问题化学习的评估方法

对学习的测评，国内外通常有两种取向：一种取向是将学习看成一种能力倾向，另一种取向是将学习看成一种事件或学习活动。由于考察的角度不同，研究者采用的测评方法也有所区别。华东师范大学庞维国教授在研究自主学习能力评估时采用了两种取向。参考庞教授的设计，我们对问题化学习也采用了两种测量方法。

一、把问题化学习视为能力倾向的测量方法

当问题化学习被作为一种能力倾向来测评时，所采取的测评方式是对若干个问题化学习事件进行整合与抽象而得出问题化学习的质量，通常是为了预测学生是否能够在某些情境下进行问题化学习，它需要澄清问题化学习的构成成分，主要有四种测评方法。

1. 自陈式问卷

自陈式问卷是用统一、严格设计的问卷来测量个体有关心理特征或行为态度的一种方法。由于这种问卷比较容易设计、施测和记分，目前在测量中最为常用。

问题化学习自陈式问卷的编制一般涉及三个方面：第一，根据能力指标编制或收集测试项目，对样本的反应做探索性因素分析，考察被试的反应与量表编制者构思之间的一致性程度；第二，报告总量表和各分量表的信度，一般采用内部一致性系数；第三，报告总量表和分量表的得分，以及与学业成绩测验分数的相关度。

用自陈式问卷测量学生的问题化学习能力倾向有以下几个方面的优点：

（1）它比较客观、统一，效率比较高，可以用团体方式进行；（2）结果统计高度定量化、规范化；（3）成本低，不必花很多力气去训练使用人员；（4）由于问卷不记名，被试能更加开放、真实地反映自己的各种观点和态度。

但自陈式问卷不够灵活，多数问卷要求以结构化的方式回答问题，被试有时不能充分说明自己的观点、态度。同时，问卷测量的效果还受被试阅读理解水平的影响，不同年龄的学生对测验题本身的理解不同，尤其是低年级学生阅读题目会有困难，所测结果会有差异。

2. 结构化访谈

访谈法是研究者通过与研究对象之间的交谈来收集数据资料，进而对有关心理特征与行为特点进行研究的方法。根据事先对问题及其回答方式的限定程度，访谈可分为结构化的访谈和没有结构的开放式访谈。前者是指较为规范严格的、事先确定问题项目与可能的回应的访谈，后者是一种非正式的、自由的访谈。

采用结构化的访谈形式，一般要求研究者首先确定好要考察的问题化学习的维度或情境，然后再设计相关问题，最后对访谈的内容进行分析。例如，要考察合作解决问题中如何解决分歧和冲突，访谈的问题可以这样设计：小组合作共同解决问题时，各成员的想法或思路会不一致。如果你是组员，你如何应对？如果你是组长，你觉得可以做些什么？

对于通过访谈得到的学生的描述或回答，一般采取两种分析方法。一种是基于素材的归纳分析，即不经过预设而是根据所收集到的关于学生问题化学习的原始资料进行分析，进而进行归类、评价的方法。另一种是基于理论的演绎分析，又称理论引导的分析，它事先对学生可能做出的有关问题化学习的描述进行分类，然后按照事先确定的类型对获得的材料进行归类，做量化处理，分析问题化学习的性质和特点。

3. 教师评定

在与学生的日常交往、教学互动中，基于教师对学生学习情况的长期观察，通过教师收集到的关于学生的能力或倾向方面的信息资料，具有较高的可靠性，因此教师对学生的评估非常重要，通常可以较为准确地评估学生的问题化学习情况。所以在问题化学习的评价中，教师的评定常常作为其他评定方法的一个效标。教师评价是在共同的目标体系下对许多学生进行的评价，有稳定而一致的标准，因而其对其中任一学生的问题化学习能力的评价，都是在与其他学生的比较过程中进行的，这就使得评价结果具有常模参照的属性，比较适用于问题化学习的差异性测量，如个体差异、学科差异、年龄差异等。

采用教师评定的方式评价学生的问题化学习能力，一是要求教师对问题化学习能力有比较准确的把握，二是要求教师对学生的学习有全面深入的了解，否则评价的结果可能会失之偏颇。此外，采用教师评定法对教师本人的素质也有一定要求，如果两个以上的评价者的评定结果较为一致，就认为评价结果具有较高的可靠性。

4. 纸笔测评

以经济合作与发展组织的 PISA 测试为例。其测试对象是年龄在 15—16 岁，接受学校教育而非家庭教育的学生，以便了解完成义务教育之后的学生是否具备适应未来生活的能力。测试内容包括能力测试和问卷调查两个方面。其中，能力测试部分将学生适应未来生活的能力分解为阅读素养、数学素养和科学素养三部分，基于科学的测评框架编制统一的试题，然后采用纸笔测评或计算机交互式测评方式进行评价。

为了使科学素养的测试更加具有可操作性，在 PISA 2006 测试框架的基础上，PISA 2015 将科学素养的内涵进一步解读为情境、知识、能力和态度四个相互关联的方面，并构建了基于能力标准和知识类型的认知需求框架。PISA 2015测试的是真实情境下学生解决问题的知识、能力和态度，其中以能力为主线，知识和态度影响着学生解决问题的能力。

PISA 测试旨在准确地评价学生在复杂的真实情境中的实际能力，而现实问题的呈现是需要一定的情境的，所以命制的试题通常是情境性问题，其评分标准是多样化、开放化的，鼓励学生积极思考，注重过程性评价和结果性评价的有机统一，既要反映学生不同的思维模式，又要对学生的不同答案赋分、评级，量化学生的科学素养并推断学生能力的高低。同时，PISA 测试的评分标准十分细致，分值的划分、答案样本的列举都相当详细，采用"双位编码"的模式。评分细则由不同的评分代码组成，每个代码又包括一系列答案类型，并且每种答案类型都附有相应的回答范例。例如编码"22"，第一个数字"2"代表该题的得分情况，第二个数字"2"代表该题的解题方法或思路。一方面，"双位编码"的设计思路有利于评价不同思维模式的学生，进而提高试题的区分度和效度；另一方面，依据编码严格给分，使整个评分过程有据可依，保证了评价结果的准确性、科学性和可信性。

用试题的方式进行能力测试，对于测试框架建构、试题命制、施测及阅卷评分都有很高的要求，通常需要专业的团队做长期的研究才能达到规范的要求。PISA 测试的经验启示我们如何开展基于素养的测评框架设计、基于情境任务的试题编制、基于现象解释的知识静态测评、基于问卷调查的态度多元测评、基于答案编码的素养精确判定，以及基于计算机交互系统的测评试题呈现。

在问题化学习能力的评估中，通适的能力通常采用自陈式问卷、结构化访谈获知，学科问题化学习能力则需要结合学科学业检测试题，并检验其与自陈式问卷结果之间的相关性，最后通过教师的综合评定，从而获得问题化学习能力评估的多方面信息，彼此之间相互印证才能得到可靠结论。

二、把问题化学习视为学习过程的测量方法

问题化学习还可以被视为一种学习过程或活动，因此可以通过考察动态的学习过程来分析学生的问题化学习程度。当把问题化学习作为学习活动来考查时，采用的评估方法主要有三种：出声思维测评、痕迹分析和行为观察。

1. 出声思维测评

出声思维测评是指在学生从事某项学习活动的过程中，要求他大声说出自己的思维和认知过程，进而对其学习过程进行分析、评价的方法。在出声思维测评的过程中，一般只要求学生说出自己的思维过程，而不要求其报告心理活动的原因，以免过多地影响学习活动的正常进行。

例如，在进行核心问题判断、问题系统建构时，可以让学生描述自己思考的过程，包括如何从多个问题中选择或聚焦形成一个带有统领性的大问题，以及怎么把多个零碎的问题变成一个结构化的问题系统，但不一定要说明理由。尽管说明理由能够更深入地说明学生的思维逻辑，但是会给思维建构增加负荷。

这种测量技术在问题的建构、解决、反思中经常使用，主要用于检测学生是否掌握问题解决的步骤。使用这种测量方法的好处是能够比较准确地反映出个体的问题化学习策略和过程的质量，但是这种方法要求被试分出一部分精力来叙述自己的内心活动，会影响问题的发现与解决过程。

2. 痕迹分析

对问题化学习过程的评估，还常用到痕迹分析。所谓痕迹分析，是指对学生完成学习任务时留下的标注、笔记等"记号"进行分析，进而推断其学习策略和效果的方法。例如，学生在阅读课本时，常使用下划线，据此我们可以推断，这些内容要么是他认为重要的地方，要么是他认为需要进一步理解的地方。

使用痕迹分析可以很好地推测学生所使用的问题化学习策略。但是，采用该方法需要占用研究者的大量时间，因为这需要首先找出大量能够反映学生学习过程和策略的信息，然后再进行系统的归纳、分类、分析。

3. 行为观察

在心理学中，行为观察是指在一定时间内对个体的外部行为表现或活动进行考察，从而探讨其心理活动的特点或规律的一种方法。在问题化学习的评价中，行为观察具有三个方面的优点：（1）观察到的行为能够反映出学生实际做了什么；（2）可以把学生的行为与相关的任务条件记录下来，这样更容易分析学生采取这个行为的原因；（3）观察可以弥补其他问题化学习测量方法的不足，如由于儿童的语言局限而使描述不准确等。

比如，通过观察学生的问题化学习活动，对问题情境如何影响学生问题的发现与解决进行研究。所使用的观察程序分为三部分：首先，记录背景信息，包括被观察学生的姓名、班级、观察的日期和时长等；其次，观察者采用记述的方法现场记录学生的行为和任务情境；最后，用一个包含问题化学习过程的检核表，来评估学生问题化学习能力的获得情况。问题化学习过程即发现并厘清问题、聚焦核心问题、建构问题系统、寻找方法工具解决问题、反思修正提升的完整过程，通过观察学生在整个活动过程中的行为，观察者记录下学生是否做出了自己预想的问题化学习行为。在观察过程中，观察者坐在被观察的学生旁边，记录该学生在解决问题过程中的行为、言语、表情、眼动以及书写等。在每次观察活动结束后，观察者都会就刚才完成的学习任务与学生交谈，用于评估学生问题化学习能力的获得水平。这一方法具有很高的信度和效度。而且这种方法既是一种过程评估，同时也是学生的问题化学习能力评估。

在教学和科研的实际情境中，选择哪一类问题化学习测量方式，要依据具体的情况而定。事实上，这两类测量方式也可以结合使用。从本质上讲，问题化学习既是一种事件或活动，又是一种能力。作为事件或活动的问题化学习是作为能力的问题化学习的缩影或外在表现形式；作为能力的问题化学习是作为事件或活动的问题化学习的概括特征。因此，尽管这两类测量方式是基于对问题化学习的不同看法而开发的，但不是相互排斥的，可以互为补充，共同用于评估学生的问题化学习情况。

三、问题化学习能力量表的编制

1. 量表的编制构想

之所以要编制问题化学习的自陈式量表，是因为这种测评方式在相关研究中最为常用，而且在设计、施测和记分等方面都相对容易一些。问题化学习的自陈式量表通常把问题化学习看成一种能力，它的测试项目要求被试在概括自己在各种情境下学习活动的基础上做出回答，因而针对的并不是某一特定的具体学习活动。

参照表10.5"问题化学习能力目标指标体系"，问题化学习量表分为2个维度、5个方面。2个维度，即个体学习维度与合作学习维度；5个方面，即问题的发现力、问题的建构力、问题的解决力、问题的反思力与问题化学习的设计力。

问题的发现力由5个次级项目构成，即敢于提出自己的问题、能够提出有价值的问题、能够提出一系列问题、能够清楚地表达问题、能够理解倾听他人的问题，其中个体学习维度与合作学习维度各有18道题目。

问题的建构力由3个次级项目构成，即学会判断核心问题、学会建构问题系统、能够完善问题系统，其中个体学习维度有12道题目，合作学习维度有7道题目。

问题的解决力由 5 个次级项目构成，即做出预测或假设、寻找方法与路径、持续追问与深究、形成结论或成果、学会交流与汇报，其中个体学习维度有 32 道题目，合作学习维度有 20 道题目。

问题的反思力由 2 个次级项目构成，即反思过程、总结方法，反思结果、研究未来，其中个体学习维度与合作学习维度各有 6 道题目。

问题化学习的设计力由 3 个次级项目构成，即设计学习任务、自定学习步骤、调控学习过程，其中个体学习维度共有 11 道题目，合作学习维度有 10 道题目。

每道题目描述的是一种学习情境，让被试结合自己的情况作答。题目采用 5 级记分制：按照"从不这样""很少这样""有时这样""经常这样""总是这样"的顺序，依次记 0—4 分。为了避免系统误差，对其中的一部分题目采取反向记分，最后统一编码。

2. 量表的预测与修订

从上海市的一所小学、一所初级中学和一所高级中学分别抽取 2 个班级进行预测。用 SPSS 统计软件对结果进行统计分析。通过对数据进行探索性因素分析，删除了一些影响问卷结构效度的题目。同时，根据一些专家和教师的意见，对一些表述不清和所测角度重复的题目进行修改。修改后的量表由个体学习维度的 72 道题目与合作学习维度的 61 道题目构成（见附录）。

3. 量表的应用

准确地讲，由于我们尚没有建立量表的常模，还不能对每个学生的问题化学习水平做出科学判断，所编制的量表还不属于严格意义上的量表。通过 SPSS 统计软件检验，初步编制的量表具有很好的信度及效度，因此在实际应用中可以从整体上测评中小学生的问题化学习能力。也就是说，可以做不同群体被试的测验总平均分比较，因而可以在教学实验中使用，有助于初步评估学生的问题化学习能力，分析学生的个体差异，以及问题化学习能力与学业表现之间的相关性。需要指出的是，由于本量表在初步编制过程中取样较小，且被试局限于上海市，因此应谨慎使用。我们将在后续的研究中扩大取样范围，建立量表常模，使量表更为科学和完善。

附：　　　　　**问题化学习量表测验题本（学生问卷）**

同学：

　　您好！

　　这是一份关于您的学习和生活状况的调查表，每道题目描述的是一种情境，请您根据自己的情况对照题目一一作答。本调查仅作科学研究使用，与您的学习和道德评价毫无关系，因此无须有任何顾虑，请如实作答。

　　谢谢您的合作！

　　（注：0——从不这样；1——很少这样；2——有时这样；3——经常这样；4——总是这样）

个体学习维度

　　1. 学习时会有自己感兴趣的问题

　　2. 学习时遇到困难，知道自己的问题在哪里

　　3. 学习时遇到自己不懂的问题会向他人（老师、同学、家长等）请教

　　4. 只要老师给予提示，我就能发现问题

　　5. 明白自己是从哪个角度提出问题的，对自己及同学学习这门学科有帮助

　　6. 我提出的问题，能成为本节课大家学习的重点

　　7. 总是能够发现别人不能发现的有创见的问题

　　8. 在一个话题之下，能多方思考，一下子提出多个问题

　　9. 懂得如何进行分类，并提出多个问题

　　10. 能够从不同层次进行思考，提出问题

　　11. 我想提问题，却很难表达清楚，让他人明白（反向题）

　　12. 能用学科规范的语言来表述问题

　　13. 对于不同的问题，能说清楚它们之间的关系

　　14. 能够听明白老师与同学的问题

　　15. 从不思考老师为什么要提出这样一个问题（反向题）

　　16. 能将同学提的好问题及时记录下来，做一些整理

　　17. 在理解问题的过程中获得信息，通过图示、符号或语言进一步呈现或描述问题，并在各种呈现形式之间转换

　　18. 不关注每节课的重点是什么，只要会做题目就行（反向题）

19. 假如同时出现几个问题，我能判断哪个问题更重要

20. 能把很多小问题合成一个大问题来思考

21. 探索时，总是能找到主要问题

22. 我能回忆起课堂里解决问题的次序

23. 很多问题出现时，能根据优先次序为问题排序

24. 能将问题分类

25. 围绕主问题，我会思考子问题的相互关系，梳理它们的逻辑关系

26. 能够从多方面思考问题，尝试用不同的思路解决问题

27. 在不同的场景、学科以及特定任务类型中探索规律，学会建构问题系统

28. 解决问题的思路独树一帜，有创新突破

29. 结合同学和自己的思考方法与步骤，完善解决问题的方案

30. 对解决的问题有基本的预测与假设

31. 对解决的问题有较全面的预测或假设，能够做系统思考

32. 对解决的问题有全面及独特灵活的预测及假设，能够做突破性思考

33. 独立解决问题会有困难（反向题）

34. 能用学过的方法解决新问题

35. 运用工具（观察、测量等实验工具，分析、统计等认知工具）寻找证据

36. 在解决问题的过程中自己寻找解决问题的方法与路径，产生新的策略

37. 对于不解的地方时常自我追问

38. 能把一个大问题变成几个小问题分步解决

39. 在比较中提出存在联系与区别的问题

40. 针对已有的问题进一步提出问题是一件困难的事（反向题）

41. 时常为自己的想法寻求证据

42. 对于已有的答案会产生质疑

43. 能够举一反三地看问题（从一个问题联想到一类问题）

44. 对于一下子想不明白或不能解决的问题，会换一种思路

45. 对于不同的事物，能够联系起来思考，发现潜在的问题

46. 思考一个问题时，能反过来想一想（比如在讨论台风带来的灾害时，也能反过来思考台风的好处）

47. 对经过一到两个步骤进行推理、形成结论不感到困难

48. 能经过比较复杂的步骤推理形成结论，解决问题，基本形成成果

49. 能系统地解决问题，形成较全面的结论与成果，有多个角度的思考

50. 能灵活地创造性地解决问题，形成创新的结论、成果，或有辩证思考

51. 完成学习任务进行汇报时，积极承担汇报的任务

52. 完成学习任务交流结果时，独立思考，有逻辑地组织信息，有证据，有观点

53. 交流结果、汇报成果时，能对两条以上证据进行说明与解释

54. 汇报成果时，有能力说服大家赞同自己的成果具有创新性

55. 完成任务后，能回顾自己解决问题的过程

56. 能够不断改进自己解决问题的方法

57. 在学习他人好方法的同时，创造出更好的办法

58. 能根据原定目标对自己解决问题的结果进行反思，发现不足与未知

59. 能从不同角度对问题解决的结果进行反思，辩证地看结果

60. 独立解决问题没有困难（测谎题）

61. 意识到不足后，及时采取补救行动

62. 在完成任务的同时，时常思考为什么要解决这个问题

63. 思考老师为什么要提出这样一个问题

64. 不需要老师和同学的提醒，迫切地寻找关键问题

65. 针对需要解决的问题，设计学习任务，能判断学习任务对解决问题及学习的意义

66. 思考老师带领我们一步步解决问题的过程，能理解老师的意图

67. 在解决问题时，清楚自己先做什么、再做什么更合适

68. 在解决问题的过程中，考虑周全，能事先考虑到可能会遇到的困难

69. 会给自己完成学习任务制订一个完整的计划

70. 在解决问题的过程中，用计划表、记录本、日程安排等监督自己

71. 解决问题时能够完整经历"发现问题、厘清问题、聚焦核心问题、建构问题系统、寻找方法工具解决问题、反思修正提升"的学习过程

72. 在学习过程中思考问题是否清晰，解决方式与步骤是否正确，及时调整补救

合作学习维度

1. 乐于寻找伙伴分享自己的问题

2. 我不太关注同学们提出的问题（反向题）

3. 合作中能关注到伙伴的问题，并能判断其与主题的关系

4. 合作中能关注到伙伴的问题，能判断不同问题的重要性

5. 我经常会有与同学相同的困惑，但总是等着别人先提出问题（反向题）

6. 和同学讨论问题时，当他们说的和我说的不是一个问题时，我会与他们探讨哪里不一样

7. 当我和同学对哪个问题更重要有分歧时，愿意一起探讨

8. 合作时能挖掘其他成员问题的价值

9. 小组合作，各抒己见，提出多个问题，自己至少有两个问题

10. 小组合作，头脑风暴，分别从不同的角度提问，自己有至少两个角度的问题

11. 小组合作，主动担当，相互激发，从不同层次进行提问，自己至少有两个层次的问题

12. 能理解他人的问题，并进行转述

13. 与同伴交流问题时，如果我俩有不同但又有联系的问题，我能将问题合并起来与全班同学交流

14. 如果同学的问题与我的不一样，通常我不会关心（反向题）

15. 对同学提出的说得不太清楚的问题，可以用自己的话让其他同学明白

16. 养成边听边想的习惯，能及时补充与完善他人的问题

17. 能整理与归纳他人的问题，把几个人的问题整理后向全班汇报

18. 和同伴交流不同问题时，会经常思考哪个问题更重要

19. 合作时能通过讨论把几个人的问题合成一个大问题

20. 合作讨论一个解决问题的思路时，我能参与其中

21. 遇到问题时，我能注意到别人和我不一样的解决思路，理解他们的意图，发现各自的优势及不足

22. 看到别人不一样的学习思路，提出自己的想法与建议

23. 能够带领小组，尊重每个人的不同思路，鼓励大家尝试用不同思路解决问题

24. 需要共同解决问题时，能够带领小组，协商完善小组解决问题的方案

25. 小组交流时，能够认真听取别人对问题解决的预测与假设，给予建议或吸纳建议

26. 合作解决问题时，能深入研究成员不同的预测与假设，从而形成全面系统的思考

27. 合作解决难题时，由于解决问题的条件不足，能主动提议、创新突破、大胆预测

28. 能在组长带领下用共同的方法参与解决问题

29. 解决问题的过程中会观察别人，认真倾听同伴的方法，会借鉴别人的方法与思路解决问题

30. 合作解决问题，探讨商议成员不同的方法，形成最优化的解决路径（思路、途径等）

31. 合作解决难题，对小组解决问题有贡献，遇到困难时能组织引导同伴寻找途径解决问题

32. 有自我追问与相互追问的习惯

33. 能积极回应他人的追问

34. 小组讨论时，常能对关键处互相追问

35. 合作解决问题时，能意识到伙伴遇到的瓶颈（问题解决的关键之处，就像瓶子的颈部一样是个关口。如果没有找到正确的方向，有可能一直被困在瓶颈处），像老师一样向他提个问题，启发他的思考

36. 与别人共同解决问题时，服从安排，完成自己分内的工作，形成结论或成果

37. 在形成结论的过程中，我能征求团队成员的意见，自己的成果成为团队成果的一部分

38. 合作解决问题，结论有分歧时我能通过协商达成共识，或存疑，或形成多种解释

39. 合作解决难题，我能对小组形成创新性的结论与成果做出突出贡献

40. 与别人共同解决问题时，最好别人都能完成，自己可以共享成果（反向题）

41. 能够按照任务单提示参与小组的集体汇报，完成自己的汇报任务

42. 能够在接纳、整合同伴的意见后发表自己的想法

43. 能接纳、整合同伴的意见，代表小组进行汇报

44. 能够整合其他小组的意见，进行再交流

45. 清楚自己解决问题的过程中采用了什么方法与步骤，分享给其他人

46. 反思自己的学习过程，比较别人解决问题的过程，看到好办法能做到下次采用改进

47. 经常反思，学会借鉴他人的学习路径、方法及策略，并整合创造出更好的新办法

48. 合作完成任务后，能依照指定目标对问题解决的结果进行反思，发现各自的优势和不足

49. 小组成员协同分工，从不同视角对问题解决的结果进行反思，多角度评价各自的优势与不足

50. 合作解决问题后，主动发现问题解决的不足，合作讨论提出补救行动方案，并在补救行动中承担重要责任

51. 从不和伙伴分享自己的问题（测谎题）

52. 参与到合作设计学习任务、制定学习方案与计划的过程中

53. 如果这个任务需要多人一起做，会设计一个分工合作的方案

54. 在与他人共同规划学习任务的过程中，协商分歧，主动承担，尽责尽力

55. 经常和成员一起探讨对将要执行的任务的理解，包括为何要做、做什么，以及做了以后会有什么收获

56. 能与成员一起探讨，分解将要执行的任务，制定合适的工作步骤

57. 与他人合作解决问题时，认识到任务完成可能要涉及哪些方面，献计献策，博采众长，考虑周全，对可能遇到的困难有所预判并提出建议

58. 与他人合作解决问题时，如果有人遇到困难，能想办法一起解决

59. 与他人合作解决问题时，及时交流各自的进展，在完成自己任务的同时随时关注别人的进展，随时调整自己

60. 与他人合作解决问题时，能及时评估，根据需要调整学习方案，面对困难主动采取行动或带领大家克服障碍，解决分歧和冲突

61. 在解决问题的过程中，面对随时发生的困难，能随机应变、有效应对

第三节　问题化学习的课堂观察与评价

一、课堂观察与评价的框架

我们从问题的发现力、建构力、解决力、反思力与问题化学习的设计力五个方面，以及教师和学生两个维度，建构了问题化学习课堂观察与评价的框架（见表 10.6）。

表 10.6　问题化学习课堂观察和评价表

学校			执教者		学科		年级
课题							
问题化学习力	观测对象	指标选项 （由执教教师勾选）		具体行为 （由执教教师填写）			得分
问题的发现力 （20分）	学生 （10分）	敢于提出自己的问题 □ 能够提出有价值的问题 □ 能够提出一系列问题 □ 能够清楚地表达问题 □ 能够理解倾听他人的问题 □		★执教者参照问题化学习能力目标指标体系，并结合本课时问题化学习能力培养突破点及学情做简单描述（下同）			
	教师 （10分）	引导学生主动发现问题 □ 摸到学生真实的问题 □ 引导学生清晰表达问题 □ 鼓励学生相互倾听问题 □ 指导学生从学科视角提问 □					
问题的建构力 （30分）	学生 （10分）	学会判断核心问题 □ 学会建构问题系统 □ 能够完善问题系统 □					
	教师 （20分）	辨别学生问题，对接学科问题 □ 转化引导，聚焦核心问题 □ 引导学生关注有价值的问题 □ 引导学生发现问题间的关系 □ 引导学生建构问题系统 □					

学校			执教者		学科		年级	
问题的解决力（30分）	学生（10分）	做出预测或假设 □ 寻找方法与路径 □ 持续追问与深究 □ 形成结论或成果 □ 学会交流与汇报 □						
	教师（20分）	针对不同问题匹配适切的活动 □ 聚焦推进核心问题的解决 □ 引发促进学生深度学习的问题 □ 合理应对学习过程中的问题 □ 促进并组织有效交流分享 □ 合理安排独立及合作活动 □ 及时准确全面地获得反馈 □ 孵育学生持续追问 □						
问题的反思力（10分）	学生（5分）	反思过程、总结方法 □ 反思结果、研究未来 □						
	教师（5分）	促进学生回顾反思问题解决的过程，形成学习经历 □ 促进学生反思学习的结果，生成未来学习的方向 □						
问题化学习的设计力（10分）	学生（5分）	设计学习任务 □ 自定学习步骤 □ 调控学习过程 □						
	教师（5分）	指导学生规划学习方案 □ 引导学生设计学习步骤 □ 帮助学生调整学习过程 □						
总体评价	90—100分	80—89分	70—79分	60—69分	60分以下	总分		
	优秀（ ）	良好（ ）	中等（ ）	合格（ ）	需努力（ ）			
	综合评价							

根据上述框架，可以确定每个年级学生的共性目标（如表10.7中的"级部

共性指标"），教研组根据自己课程的特点进一步研制课程组的个性指标（如表 10.7 中的"课程组个性指标"）。这样有利于建立课堂共同的价值观，确定课堂实施的行动指南与评价体系。

表 10.7　二年级主题综合课程阶段性课堂观测表 [①]

班级		执教者		地点		日期	
课题	引导学生对不明白的地方进行追问并表述清楚						
突破点							
观测项目	观测点	观 测 指 标				分值	得分
级部 共性指标	倾听	1. 边听边记，记住别人简短的发言				10	
		2. 能对别人的观点提出自己的想法或追问				10	
	提问 追问	1. 能对课题、自己感兴趣的事物、话题等提出问题				10	
		2. 能对自己听不明白、看不明白、想不明白的地方进行追问				15	
		3. 声音响亮，语言规范，能清楚表述自己的问题				10	
	合作	1. 每一个组员明确任务，主动认领任务，也能接受组长的分工安排				5	
		2. 在教师的指导下每一项合作活动都有规范的流程				5	
		3. 尊重组员的发言，在他人发言结束后，再点头表示赞同或者以补充和追问的方式表达自己的想法，能接受与自己不同的观点				5	
	交流 汇报	1. 能在教师的指导下，按照流程进行小组汇报，小组间能互动评价				5	
		2. 仪态大方，声音响亮，学习成果表达清晰				5	

①　设计者：上海市教育学会宝山实验学校张嬿。

续表

班级		执教者		地点		日期	
课程组个性指标	追问	能对自己听不明白、看不懂的内容进行追问				10	
	合作	每一项合作活动都有规范的流程				10	
总体评价	90—100分	80—89分	70—79分	60—69分	60分以下	总分	
	优秀（ ）	良好（ ）	中等（ ）	合格（ ）	需努力（ ）		
	综合评价						

评课人：

二、课堂观察与评价的实施

1. 观察与评价工具的研制

课堂座位表既有利于执教者进行精准的个别化帮助，也有助于观测者进行过程观测。如图 10.2 所示，学生用姓名拼音首字母代表，☆ ● ▲ 代表学习此内容的三种水平。

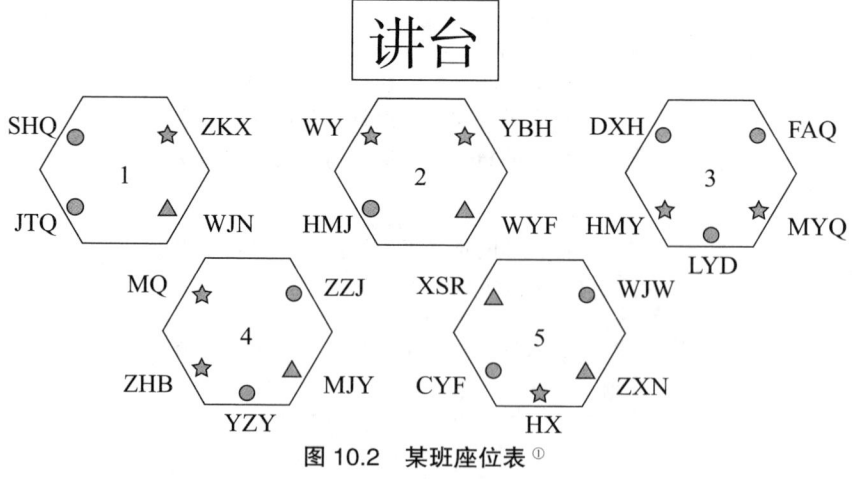

图 10.2　某班座位表 ①

———————

① 设计者：上海市教育学会宝山实验学校袁宁。

如果需要了解学生课堂学习过程中的体验，则可以通过问卷调查与访谈获得更具体的信息。其中包括不同学生对于各个学习活动的理解、感受与态度，这些信息一般很难通过观测获得。比如，"你觉得自己以及身边的同伴会大胆质疑已有的结论吗？如果不会，你觉得主要的困难是什么？如果你的问题得不到老师及时的回应，你希望通过什么途径得到妥善解决？"学生的学习效果则可以通过纸笔测试等方式获得。

2. 观察者的分工与协同

观察者可以根据观测的任务进行分工，分别负责"学生提问的视角与深度、学生参与课堂的广度与深度、学生合作互动的成效、教师对于学生追问的孵育、教师对于学生问题的处理、不同类型学生的学习效果分析"等。搜集不同的证据，进行相互印证，如检验参与合作互动是否会促进深度学习，可以通过行为观测分析、纸笔测试、调查访谈获得多方数据后进行相互印证。

3. 观察记录与数据整理

注重量化与质性的混合研究，质性研究可以比较好地反映事物的特征、过程或变化。量化研究可以通过统计了解不同对象同一特质的状况。为凸显实证研究的立场，研究者最好亲自在现场收集观察资料，为检验假设搜集现场证据。现场证据包括一些指标的频数统计，也包括反映课堂行为的现场照片、课堂录像等。要注重观察记录的数据整理与诊断分析，也可以应用新技术进行数据的采集与挖掘。

4. 教师反思与集体研讨

教师进行课堂观察与评价的基本途径是自我反思与集体研讨。可根据研究点确定课堂的观察点，再根据观察点上获得的信息数据进行分析判断，得出结论。参与协同研究的伙伴在课后围绕主要的观测点进行研讨，最终获得改进课堂的方向。

三、课堂微实证研究

1.观察维度与研究视角

维度一：学生问题的视角与深度。

课堂上可观察学生问题的视角是否多元，是否体现了多维度思考并打开了新的思考局面；还可以观察学生的追问是否切中要害，是否有深入的持续探索、系统思考及辩证思考等（指标内容可参考本章第一节、第二节相关内容）。

维度二：学生参与课堂的广度与深度。

课堂上还可以观察学生参与课堂的广度与深度，具体包括学生发言的总时间、发言总人数、游离人数、主动追问的人数、主动应答的人数、被动应答的人数、见解独到的人数、二度追问的人数等（见表10.8）。

表 10.8 学生参与课堂的广度与深度

项目		数量	占比
参与广度	学生发言的总时间		
	发言总人数		
	游离人数		
	主动追问的人数		
	主动应答的人数		
	被动应答的人数		
参与深度	见解独到的人数		
	二度追问的人数		

维度三：学生合作互动的成效。

这通常指学生在合作过程中的倾听、追问、主动应答、被动应答、二度追问的情况；既包括组内互动的情况，也包括组间互动的情况（见表10.9）。

表 10.9 学生合作互动的成效

活动	互动指标	小组 1	小组 2	小组 3
活动 1	倾听			

活动	互动指标	小组 1	小组 2	小组 3
活动 1	追问			
	主动应答			
	被动应答			
	二度追问			
活动 2				
活动 3				

维度四：教师对于学生问题的孵育。

这是指教师对学生学会提问、系统追问的培育，可在教学设计中有所体现；也包括教师是否创设情境，或采用有效的教学语言引导学生追问，它可以在学生的学单中有所体现。课堂观察中可根据执教教师的教学意图来判断具体课堂实施的效果。

维度五：教师对于学生问题的处理。

这是指对教师面对学生提问、追问的回应进行合理性判断。它可以从多个维度进行评估。一是对回应时机的把握，包括即时回应与延迟回应。二是对回应主体的选择，即是教师自己回应，还是推给其他同学回应。对于有探讨价值的个别学生的追问，教师是否通过有效的提醒方式，如让其他同学复述，来引起全班同学的注意等。三是对问题价值的判断。对于非常有价值、部分有价值、基本没价值的追问是否进行了合理评价并处置得当，包括对不同问题的选择、对接与转化等。

2. 分步实施与阶段突破

基于课堂改进的循证研究，既需要对问题化学习的课堂与学生能力的发展状况有一个整体把握与系统规划，又需要根据学情与现有课堂的发展状况确定课堂突破的重点。比如，围绕"学会追问"，教师需要思考：学生从提一个问题到连提三个问题需要多久？如何把教师的追问转变为学生的追问？需要哪些方法策略？……教师在形成基本的实践办法，即操作假设后，在课堂实践中结合"学生问题的视角与深度、学生参与课堂的广度与深度、学生合作互动的成效、教师对于学生问题的孵育、教师对于学生问题的处理"等观测指标进行证据搜集，验证实践效果。

3. 能力发展与学科素养

学生问题化学习的过程，涉及"是否主动要学"（动机系统的激发）、"会不会学"（元认知系统发展）以及"能不能学"（认知系统发展）。因此，要检验的内容，既包括持续探索的动机水平、自信心与胜任力，也包括对学习过程的反思与监控，以及学习路径的发现等问题解决能力。对于学科学习而言，问题化学习的最大价值是促进学生学科核心素养发展。进行课堂实证研究、制定评价标准时，需要考虑这些具体指标。

4. 分类研究与案例研究

可以在数据采集的基础上对学生进行分类研究。从学习水平的角度分析，如学业优秀、学业中等与学业困难学生的差异研究；从学习倾向的角度分析，如喜欢小组学习、喜欢独立学习、喜欢集体分享的学习者的差异研究，喜欢提问为什么、是什么、怎么样、假如的学习者的差异研究；从合作行为倾向的角度分析，如在合作过程中，更习惯担任倾听者、追问者、解答者还是仲裁者；等等。

案例研究包括对小组的跟踪观察与研究、对个案的跟踪观察与研究。观察者可以在听课现场，坐在小组或需要观察的学生一旁，在不打扰其学习的前提下进行观察记录。

5. 独立探索与团队共研

课堂微实证研究可以是教师的独立探索，也可以是团队共研。独立探索需要教师具有较强的反思意识与自我判断的能力。在这个过程中，教师需要搜集证据并做出科学分析。如果学校整体推进，则需要一个系统的规划，在每个阶段有共同的主题。

对于课堂微实证研究来说，同课共构协同研究是一种比较好的方式。面对同一个教学内容、同一个教学目标、共同的课堂价值追求，不同的教师执教，可以有不同的课堂处理方式。在这个过程中，把无关变量的影响控制到最小，就可以对不同教师的课堂实施状况进行观察比较，搜集证据验证产生的不同效果，以期获得富有说服力的结论与判断。

本 章 小 结

　　问题化学习作为问题解决的通用素养，一方面相对于中国学生发展核心素养而言，其在学会学习与问题解决方面形成了更为具体、便于实践、可以检测的能力体系；另一方面相对于学科核心素养而言，其作为跨学科的通用素养贯穿于各科学习，促进并落实了学科核心素养，起到了承上启下的作用。

第十一章 问题化学习的学科教学实践

问题化学习的五大关键能力，作为一种超学科能力贯穿于各门学科的学习中。问题化学习的学科教学，需要实现问题化学习能力目标与学科素养目标的双重落实、问题化学习基本方式的贯通与学科特定领域学习规律的遵循、问题化学习课堂基本结构的体现与学科教学丰富实践形态的创造。

第一节 问题化学习的学科教学概述

一、问题化学习能力目标与学科素养目标的双重落实

1. 落实问题化学习能力目标

在学科教学中，对于问题教学或提问教学的研究是非常普遍的，它也是教师经常采用的一种教学方法。它倡导通过"提问—答问"的过程来教授知识，启发学生思维。通常由教师有意识地创设问题情境，启发学生提问并解决这些问题，或由教师自己提出问题并解决它们。教师通常习惯于研究自己的问题设计，但对于问题化学习而言，我们需要在把握学科基本问题的基础上，逐步去发展学生的问题化学习力，即学生对于问题的发现力、建构力、解决力、反思力以及问题化学习的设计力，这样才能提高他们的自主学习能力。

就学校整体推进而言，为落实立德树人根本任务，培育面向未来的问题化

学习者，学校应将问题化学习作为一致方式，将问题化学习关键能力与学科核心素养培养作为双重任务，进行学科教学实践（见图11.1）。具体而言，依据问题化学习的两个维度、五个方面、四级水平的能力目标体系，制定分年级的要求。依据第九章"问题化学习的教学设计与实施"中的内容，在单元层面做问题化学习能力目标的具体规划，在课时层面将之与学科目标进行整合，形成可实施可检测的具体目标。

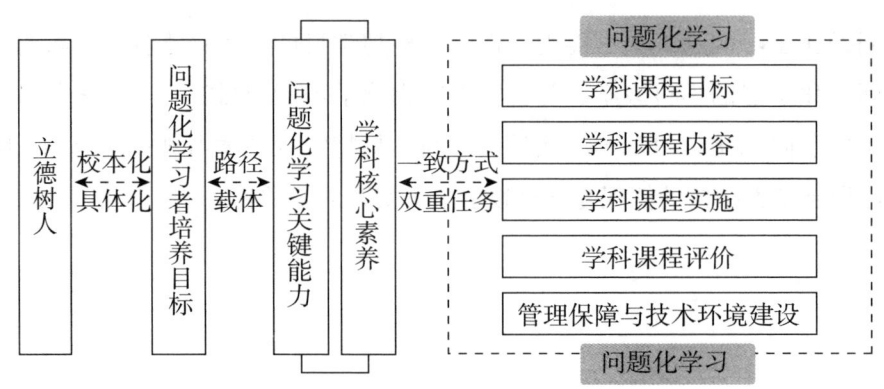

图 11.1　基于问题化学习的课程实施框架

2.促进学科核心素养的落实

将核心素养从一套理论框架或者育人目标体系，落实与推行到具体的教育和社会活动中去，进而真正实现育人功能与价值，是教育领域面临的重大问题。[①]问题化学习通过提升五大关键能力促进学科核心素养的落实。因此，在学科教学实践中，首先，明确学科的基本问题，对接学科核心素养；其次，梳理提问、追问的维度，培育学科学习视角；再次，建构问题系统，发展学科关键思维；最后，使问题解决遵循学科学习的规律，提升学科实践能力（见图11.2）。为此，需要学校整体规划，实践让"问题化学习力"可见的教学实施系统。在制定课时目标时，可采用思考"通过什么学科学习活动，经历怎样的问题化学习过程，获得怎样的学习结果，达到怎样的表现程度"来实现双重目标的落实。

----

① 姜宇，辛涛，刘霞，等.基于核心素养的教育改革实践途径与策略［J］.中国教育学刊，2016（6）：29-32，73.

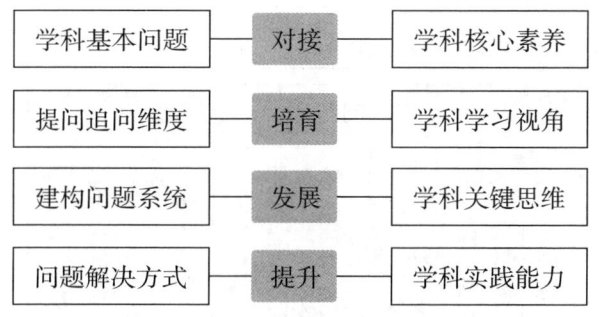

图 11.2　基于问题化学习落实学科核心素养

二、问题化学习基本方式与特定学科领域的丰富实践

1. 问题化学习的原理与方式

作为一种学习方式，问题化学习强调学习者自主发现并提出问题、聚焦核心问题、持续探索与追问、建构问题系统以及合作解决问题。在问题化学习的学科实践模型（见图 11.3）中，"发现问题、定义问题、解决问题"为基本过程，突出"前端学习和后端学习"，实现了课时问题与课程问题的连接、学科问题与跨学科问题的贯通，建构学科素养和跨学科素养双发展的单元教学，以问题为纽带，形成国家课程校本化实施的框架。

首先，凸显"前端学习"，学习不再是从确定的学科问题出发，而是在具有大问题空间的任务情境中让学生自主发现问题，然后在教师引导下"三位一体"聚焦核心问题，持续探索追问，建构问题系统，合作解决问题。其次，不只是为了获得确切答案，而且要把结果通过解释变成结论进而对情境做出具有说服力的解释，从知识技能获得走向学科素养发展。此外，非课时学科问题可以通过学科长作业实现专题学习，跨学科问题可以通过小课题研究形成学习成果。

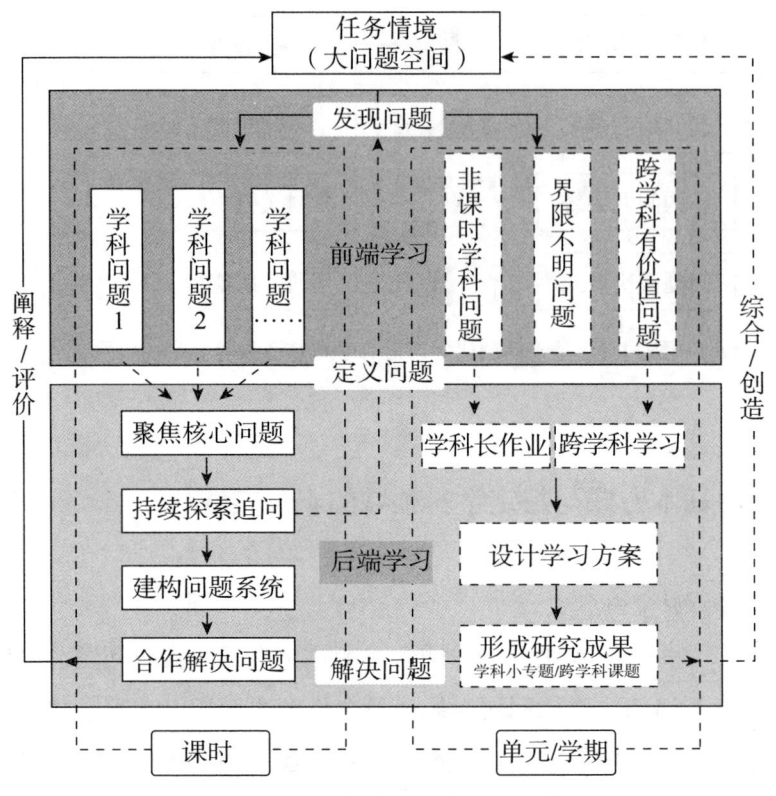

图 11.3　问题化学习的学科实践模型

2. 特定学科领域的丰富实践

问题化学习的学科教学实践既要实现问题化学习基本方式的贯通、课程视野的落实以及育人价值的体现，又要尊重特定学科领域的学习规律，譬如科学需要探究、技术需要设计、人文需要感悟、艺术需要审美。即便是同一个学科课程，不同的内容也有特定的认识规律。问题化学习的学科教学实践既要尊重学科学习的特定方式，又要实现教学创新，从而形成丰富的实践模式。

以语文学科为例，我们的探索包含"低年级问题化识字教学""低年级问题化阅读""中高年级问题化阅读""问题化学习写作""问题化学习口语交际活动""问题化学习的语文综合活动"等专题。到目前为止，研究团队已经成立了高中、初中、小学 9 大学科的 29 个学科工作坊，形成了丰富的学科教学研究专题。有些成果已经正式出版，成为指导中小学教师进行问题化学习的实践指南。

三、问题化学习课堂结构与学科课堂教学的多样形态

1. 问题化学习的课堂结构

问题化学习的课堂以"问题的发现与提出、问题的组织与聚焦、问题的实施与解决、问题的反思与拓展"为基本线索，形成学习的基本过程与课堂的一般流程，通常我们也称之为问题化学习的"典型课堂"。

2. 学科课堂教学的多样形态

2010年之后，伴随着实践问题化学习的学校类型日趋多样，实施问题化学习的教师渐趋多元，问题化学习的课堂不主张统一教学模式的优势逐步显现出来。以变革学习方式为目的整体推进的成熟学校、以改进教学为目的渐进推进的普通学校，形成了三种课堂实践形态：遵循结构原理的"完整实施的典型课堂"、改进方式方法的"随机切入的改良课堂"、以重塑底层价值为目标的"持续渐进的成长课堂"。

在持续渐进的成长课堂中，问题化学习呈现了渐进样态。教师引导阶段：学生散点提问—教师聚焦核心问题—教师组织问题系统进行教学。学生初步尝试阶段：学生散点提问—合作排序逻辑化—基于问题系统组织学习。学生自主构建阶段：学生合作自问（连环问）—全班集体优化—自主合作解决问题。

同时，理科课堂较文科课堂而言在不同的阶段又有不同的操作重点。通常在第一阶段，理科课堂中师生更侧重围绕概念与命题的学习提出问题，建构基本的问题系统，注重学科知识逻辑；在第二阶段，教师更有意识地鼓励学生在探究、实验等问题解决的过程中相互追问与自我追问，发展学科思维，体现学科认知逻辑；在第三阶段，围绕一些核心概念、重要原理，通过类比学习或前后联系形成更大的问题系统，实现应用迁移，形成大观念与大概念。

20年来，问题化学习的学习方式也在不断演进：变教师设问启发学生思考为让学生自己提出问题，变教师组织问题推进为培养学生自主建构问题系统，变教师追问为培养学生相互追问、自我追问。学习方式本身的发展所带来的学科教学实践深入，引发无穷无尽的持续探索。

所以说，对于问题化学习的研究与实践，我们既要有进入各门学科课堂教学实践的务实态度，也要有超越具体学科教学的理论视野；既要有进入课堂进行变革的实践勇气，又要有不局限于课堂教学的研究视域。这可谓任重道远。

第二节　科学探究问题与人文感悟问题的解决

一、自然科学与人文科学的差异

问题具有认识论与方法论的意义，即涉及人们如何认识世界以及用什么方法认识世界。

德国历史学家德罗伊森提出，科学的研究方法是说明，但历史的研究方法必须是理解，因为贯穿全部历史的人生意义和价值与生活同时产生并渗透于生活的全过程，它们与历史没有因果关系。人生意义和价值只能通过理解来呈现。然而，一直到狄尔泰，理解才被看作人生的普遍过程，是思想交流的基础，是知识的来源之一，是人生经验的表达方式。在狄尔泰这里，理解才成为人文科学方法论的基石。狄尔泰也因此不仅被誉为"人文科学领域的牛顿"，而且被称为"人文科学哲学领域的康德"。①

狄尔泰对人文科学方法论的独特性做了如下判断：**自然界需要解释说明，对人则必须去理解**。"说明"是在因果关系中进行的，特殊现象要在一般规律中得到说明。因果说明一般指向过去，沿事物的发生过程，溯因到始。因果联系是必然的规律性的联系，而理解则是在部分与整体的关系中，在个别到全体、部分到整体的循环中实现的。理解要尊重个人的特殊性和生活经验的具体性。理解可以从个人经验中产生意义，而不必上升为一般原则。人文科学研究的起点不是法则、规律、逻辑命题或关于一般人性的假定，它是从个人或具体事件

---

① 张掌然.问题的哲学研究［M］.北京：人民出版社，2005：74-75.

逐渐过渡到对社会整体的理解。从部分到整体的理解不同于逻辑演绎和归纳。[①]

狄尔泰认为人文科学是与人类及其实践密切相关的，既然人文科学的主要任务是实践，那么它们的理论主张就不应该仅仅概括为"是什么"，还应该包括"应该是什么"，应该包括一种价值判断系统。

胡塞尔（E. Husserl）在《欧洲科学的危机与超越论的现象学》中提出：科学无法赋予人生以"意义"。胡塞尔认为，没有任何一门经验科学能够回答人生的意义到底是什么。狄尔泰认为人文科学能够赋予人生以意义，因为借助理解能够进入人的精神世界，体会人生意义。由于理解具有主动性、创造性，因而它有助于创造性地解决包括人生意义问题在内的人文科学问题。

德国哲学家文德尔班（W. Windelband）对精神科学和经验科学的区别做了如下理解：精神科学的方法是理解。采用这一方法，精神科学研究个人、一次性事件以及不再重复的现象，并以这种方法把握对象的个性、一次性与不可重复性。与此相反，经验科学的方法是解释，瞄准的是那些普遍的、有规律的、可以重复的现象，采用的形式是普遍有效的法则。[②] 泰勒和德雷弗斯认为，由人的实践和目的组成的解释的语义域是社会地构成的和历史地确定的，这些特征使人文科学不可避免地具有不稳定性和非预测性。而自然科学不具有社会建构的特征，其解释的意义被去背景化了。[③]

综合国内外学者的观点，自然科学与人文科学分别具有以下特点。[④]

自然科学的特点：（1）与客观性相结合。（2）关注概括性理论。（3）是一种外在活动。（4）寻找一致的看法。（5）面对的是一个不变的世界。（6）适合于对自然的探索。（7）使用逻辑、观察实验和标准化分析。

人文科学的特点：（1）与主观性相连。（2）关注个人的事例。（3）强调此在。（4）寻找可替代的解释。（5）面对的是一个变化的世界。（6）其方法适合于对艺术、个人体验和价值观的研究。（7）使用直觉、创造性阐释和顿悟。（8）目的是理解个人的主观反应。经典人文科学观认为"他是谁"决定"他看

---

① 张掌然. 问题的哲学研究 [M]. 北京：人民出版社，2005：75-76.
② 波塞尔. 科学：什么是科学 [M]. 李文潮，译. 上海：上海三联书店，2002：174.
③ 同① 78.
④ 同① 79.

见什么"，因此认同多元的看法。

从认识论与方法论的角度去认识科学与人文的差异是有必要的，因为这有助于我们把握不同领域学科学习的基本规律，但这并不意味着把两者对立起来。就如哈贝马斯也并不认为自然科学是去情境化的、去旨趣的。人对于自然科学的探究也是有旨趣引导的。不同之处只是自然科学求"真"，通过探究认识周围的事物与客观世界。人文科学求"善"，求"美"，通过感悟认识自己，理解他人。因此，认识两者的差异是为了更好地针对教学中的实际问题，选择合适的学习方式，设计合理的教学方法，安排恰当的学习活动，以期更好地解决问题。

另外，上述对自然科学和人文科学的理解并不意味着自然科学课程在学习时只需要说明、陈述，而人文科学课程在学习时只需要感悟与体验。就如在语文学习中，逻辑推理在很多时候依然非常必要。但是我们不能只有逻辑推理，因为这会陷入技术与工具理性的泥潭，我们还需要感悟与体验。而我们在做科学说明的时候，不能只有经验判断，因为没有实证就支撑不起理论的假说。但是对科学结论的追求也不只是为了揭示规律。当科学服务于人类的生存与发展时，就具有了人文情怀。

其实，就算是科学领域的课程，如生命科学，也会涉及人文领域的问题。例如生态问题，就涉及人类的环境、生存与发展。人文领域的课程，如语文，也会有很多科学的问题，如对一些基本概念的理解，说明文与议论文的逻辑推理，等等。从某种程度上讲，区分科学与人文的差异还是为了更好地使两者融合。因为对于一些更综合的问题，需要融合两种方法与取向，在获得更完善答案的同时，培养更完整的人。

然而，在大量的实际教学中，自然科学课程没有很好的探究，而人文科学课程也没有很好的感悟。在科学领域课程中，我们需要培养的学生最基本的素养是实证的态度与探究的能力，希望他们能像科学家一样去探究，而不是记忆大量的事实性知识。在人文领域课程中，我们需要培养的学生最基本的素养，包括认识自己、理解他人，以及感悟生命存在的意义与价值。但这些却被大量崇尚技术理性的知识所淹没（如阅读技巧、写作知识等）。也就是说，该探究的没探究，该感悟的没感悟，并没有实现课程目标。随着学科核心素养的确立，这一问题得到关注。基于这一现状，我们提出，科学领域的问题应以探究为本，人文领域的问题应以感悟为本。

从实践看，问题解决学习理论不够重视不同学习领域的特有规律，因此教师有一个普遍的感受，即问题解决学习理论不能解决他们在不同学习领域所碰到的问题，不能解决不同学习内容、不同问题类型的学习模式问题，文科教师尤其表现出困惑。**目前的问题解决学习理论，不能解释更不能支持人文领域的问题解决学习！** 我们还吃惊地发现，问题解决研究中的范例，多是数学与科学领域的，这与研究者本人的知识背景有很大的关系。

这是狭义的问题解决领域（学习论范畴）的研究所面临的尴尬境遇。它给我们一个启示，即是否可以在不同的学习领域，就不同的问题类型做比较分析。比如说，对科学领域的探究型问题解决与人文领域的感悟型问题解决进行比较研究，以便为学科教学中的问题化学习带来启示与借鉴。

二、科学探究的问题解决

杜威认为科学教育不仅要让学生学习大量的知识，更重要的是学习科学研究的过程或方法。施瓦布认为教师应该用探究的方式展现科学知识，学生应该用探究的方式学习科学内容。他们提出了实验和阅读文献资料这两种探究性学习方法。科学学习的本质是探究，其基本过程具有六个要素：提出科学问题；进行猜想和假设；制订计划，设计实验；观察与实验，获取事实与证据；检验与评价；表达与交流。科学探究的主要目标是使学生领悟科学探究的思想，培养学生进行科学探究的能力，增进对科学探究方法与过程的理解。

"科学探究的问题解决"，是以领悟科学探究思想、培养科学探究能力、增进对科学探究方法与过程的理解为学习目标，以在具体情境中提出科学问题为起点，以做出科学假设为开端，以收集信息资料、运用设备材料进行验证为主要过程的学习活动。

三、人文感悟的问题解决

"人文"通常指文、史、哲领域，分人文知识和人文精神。人文的本质是人文精神，是尊重人的个性，充实人的心灵，提升人的价值。人文精神是对人的终极关怀，体现了人的道德情操、心路历程、审美情趣、人格精神；关注的是人生的价值与意义，人与社会、自然之间的本质联系。因此，人文性是指对人自身完善的关注与追求，包括人的尊严、价值、个性、理想、信念、品德、情操等方面。

目前，研究者普遍认为，人文领域的学习，如语文学科阅读，应以学生的自主阅读、体验、感悟为主，边读边感、边读边悟，读中有感、读中有悟；通过想象、移情、神思、体验等多种心理活动的交融、撞击，激活已有经验，并产生新的经验。最后，使经验内化为自我的感悟，使感悟到的东西成为个性化的知识经验。这是一个感知、思维、灵性、直觉、情绪多个因素同时参与对文本的意义建构的过程，是一种具有整体性、生命性和独创性的学习活动。

科学领域的问题解决，是实用化、显性化、自动化、技术化的。但是，对于人文问题的感悟与思索，也许就不是线性与分析性的，而是弥漫的、丰富的，是一种理想化、情感化、意象化、内隐化、艺术化的立体过程。

威金斯和麦克泰在《理解力培养与课程设计》一书中，将理解分为"解释""释译""应用""洞察""移情""自我认识"六个方面，得到了学术界的广泛关注。受到启发，我们在研究中大胆地假设了一种人文问题的思索蓝图，包括以下要素（见图 11.4）。

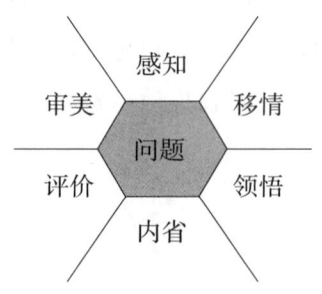

图 11.4 人文感悟的问题解决

（1）感知：问题解读，体会表层意思。

（2）移情：深入问题情境，进入人的情感和世界观内部。

（3）领悟：理解问题的深层含义，说明、解说、转述，从而阐明弦外之音。

（4）内省：在问题情境中悟出适于自我的人生哲理和永恒意义。

（5）评价：对问题情境中的事、人、文，具有批判性思维的洞察力。

（6）审美：感悟问题情境中的事、人、文独特的魅力与表现风格，以及美的意蕴／意象。

例如，针对"理解与宽容的意义何在？"这一问题，我们可以从以下方面切入。

（1）感知：了解身边有关理解与宽容的故事吗？什么是理解与宽容？

（2）移情：假如我是故事中的人，我的感受如何？

（3）领悟：理解与宽容的生命意义何在？

（4）内省：假如我需要理解与宽容，或需要理解与宽容别人，会怎么办？

（5）评价：理解与宽容是一种美德吗？为什么？

（6）审美：理解是人，宽容是神，美丽人生的境界与信念。

因此，"人文感悟的问题解决"，是以实现人自身的完善为目标，以学习者的感知、移情、领悟、内省、评价、审美等为方法进行的学习活动。人文感悟的问题解决，通常是一种整体丰富、个体独特的理解性过程。

四、科学问题解决与人文问题解决之差异

人文领域的感悟型问题与科学领域的探究型问题在解决过程中都注重学生的自主学习，都是"通过问题来建构自主学习过程的活动"。但人文领域的感悟型问题与科学领域的探究型问题在目的、方法、过程等方面又有较大的差异（见表11.1）。因此，在关注其共性的同时，我们必须重点关注问题化学习在不同学习领域的差异，求同存异。

表 11.1 科学问题与人文问题的差异

	科学问题	人文问题
举例	为什么光的传播速度比声音的传播速度快	人类为何需要互相帮助
目的	求"真",认识客观世界	求"善",求"美",认识自己,相互理解
方法	观察与实验、归纳与演绎,具有客观性、可检验性、可重复性	依靠个人的实践与行动、体验与感悟、内省与反思、讨论与对话等,艺术思维、直觉思维大量参与,注重理解与体验
过程	经验事实→理论假设→经验检验→组织更广泛的经验材料→形成新的理论假设	移情→内省→领悟等

第三节 问题化学习的各科教学实践

从开展问题化学习研究的第一年始,我们就扎根学科教学,把进入各门学科学习作为实践起点,同时又以超越具体学科教学形成一种超学科学习能力作为实践目标。在这个过程中,可谓历尽艰难,却也其乐无穷。

把握学科核心素养与学科基本问题,就是把握学科的基本要义;运用学科思维建构问题,就是用学科的思想解决学科问题;基于学科学习方式解决问题,就是用学科的方式做学科的事。

一、语文课程中的问题化学习

1. 学科核心素养与学科基本问题

语文学科核心素养是学生在积极的语言实践活动中积累与构建起来,并在真实的语言运用情境中表现出来的语言能力和品质,是学生在语文学习中获得的语言知识与语言能力，思维方法与思维品质，情感、态度与价值观的综合体现。它主要包括"语言建构与运用""思维发展与提升""审美鉴赏与创造""文化传承与理解"四个方面。《普通高中语文课程标准（2017年版2020年修订）》中指出："要引导学生在语言文字运用的过程中发现问题，培养探究意识和发现问题的敏感性，探求解决问题和语言表达的创新路径"，"加强实践性，促进学生语文学习方式的转变"。

"语言建构与运用"是指学生在丰富的语言实践中，通过主动的积累、梳理和整合，逐步掌握祖国语言文字特点及其运用规律，形成个体的语言经验，具备在具体的语言情境中正确有效地运用祖国语言文字进行交流沟通的能力。

"思维发展与提升"是指学生在语文学习过程中，通过语言运用，获得直觉思维、形象思维、逻辑思维、辩证思维和创造思维的发展，促进深刻性、敏捷性、灵活性、批判性和独创性等思维品质的提升。

"审美鉴赏与创造"是指学生在语文学习中，通过审美体验、评价等活动形成正确的审美意识、健康向上的审美情趣与鉴赏品味，并在此过程中逐步掌握表现美、创造美的方法。

"文化传承与理解"是指学生在语文学习中，继承中华优秀传统文化、革命文化、社会主义先进文化，理解、借鉴不同民族和地区的文化，拓展文化视野，增强文化自觉，提升中国特色社会主义文化自信，热爱祖国语言文字，热爱中华文化，防止文化上的民族虚无主义。

语文学科核心素养的四个方面是一个整体。语言是重要的交际工具，也是重要的思维工具；语言的发展与思维的发展相互依存、相辅相成。语言文字是文化的载体，又是文化的重要组成部分；学习语言文字的过程也是文化获得的过程。语言文字作品是人类重要的审美对象，语文学习也是学生审美能力和审美品质发展的重要途径。其中，语言建构与运用是语文学科核心素养的基础，在语文课程中，学生的思维发展与提升、审美鉴赏与创造、文化传承与理解，都是以语言建构与运用为基础，并在学生个体言语经验发展过程中得以实现的。

语文课程问题化学习的过程，是学生在文本的解读、品鉴及创作中自主发现并提出问题，在追问中建构问题系统、解决问题的过程，它既是学生思维发展与提升的过程，也是语言建构与运用的过程，同时是提升学生审美鉴赏与创造力、实现文化传承和理解力培养的过程。问题化学习是学习者基于问题发现与解决的自建构过程，这个过程以问题为纽带，将"语言建构、思维加工、审美体验、文化理解"形成一个整体，从而促进学生个体言语经验的发展，为素养本位的语文学习提供了切实可行的实践道路。

2.学科思维与问题建构

语文课程是一门学习祖国语言文字运用的综合性、实践性课程。工具性与人文性的统一，是语文课程的基本特点。语文作为人文学科，要特别关注人文问题解决的规律与特点，而它最基本的方式是通过体验、感悟而获得理解。要遵循语文课程工具性与人文性的特点，在观照语文问题人文性的同时，也观照其言语实践性。

语文学科思维就是在语文学习的过程中思考问题的方式。例如，在阅读理解的过程中，可以通过思考六个维度的问题实现整体理解。

维度一：浅释性理解问题，即从文章"写了什么"和"怎样写的"两个角度对文章进行解读，包括理解文章的基本内容、表达顺序，作者的行文思路、思想感情，主要的艺术手法、语言风格等。

维度二：领悟性理解问题，即从"为什么这样写"的角度对文章进行解读，通过对写作意图的深层挖掘，结合时代背景与作者的思想倾向，领会文本内容的深层含义、关键词语、句子或段落的弦外之音，领悟作者对文本语言处理、谋篇布局和手法选择的匠心。

维度三：赏析性理解问题，即从"这样写好／不好在哪里"的角度对文章进行解读，调动学习者的知识积累、阅读积累和生活积累，展开丰富的想象和联想，对文本中的人、事、景、物等艺术形象，对文章的结构安排、线索设计，以及语言、修辞、表现技巧等艺术手法进行感受、体验、欣赏和鉴别。

维度四：洞察性理解问题，即从"我同意／不同意作者的观点"的角度对文章进行解读，能够用批判的眼光审视文章主旨，通过作者对人物命运的安排、意境的营造等体会作者的意图、风格或偏见，洞悉作者在文章中表现的潜在价值观，对作者的观点及看法加以质疑，从现代眼光、现实意义或另外的角度审视文章的主题，提出个人的见解。

维度五：移情性理解问题，即从"如果我是作者／文中人物"的角度对文章进行解读，就是放下自己的参照系，深入他人的情感和世界观内部，尝试用作者或作品中人物的眼光来观察、思考问题，设身处地为他人着想，深入体会其感情和观点的由来，感受作者通过笔下具体形象所展示的内心世界，从那些或许与自己不相容的人或事中体会到其中的意义。

维度六：自省性理解问题，即从"对我有什么启示"的角度对文章进行解读，将文章主题融入自己的生活和内心世界，从"做什么样的人，拥有什么样的人生"出发，反思个人的价值观与处世原则，思考富有哲理的人生内涵，领悟生命的终极价值。

六个维度的问题事实上也体现了阅读理解的基本层次，只是它更强调从不同的角度去整体感知。在具体的教学过程中，不强调线性的安排，教师可以根据文本的特点与学生生成的问题灵活地组织。

在问题化阅读中，阅读的层次、过程与角度，都可以是问题系统形成的依据。而在问题化作文中，写作时的审题立意、结构构思、语言锤炼、人生思考与情感体验，也都可以通过问题获得启迪。从写作的要求看，有审题立意的问题、结构优化的问题、人生思考的问题与情感体验的问题。具体包括"写什么""为何写""怎么写"三个基本问题。

此外，语文课程学习中须基于不同任务类型建构问题系统，实现不同的学习功能。如初读感知文本后建构问题集，根据文本解读的层次和推演过程形成线性的问题链，围绕文本核心问题与辅助问题的解决，形成纵横交错的问题网。再如，不同专题之间自成问题系统，并相互联结形成问题域，问题域可以涉及不同专题的知识与理解系统，此种问题系统可以拓展学生的学习视角，引发多角度的问题思考，可适用于整本书阅读。还有，围绕写作的主题/命题/话题，形成问题推演圈等。还可在阅读（整本书阅读）、写作、综合性学习、口语交际等不同课程板块进行问题系统建构的实践。

再有，解读不同文体类型的文本所建构的问题系统代表了学科学习特有的学习路径。记叙文、议论文、说明文都有特定的文本解读规律，通常通过特定的问题系统体现其学习路径。例如，记叙文阅读中，"人""事""物""情（理）"是阅读的基本元素，写人必定要写事，而写事也离不开写人，物是联系人与事的纽带，作者对人对物的情感又是通过具体的事来表现的，对人物命运的走向及根源的剖析则是获得理的过程。由此，可以基于"人""事""物""情（理）"四个基本元素来建构记叙文阅读的问题系统。说明文包括事物性说明文与事理性说明文，教师需要帮助学生寻找文本内在的说理逻辑、材料与材料之间的关联，梳理清楚说明的完整过程，进而全面把握说明对象的基本特征及内在规律。议论文阅读的基本问题是"作者的中心论点是什么"，通过对分论点的梳理、论据与论证方法的分析、论证结构的把握及论证语言的品析，可以整体把握作者的中心论点，理解作者的情感倾向。诗歌阅读的核心问题常常是诗歌的传情达意，诗中聚焦的景（物）、人（事）就是传情达意的基本载体，因此诗歌阅读时要建立这些基本载体同"情""意"之间的联系，关注词与句的联系、句与句的联系、句与整诗的联系，架构诗歌中景（物）、人（事）、情（意）之间的关联，帮助学生形成具有关联的整体性问题系统。

读写转化中建构"问题系统"，发现写作路径，从材料选择到中心立意，再到文章构思和语言锤炼等，都是围绕着"写什么""为何写""怎么写"三个层面的问题展开的。

3. 学科学习方式与问题解决

听说读写是语文学习最基本的活动方式，也是基础性的能力。其中，阅读与写作是语文能力的基石。阅读是学生、教师、文本之间对话的过程，是思想碰撞和心灵交流的动态过程。为此，阅读教学首先就要培养起学生的问题意识，即对问题具有自觉的敏感性，把问题作为阅读对话与交流的纽带并贯穿始终。

写作的本质是人的一种生命实践形式[①]，写作作为人的一种存在方式，是人的思维本质、语言本质和社会本质的必然体现[②]。我思故我在。人在写作时，不可能没有问题。问题伴随着写作的发生及展开，并在这个过程中实现思维的发展，使学生获得情感的体验与人生的思考。中国学生作文的最大缺陷是缺乏问题思维，即作文不是围绕着某个问题展开的（更谈不上富有层次地展开），很多时候表达的是一种飘浮不定的情绪，缺乏思考，缺乏智慧。我们培养孩子写作文，不仅要培养他们良好的语言表达能力，更要培养他们成为善于思考、有智

---

① 杨邦俊. 从写作的本质看作文教学的改革 [J]. 语文教学与研究，2006（6）：14-15.
② 张杰. 关于写作本质的哲学追问：我们为什么需要写作 [J]. 襄樊学院学报，2006（4）：58-63.

慧的人，成为有思想、有价值判断的人。要让他们学会关注社会，关注内心，善于思辨，发现得了问题，也提得出观点。

无论是写议论文还是写记叙文，都是要有问题的。议论文更多涉及有关逻辑论证的抽象思维，记叙文更多涉及有关审美情感的形象思维。就生活作文而言，问题从发现而来；就考场作文而言，问题应该从审题而来。问题不仅包括"是什么"，还包括"应该是什么""为什么这样""意味着什么"等等，所以更应该反映一种经验、一种情感、一种精神与价值。比如说，写《牵挂》，有人写"我"牵挂过哪些人，"我"是怎样牵挂的；而有人写牵挂是一种关怀，是一种忧愁，是一种幸福。显然，前者没有认真研究"牵挂是什么"这个问题，也就谈不上对"牵挂是什么"这个问题有独特发现。

问题化作文，就是围绕中心问题的创作活动，问题推进的路径就是写作的线索。问题化作文的价值，就在于它不是简单地教授写作的知识与技巧，而是通过问题直接指向学习者的思考与体验。问题可以很好地整合写作知识、作者情感与思维。面对一篇好文章，教师可以通过对问题的深化、扩展，使学生获得更深刻的思想与更丰富的情感。问题化作文还可以在一定程度上消除作文课上教师要么不指导，要么指导以后学生作文内容雷同甚至语言都一样的尴尬。如果给出的是问题，而不是既定的答案，那么每个人都可以有自己的思考、自己的观点，就不会形成内容趋同的作文。教师的支架式问题与学生的生成性问题，可以使学生获得思考的框架与路径，并因为不一样的解答而使作文呈现不同的面貌。

素养本位的语文课程与教材并不是以单篇课文来组织的，也不把听、说、读、写作为单项技能分别进行训练，而更多地是以语文学科核心素养为纲，以学生的语文实践为主线，设计整合性的语文学习任务群。语文学习任务群以任务为导向，以学习项目为载体，整合学习情境、学习内容、学习方法和学习资源，引导学生在运用语言的过程中提升语文素养。

学习任务群以自主、合作、探究性学习为主要学习方式，追求知识、技能、思想情感、文化修养等多方面、多层次发展的综合效应，而不是学科知识逐"点"解析、学科技能逐"项"训练的简单线性排列。学习任务群的设计，旨在引领语文教学的改革，力求改变教师大量讲解分析的教学模式。学习任务群的课程结构与教材编写模式，需要我们在新的阶段理解语文学习，用语文的方式做语文的事，通过语文特有的方式来解决语文的问题，也就是要将听说读写作为一个综合活动方式来进行，将阅读与鉴赏、表达与交流、梳理与探究等作为整合性的活动来探索实践。

二、数学课程中的问题化学习

1. 学科核心素养与学科基本问题

《普通高中数学课程标准（2017 年版 2020 年修订）》把数学学科核心素养分为六大方面：数学抽象、逻辑推理、数学建模、直观想象、数学运算和数据分析。

数学抽象是指通过对数量关系与空间形式的抽象，得到数学研究对象的素养。主要包括：从数量与数量关系、图形与图形关系中抽象出数学概念及概念之间的关系，从事物的具体背景中抽象出一般规律和结构，并用数学语言予以表征。

逻辑推理是指从一些事实和命题出发，依据规则推出其他命题的素养。主要包括两类：一类是从特殊到一般的推理，推理形式主要有归纳、类比；另一类是从一般到特殊的推理，推理形式主要有演绎。

数学建模是对现实问题进行数学抽象，用数学语言表达问题、用数学方法构建模型解决问题的素养。数学建模过程主要包括：在实际情境中从数学的视角发现问题、提出问题，分析问题、建立模型、确定参数、计算求解，检验结果、改进模型，最终解决问题。

直观想象是指借助几何直观和空间想象感知事物的形态与变化，利用空间形式，特别是图形，理解和解决数学问题的素养。主要包括：借助空间形式认识事物的位置关系、形态变化与运动规律；利用图形描述，分析数学问题；建立形与数的联系，构建数学问题的直观模型，探索解决问题的思路。

数学运算是指在明确运算对象的基础上，依据运算法则解决数学问题的素养。主要包括：理解运算对象，掌握运算法则，探究运算思路，选择运算方法，设计运算程序，求得运算结果，等等。

数据分析是指针对研究对象获取数据，运用数学方法对数据进行整理、分析和推断，形成关于研究对象知识的素养。数据分析过程主要包括：搜集数据，整理数据，提取信息，构建模型，进行推断，获得结论。

数学教育的终极目标是引导学生会用数学眼光观察世界，会用数学思维思考世界，会用数学语言表达世界。史宁中教授指出，所谓数学的眼光，本质就是数学抽象，抽象使得数学具有一般性；所谓数学的思维，本质就是逻辑推理，推理使得数学具有严谨性；所谓数学的语言，主要是数学模型，模型使得数学的应用具有广泛性。[①] 这些是数学学科的关键能力，贯穿于数学问题解决的过程中。

2. 学科思维与问题建构

数学学科思维指的是在数学学习的过程中是怎么思考问题的。数学学习本身就是一个发现问题与解决问题的过程，逻辑推理是基本的思维形式。逻辑推理主要表现为：掌握推理基本形式和规则，发现问题和提出命题，探索和表述论证过程，理解命题体系，有逻辑地表达与交流。数学学科的关键能力还包括数学抽象、数学建模、直观想象、数学运算和数据分析。

在数学学习中提问、追问，凸显数学素养。例如类比问题：我们如何基于之前所学的正比例函数来研究反比例函数？又如提出一个猜想后，紧接着追问："我该如何证明？是否有相关的案例来说明（枚举法）？我能举出所有的情况吗（穷举法）？有反例吗（证伪）？是否需要分类讨论？……"另外就是从一般原理推出个别结论的演绎推理。演绎推理是逻辑证明的工具，无论是执因索果还是执果索因，都可以通过追问建构思维的链条。前者是从条件出发，逐步推导出所需的结论，反映在解法上往往为综合法；后者则是从结论出发，逐步追溯使结论成立的条件，反映在解法上就是分析法，也称为逆推法。综合法的特点是从已知看可知，逐步推向未知；而分析法的特点则是从未知看需知，逐步靠拢已知。在实际解决问题的过程中往往是用执果索因的思维方法分析寻找解题思路，而用综合法表达解证过程。求证过程中追问逻辑反映数学的推理意识，

---

① 　史宁中 . 高中数学课程标准修订中的关键问题 [J]. 数学教育学报，2018（1）：8–10.

提问、追问、建构问题系统的过程也是问题解决的过程。

如果问题具有大的探究空间，我们就可以通过追问这个大问题，前后联系形成问题系统。例如，"长方形的周长和面积有什么关系？"这个问题，不是一下子就能解决的问题，从某种意义来说，它指向由若干具有内在联系的学习内容并形成知识网络（见图 11.5）。如果创设有效的问题情境，基于一定的目标和内容，通过有效的师生追问、生生追问，就可以按照一定的思考逻辑构成学习模块。解决这样一个大问题不是一个课时的目标，而需要对"图形的周长""长方形、正方形的面积"这两个单元的知识有系统的认识，学生有了更广泛的联系性思考之后，就会进入深度学习。这样的问题系统有利于学生理解与贯通"周长"与"面积"两个单元的知识，有利于学习迁移。

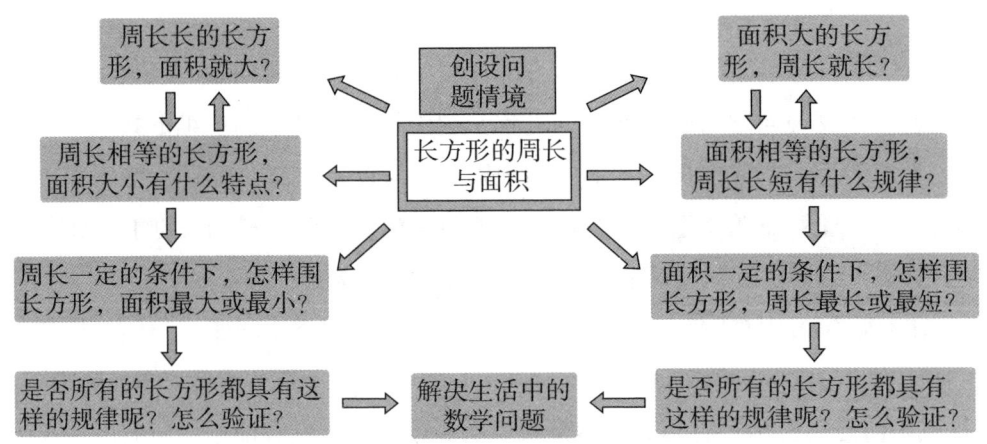

图 11.5 "长方形的周长与面积"问题系统

"周长相等的长方形，面积大小有什么特点？""面积相等的长方形，周长长短有什么规律？"这两个子问题给学生创造了研究的闭环。"周长（面积）一定的条件下，怎样围长方形，面积（周长）最大（最长）或最小（最短）？""是否所有的长方形都具有这样的规律呢？怎么验证？"这两个子问题继续深入，让我们看到了"图形与几何"模块除了主要对应空间观念和几何直观这两个数学核心概念外，还关涉推理能力、模型思想和应用意识。

3. 学科学习方式与问题解决

问题化学习的数学课堂，遵循问题化学习的首要原理、实践要点与基本过程，真正地做到以学生的问题为起点，有效聚焦核心问题的探究，通过合适的学习活动有效解决问题，通过师生、生生互动追问深化问题的解决，问题系统的建构体现数学学习的逻辑与思维。

对于数学学习而言，推理过程中的追问比一开始围绕课题的提问更有价值，方法问题比知识内容问题更为重要，解决问题后的反思性问题与问题发现时的猜想性问题同样重要。例如，通过追问"听懂他的方法了吗？你是如何想到的？他们的想法有何不同，又有何联系？"，可以再现学生真实的思考过程，让学生通过反思学会归纳自己或同伴的学习方法。

三、科学技术课程中的问题化学习

自然科学是研究自然界的物质形态、结构、性质和运动规律的科学。基础教育阶段的自然科学课程包括物理、化学、生物学，还包括小学和初中科学。

技术是解决问题的方法及方法原理，是指人们利用现有事物形成新事物，或是改变现有事物功能、性能的方法。技术应具备明确的使用范围和被人认识的形式和载体。基础教育阶段的技术课程包括劳动技术、信息技术、通用技术。

1. 学科核心素养与学科基本问题

物理学科核心素养主要包括物理观念、科学思维、科学探究、科学态度与责任四个方面。化学学科核心素养主要包括宏观辨识与微观探析、变化观念与平衡思想、证据推理与模型认知、科学探究与创新意识、科学精神与社会责任五个方面。生物学学科核心素养主要包括生命观念、科学思维、科学探究、社会责任四个方面。

三门学科具有基于各学科特点的个性化素养。比如"物理观念"主要包括物质观念、运动和相互作用观念、能量观念等要素。化学是变化之学，"变化观念与平衡思想"阐述的是化学变化中的"变"与"不变"问题，化学变化中的"不变"是相对的，是动态平衡。"宏观辨识与微观探析""变化观念与平衡思想"反映的是化学学科思维方式和化学学科思想。生物学中的"生命观念"主要包括结构与功能观、进化与适应观、稳态与平衡观、物质与能量观等。

三门学科也存在科学思维、科学探究、科学态度和责任等方面的共性素养。

比如"科学思维"主要包括模型建构、科学推理、科学论证、质疑创新等要素，"科学探究"主要包括观察现象、提出问题、实验设计、方案实施、分析讨论等要素，"科学态度和责任"主要包括科学本质、科学态度、社会责任等要素。

高中通用技术的学科核心素养包括技术意识、工程思维、创新设计、图样表达、物化能力五个方面。

2. 学科思维与问题建构

科学思维包括模型建构、科学推理、科学论证、质疑创新等要素。科学探究中通常可以有这样一组追问，它体现了思维的过程。

（1）观察现象：有何发现？为何会有这种现象？

（2）文献调查：前人是否有过类似的发现？他们用什么方法、怎么解释这个问题？

（3）猜想假设：是什么原因导致这一现象的？

（4）实验验证：用什么可以证明假设？怎样根据数据来解释现象呢？

（5）综合考虑：考虑更多的可能因素，比如考虑这些因素的综合作用。

（6）深入下去：为什么这个因素与现象具有因果关系？更深层次的机理是什么？

（7）推广开来：这个结论换个对象是否仍然成立，有无例外？这个规律有何应用价值？

（8）结果表达：如何表达研究结果？

相较于科学思维，工程思维是以系统分析和比较权衡为核心的一种筹划性思维。工程思维通常包括：一是分析问题，了解研究对象是什么，为什么要设计它，现有的产品有何缺陷等；二是明确目标，确立究竟在哪个方面进行改进，是外观、工艺、材质还是功效；三是设计验证，要进行复杂的运算、测试、调整、完善等；四是运用完善，通过推广产品不断发现新问题，降低成本，促进产品的持续改进提升，降低造价（见图11.6）。

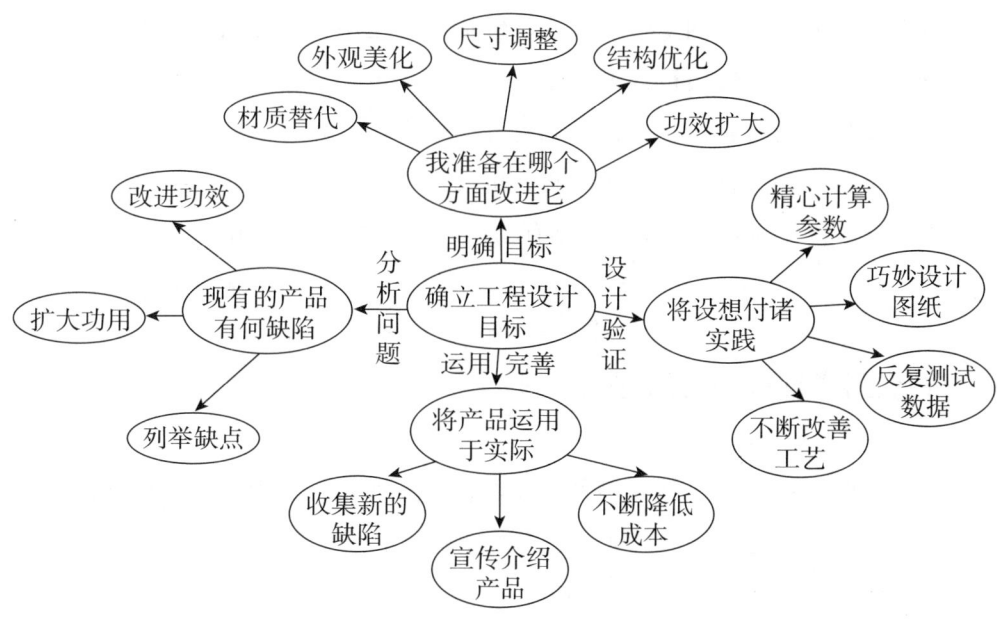

图 11.6　工程设计的问题系统

　　所以工程设计往往以发明、改进为主，运用现有的理论或技术不断改进产品，提高性能，降低成本。这类探索活动与科学研究有一定的区别，但是又有紧密联系。工程设计离不开基本的科学规律，但是工程又是指向运用的发明创造，对提高工程设计能力、培养工程和商业人才具有重要的价值。

　　3. 学科学习方式与问题解决

　　科学是以探究为核心的，实验是重要的探究方式。科学课程通过实验探究和实验验证，让学习者经历科学论证的过程，理解科学课程中的科学规律及它们之间的相互联系。"实验探究"主要包括问题、证据、解释、交流等要素，具体包括"提出问题，形成猜想和假设，获取和处理信息，基于证据得出结论并做出解释，以及对实验探究过程和结果进行交流、评估、反思"等过程。

　　技术是在做中学。工程设计、创新设计、物化能力是重要的技术素养。工程设计通常具有明确的目的性，学生能够认识系统与工程的多样性和复杂性；能运用系统分析的方法，针对某一具体技术领域的问题进行要素分析、方案构思及比较权衡；领悟结构、流程、系统、控制等基本思想和方法的实际运用，并能用其进行简单的决策分析和性能评估。创新设计是指基于技术问题进行创新性方案构思的一系列问题解决过程，包括学生运用相关理论、收集相关信息综合分析技术问题，提出符合设计原则且具有一定创造性的构思方案；能进行技术性能和指标的技术试验、技术探究等实践操作，并准确地观测记录与加工分析信息；能综合各种社会文化因素评价设计方案并加以优化。物化能力是指将意念、方案转化为有形物品或对已有物品进行改进与优化的能力。

四、社会科学课程中的问题化学习

社会科学是研究人类社会种种现象的科学，在基础教育阶段，社会科学课程主要包括历史、地理、思想政治、道德与法治等。

1. 学科核心素养与学科基本问题

根据普通高中课程标准，历史学科核心素养包括唯物史观、时空观念、史料实证、历史解释和家国情怀五个方面，地理学科核心素养包括人地协调观、综合思维、区域认知与地理实践力四个方面，思想政治学科核心素养包括政治认同、科学精神、法治意识与公共参与四个方面。

以历史学科为例，唯物史观是揭示人类社会历史客观基础及发展规律的科学历史观和方法论。围绕唯物史观，我们可以探讨"究竟是谁推动了历史的发展？哪些因素决定了历史发展的方向？生产力和生产关系之间究竟是什么关系？经济基础和上层建筑之间又是什么关系？社会存在和社会意识之间是什么关系？"等基本问题。

时空观念是在特定的时间联系和空间联系中对事物进行观察、分析的观念。任何历史事物都是在特定的、具体的历史时间和地理条件下出现的，时空观念是历史的本质特征。围绕时空观念，我们可以探讨"什么是历史？历史是在怎样的时空背景下发生的？同不同空间的时代发展有何关联？同一空间不同时代有什么联系？如何认识和解释当时的历史现场？如何认识和解释不同的时空条件下的历史现象？如何从今天或者未来的视角审视过去？"等基本问题。

史料实证是指对获取的史料进行辨析，并运用可信的史料努力重现历史真实的态度与方法。围绕史料实证，我们可以探讨"我们是如何知道历史的？通过历史遗留下来的蛛丝马迹，可能是遗迹、遗物、文字、影像等等，如何获取史料？又怎么证明得到的史料就是真实的呢？同一问题不同记载的史料该如何甄别？这样的史料有价值吗？"等基本问题。

历史解释是指以史料为依据，以历史理解为基础，对历史事物进行理性分析和客观评判的态度、能力与方法。所有的历史叙述在本质上都是一种对过去的阐释和评判，即便是对基本事实的陈述也包含了叙述者对史事描述的整理与组合、立场与观念等。围绕历史解释，我们可以探讨"我们怎样认识历史？历史事件为什么发生？这件事和那件事之间有什么关联？产生了怎样的作用和影响？今天的生活和过去的历史之间有什么关联？国家为什么选择的是这条道路，而不是那一条？历史人物在关键时刻为什么是这样选择的？他的选择对国家和社会产生了怎样的影响？我们该怎样评价过去的人和事？"等基本问题。

家国情怀是学习和探究历史应有的价值取向和人文追求，体现了学习和探究历史应具有价值关怀，要关注现实问题，以服务于国家强盛、民族自强和人类社会的进步为使命。通观历史，我们理解了国家、民族、社会，理解了与个人命运紧紧相连的历史和未来，油然产生对国家富强、人民幸福的情感，以及对国家的高度认同感、归属感、责任感和使命感。

2. 学科思维与问题建构

（1）基于学科思维的问题类型。

社会科学思维指的是在社会科学学习的过程中是怎么思考问题的。如依据历史学科特点和学科核心素养，历史学科问题有以下基本类型。

基本认知型问题：涉及历史事实（发生的时间、地点、人物、过程、结果等）、历史概念、历史沿革及其特征等。如什么是中央集权体制？

联系比较型问题：联系相关或相反的知识进行区分、对比、分析，比较异同、归纳关联，进而汲取历史信息，深入理解、综合分析历史问题。如空想社会主义和科学社会主义有何关联、有何区别？

求证型问题：针对已知的历史结论，对于"直接证据"与"间接证据"、"有意史料"与"无意史料"等进行史料来源和史料价值的判断，综合运用现代科技手段，运用史学思想方法，最大限度地还原历史真相的演绎过程。如为什么说蒸汽机是工业革命中最伟大的发明？

辩证型问题：历史认识是极其复杂的，受到时代背景、价值观、立场、视角、知识水平、具体处境等多种因素的影响，理性科学的历史认识需要在唯物史观下，从多维度视角考察历史事件，从整体上、本质上认识历史。如菲律宾马克坦岛上麦哲伦纪念碑上的文字，一面记录了他领导第一次环球航行，对人类文明做出了贡献，另一面又指出他是一个"入侵者"。为何对麦哲伦做出这样的评价？

推理型问题：学习历史的目的不在于知道某年某月某日发生了何事，而在于揭示其发生、发展及变化的路径。历史教育的内容是过去的事，但所求的却是未来的事，即从历史的角度认识现实，观照现实和未来。它要求基于一定的历史证据和客观规律，置于一定的历史背景中，运用科学的方法和合理的逻辑对未知进行推理，得出结论。比如"结合国内国际背景，运用所学知识，想象你生活在100年前的欧洲或者100年后的中国，合理描述你的生活状况"。

反思型问题：历史反思就是为了解决在认识历史过程中产生的疑问或困惑而进行的探究行动。它要求通过查证历史资料的可靠性，通过检验思维逻辑的合理性，通过辨别结论或判断的准确性，反思认识历史、解决问题的过程和方法，以培养求真的科学精神和科学态度，获得认识历史的科学方法。比如"这样的历史结论准确吗？还有别的认识吗？如何验证这些历史结论？"

（2）基于学科思维的问题系统。

学科核心素养指明了学科学习需要发展的核心思维，可以借助问题系统，实现学科思维的发展。要通过问题系统将分散、抽象、内隐的思考进行系统化、逻辑化、可视化表达，形成可迁移于新问题解决的思维路径。这样不仅可以解决一个问题，而且可以解决一类问题。

例如，地理学科核心素养中的综合思维具体表现为要素综合、时空综合、区域综合。它们从不同的角度给地理学科综合思维培养指出了明确的路径，三者之间的关系如图11.7所示。

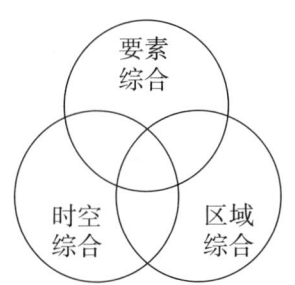

图 11.7　地理学科综合思维

　　要素综合是指各类地理事物都是由多种地理要素有机组合形成的一个复杂的综合体，包括多个自然要素的综合、人文要素的综合、自然和人文要素的综合。因此，分析地理事物、地理现象时，要从多角度分析各地理要素之间的相互联系，从而全面理解和解释地理现象和事物的发生发展的规律。

　　时空综合是指分析地理事物在时间、空间上的发展和变化。可以是不同时间同一地区的地理要素的对比分析，也可以是同一时间维度不同地区的地理要素的对比分析，找出其发展的共性和差异，分析在不同地域中，自然地理要素、人文地理要素等因素对地域环境产生的影响，进而协调人地关系。

　　区域综合是指任何地理事物和现象都会在一定的区域范围内发生和发展，因此分析问题应立足于某一具体区域，并结合当地的地理要素，综合分析该区域内自然地理要素和人文地理要素对区域的影响，从而探究地理事物、地理现象在当地发生发展的变化情况。分析地理事物的空间维度，可以遵循由大到小、由整体到局部的方法。

　　以上三个方面互相联系，充分体现出地理学习的综合性特征，体现了区域认知、人地协调观等其他核心素养。问题系统需要遵循学科学习的规律来建构。

　　（3）基于认知水平的问题系统。

　　此外，问题系统的建构还应考虑学习阶段与认知建构的过程。例如，历史学科学习大略分为以下三个层级。第一，了解层级，包括了解历史事件发生的时间、地点、人物、原因、过程、结果等基本要素。问题系统通常由"什么背景下发生的？有哪些内容？有什么特点？结果怎样？有何影响？"等构成。第二，理解层级，即理解历史事件和历史人物，并能解释已形成的历史观点，在特定时空背景下，基于对身份、视角、立场、证据、主观动机的理解，追问历史事件在什么情境下发生，与谁有关，相关证据是否真实，立场是否客观，等等，构建问题系统。第三，应用层级，即在唯物史观下，通过对于历史事件的审慎辨别，学会运用科学方法，自我建构历史认识的态度和价值观。三个层级的基本问题是递进的关系，解决这些问题的过程，也是历史学科核心素养逐渐养成的过程。

3. 学科学习方式与问题解决

学科学习有其特定的规律，这是需要把握的关键。比如，历史学习是在唯物史观的指导下，通过史料实证的方法获取尽可能接近真相的史料，置于特定历史时空条件下进行理性的历史解释，从而形成正确的人文追求和价值观。地理是用着地的方式学，即在地理实践中学习。思想政治是议中学，即在辨析中学习，在公共参与中学习。

在具体的课堂教学中，历史学科学习常有"阅读史料—查证史料—完善认识"的学习过程，学生针对史料追问解决了基本认知型问题，针对历史结论、历史逻辑、历史研究方法追问解决了求证型问题、联系比较型问题、辩证型问题、推理型问题、反思型问题等，并由此建构起理解不同历史观点的思维过程：在特定时空背景下，基于对身份、视角、立场、证据、主观动机等的理解，通过查证、反思进一步完善历史认识，养成历史学科核心素养。

第一个阶段，阅读史料。此时可以从史料视角进行追问，提出基本认知型问题：他们是谁？在什么历史情境下？针对什么问题？表达了什么观点？表现出怎样的情感态度？等等。通过这个过程，确定身份、立场，确定特定的时空条件，确定核心事件，确定核心观点，确定立场态度。也可以从结论的角度进行追问，提出求证型问题：为什么要这样表达？可信吗？为什么？等等。通过这个过程，确定目的动机，评估可信度，寻求证据，从而发展唯物史观、时空观念。

第二个阶段，查证史料。此时可以从逻辑的角度进行追问，提出联系比较型问题、辩证型问题：有不同的观点吗？有不同的身份立场吗？是在不同的历史情境下吗？谁的观点更为准确？等等。通过这个过程，查证检验、辨别结论、确定评价标准、判断准确性，从而发展史料实证、历史解释的核心素养。

第三个阶段，完善认识。此时可以从方法的角度进行追问，提出推理型问题、反思型问题：为什么有不同的观点？可以理解吗？我们该如何认识？等等。通过这个过程，理解不同观点，判别背后动机，反思认识历史的过程，从而发展历史解释、家国情怀等核心素养。

五、综合课程的问题化学习

1.综合课程学习与跨学科素养

相较于分科课程，综合课程学习有七个特征[①]：（1）重视实际体验；（2）重视学习与生活的结合；（3）重视与自然、文化、社区的接触；（4）重视儿童自主的探究活动及其过程；（5）内容具有发展性，能不断衍生其他各式各样的学习活动；（6）整个学习过程都贯穿着中心主题；（7）重视与他人的合作。

综合课程学习中蕴含创造性思维、批判性思维、探究与问题解决、合作等重要的跨学科素养。欧盟指出，核心素养由知识、技能、态度构成，是对特定情境问题采取的适当行动。其提出的八项核心素养分别是母语沟通、外语沟通、数学与基本的科学技术素养、信息素养、学会学习、公民与社会素养、创新精神与创业意识、文化意识与表达。细究之，前三项核心素养可包含于分科课程中，后五项核心素养是跨学科素养。每项素养都强调批判性思考、创造力、创新、问题解决、风险评估、行动决策、建构性情绪管理。

我国的人文底蕴、科学精神、学会学习、健康发展、责任担当、实践创新六大学生发展核心素养类似于跨学科素养。

2.综合课程学习的几种形态

根据学习内容的综合程度，综合课程的学习可以分为多学科综合、跨学科综合与超学科综合。

多学科综合指不打破学科界限，只是在必要时通过共同的知识背景、基本原理、价值观念等来实现不同学科之间的沟通。严格意义上，它是一种拼盘式的多学科综合学习。

---

① 刘启迪.论综合课程的学习活动方式 [J].课程·教材·教法，2000（4）：11-15.

跨学科综合是指围绕某一主题，将学科知识教学与学生生活结合起来的学习。这一模式包括两种组织方式：第一种是以某一学科为主开展跨学科的学习活动，如通过学科长作业以一个学科为主又跨越本学科进行活动；第二种是围绕一个共同主题开展跨学科学习活动。① 跨学科学习通常包括各种活动，但它不同于传统的以儿童为中心的活动，并不排斥学科教学，而是通过活动将各学科知识联系起来。从课程的角度说，体现为综合课程与学科课程、学科课程与活动课程的有机统一。

超学科综合是一种超越或忽视学科的以经验为中心的无学科痕迹的课程。一种是经验课程，即从儿童兴趣出发，围绕各种具体生动的活动或问题情境组织活动或展开问题解决过程。比如建立一个乌托邦式的社区，或建造一个游乐场。另一种是核心课程，是以重大社会问题为中心的学习，即围绕某些困扰当代社会的关键性且有争议的问题，如以冲突和暴力为核心，引出几个学科的内容来，鼓励学生批判性地研究社会问题，发展创造性思维，探讨社会改革的途径。

还有一种综合课程学习是建立在融合课程与广域课程基础上的。融合课程更强调各学科间的联系，把部分学科统合于范围较广的新科目中。它将同一领域的或不同领域的某些学科加以合并，构成新的学科。在融合课程中，每门学科都要放弃它们各自的特性，从而形成新的联合。如地球科学，就是主要将地理学和物理学的某些领域加以合并而形成的一门新的学科。广域课程在综合的范围上比融合课程更为宽泛，往往包含某一完整的知识分支或知识领域，它在更广阔的范围内重新组织课程内容，容易形成一种有机的整体性的课程。最显著的例子是日本的综合理科课程与美国加利福尼亚州新的社会学科课程。

3. 综合课程中如何实施问题化学习

（1）以问题来组织课程内容。

综合课程内容的组织方式可以是以概念为中心的，也可以是以主题／问题为中心的。通过问题来组织课程，注重学习的过程与学习者的自主参与，注重整合学科知识与学生经验、学术问题与现实问题，从而使课程的学科本位、儿童

---

① 王洁. 综合课程开发与案例 [M]. 上海：文汇出版社，2002：21.

本位、社会本位趋向理性平衡。问题化学习更强调通过问题系统的组织，来优化学习内容与学习过程，以形成一种合理的序列与结构，从而克服传统的问题中心课程忽略学习系统性、顺序性，以及学习材料逻辑性不足的缺陷，进而实现一种既有效能（注重能力提升）又有效率的学习（注重知识的体系性获得）。

综合课程中的问题，并不像特定的学科课程问题那样具有明显的背景性知识特征与学科教学目标倾向，它可能更为灵活，可能会涉及先前所述的诸多问题类型。由于其学习的综合性、扩展性，问题系统的组织模式更多地表现为围绕一个大问题／主题／课题而展开。至于如何展开，展开之后形成何种类型的问题系统，则取决于问题类型、目标取向、内容结构、组织线索，以及学习的过程与方式。

在综合课程学习中，无论具体的学习过程如何展开，其学习的源问题（主题／问题／课题）通常可以根据内容的综合程度与来源取向，分为学科学习中的拓展问题、跨学科的共同主题、真实情境中的复杂问题等。

（2）跨学科学习主题的选择。

跨学科主题的学习，就是运用不同的学科知识解决同一个问题，或是在不同的学习领域中解决同一个问题并实现知识的迁移。跨学科主题是综合课程学习中的一个术语，目的是通过跨学科学习，理解共通的原理。自然界和社会中存在着一些共通的规律和法则，通过跨学科学习，可以加深对它们的理解，并形成对普遍规律的认识。

主题的选择很重要，通常以学生的兴趣为起点，但不能以满足学生的兴趣为终点，可以把学生感兴趣的内容转化为主题，如"从哪些生活现象中可以发现黄金分割？"。

主题选择的另一个重要标准，即主题必须是内涵丰富、有价值的，就是说在不同的学习领域中都可以找到这个主题。如"节奏"就可以作为一个跨学科学习的主题。首先，我们可以说明什么是节奏，即某种因素有规律的反复。然后，我们可以从不同角度认识节奏现象。从自然学习的角度，认识四季的更迭、昼夜的交替、花开花谢、潮起潮落等节奏现象。从体育的角度，认识人的呼吸、脉搏，人体的运动变化等节奏现象。从音乐学习的角度，认识节奏在音乐中所具有的重要作用（旋律、和声、节奏构成音乐的三要素），认识节奏是形成不同音乐风格的重要因素之一。从语文学习的角度，认识段落的疏密、文学作品中情节的变化所体现的节奏感。从美术学习的角度，认识线条的虚实疏密、明暗及与色彩、构图所形成的节奏变化，并在美术创作和设计中自觉地运用节奏规律，达到更好的艺术效果。

（3）问题化扩展。

在选取主题之后，如何进行问题化的扩展呢？①确定共同主题，创设问题情境。如学习"生活中的精灵——黄金分割0.618"，可以从经典之作《蒙娜丽莎》开始，理解什么是黄金分割，以及黄金分割的魅力。②选择合适的渗透与扩展领域，提供丰富的学习资源。③师生互动产生子问题。④从问题的优先度考虑，编列合理的问题系统。⑤根据子问题设计具体的学习任务、学习过程与对结果的评价。

（4）学生的问题是从学科跨出去的起点。

无论是在学科学习中产生的问题，还是在生活探究中发现的问题，学生的问题由于通常不像教师的问题那样具有明显的学科界限，就恰好成为跨学科学习的源头。如在数学课中学习黄金分割原理，学生自然会产生问题：毕达哥拉斯当时是如何发现黄金分割的？黄金分割是艺术领域审美的普遍原理，这个原理可以应用到艺术乃至生活的各个领域。

（5）创设真实的任务情境。

超学科问题通常是一个真实世界中的开放性任务，如设计一则广告，表演一个幽默故事，设计一个承重更大的结构，等等。它是指把学习设置于复杂的、有意义的问题情境中，通过让学生小组合作共同解决复杂的真实问题，来发展学习素养。具体设计的时候，需要把素养装在问题里，把问题装在任务里，把任务装在情境里。问题情境、学生、教师是问题解决的三大基本要素：问题情境是课程组织与设计的关键，学生是解决问题的人，教师是学生解决问题时的工作伙伴、指导者。

与学科课程不同的是，由于综合课程学习在目标、内容、方法上都较开放，所以每个学习者可以确定自己不同的核心问题，形成自己的探究方向、探索路径、解决方法，从而形成自己的学习成果。

（6）持续探索追问决定了可以走多远。

对于综合课程学习而言，从不同视角与领域进行的追问，决定了其能够走多远。例如，在学习中国山水画构图留白、探讨中国山水画构图留白给人哪些美的意蕴时，如果追问"中国山水画如何实现从写实向写意的转变？中国山水画中的留白与中国章回小说、戏剧、建筑中的'留白'是否有联系？"，这就连接到文学艺术；如果追问"是什么因素促进了中国山水画中留白的形成？是南宋政治变革引起的'残山剩水'意识吗？"，这就连接到政治；如果追问"北宋时期，北方山水派系和江南山水派系各自的特点是什么？其画风是否与南北方的山水地貌、风土人情有联系？"，这就连接到地理；如果追问"中国山水画中的留白与道家'虚实相生、有无相成'的思想有着怎样的联系？"，这就连接到哲学。

（7）问题系统建构起综合课程学习的路径。

在分科学习中，问题系统的价值在于融通了学科知识体系与认知建构过程，并在这个过程中形成学科问题解决能力。对于综合课程学习而言，学生在问题解决的过程中自建问题系统，既是问题解决的路径，也是连接不同学科的方式。

（8）合作解决问题在综合课程学习中尤其重要。

学会共同生活是联合国教科文组织提出的终身学习的五大支柱之一。较分科学习而言，在综合课程学习中，合作解决问题更为重要。这是因为真实的结构不良的问题解决更需要"三个臭皮匠顶个诸葛亮"，需要不同的视角、方法与路径，需要学生在这个过程中彼此学习以获得综合的视野，更需要学会协作与分享以获得共同生活的能力。

六、其他课程领域

1. 外语学科

英语学科核心素养包括语言能力、文化意识、思维品质与学习能力。然而，教师在进行教材分析的过程中往往简单地将语言能力的发展理解为语言知识与技能的发展，忽略了学生思维品质与学习能力的培养。素养本位的英语教学，通过基于问题的自建构学习，促进学生自主发现并提出问题、聚焦核心问题、构建问题系统，从而提升学生思维品质，促进学生语言能力发展。

2. 艺术课程领域

艺术学科包括音乐、美术学科，也包括普通高中艺术学科，以及其他门类的艺术类课程。艺术学科的核心素养主要包括艺术感知、创意表达、审美情趣、文化理解。

美是艺术的核心。蒋勋认为，美不仅是可以被感知的，更值得去思考。没有美，没有沉思，成就不了文明。我们会被很多"美"所感动，那些直抵心灵的诗歌、音乐、绘画、雕塑与建筑……，带给我们的不仅仅是美的体验，更触及我们的灵魂。科学探知的美、哲学智性的美、文学意象的美、音乐律动的美、建筑凝固的美、绘画线彩的美不是割裂的。问题化学习可以促进艺术感知的形成、审美情趣的提升，实现艺术表现与创意表达，升华文化理解，提升学生艺术学科核心素养，最终实现艺术学科的育人目标。

3. 体育健康领域

体育与健康学科的核心素养主要包括运动能力、健康行为和体育品德。运动能力是体能、技战术能力和心理能力等在身体活动中的综合表现，是人类身体活动的基础。健康行为是增进身心健康和积极适应外部环境的综合表现，是提高健康意识、改善健康状况并逐渐形成健康文明生活方式的关键。体育品德是指在体育运动中应遵循的行为规范以及形成的价值追求和精神风貌，对维护社会规范、树立良好的社会风尚具有积极作用。

上述三个方面的学科核心素养联系密切、相互影响，在体育与健康教育过程中得以全面发展，并在解决复杂情境的实际问题过程中整体发挥作用。问题化学习以培养面向未来的问题化学习者为目标，能让学生在运动过程中自主发现问题、提出问题、构建问题系统并确定核心问题，让学生喜爱运动，积极主动参与运动，成为具有健康品德的自主运动者。

本 章 小 结

　　问题化学习作为一种学习方式贯穿于各学科学习中。研究团队通过实证数据验证了学生问题化学习的能力水平与其学科学业表现之间呈高度相关性。因此，问题化学习作为一种终身学习素养有助于学科素养的提升。

第三部分
培育问题化学习者

第十二章　从问题化学习到问题化学习者

上海市教育委员会原副主任、国家督学张民生教授曾经指出，问题化学习代表的，是未来教育需要培养的，面对不可预测的变化与复杂问题时，学习者应该具备的智慧与能力。

第一节　学校组织发展的思考

问题化学习不仅仅解决学习者现在的问题，还解决学习者未来的问题；不仅仅解决学习者知识学习、技能获得的问题，还解决学习者智慧生长、能力发展的问题；不仅仅让学习者能够解决可预测的、简单的问题，还让学习者能够解决不可预测的、复杂的问题。它意味着，问题化学习不仅是研究以及培养一种学习方式的问题，而且是研究并思考培养怎样的人的问题，即问题化学习者应该具备哪些必备品格和关键能力；不仅是研究以及实施一门课程的问题，而且是探索并思考怎样办一所问题化学习者的学校的问题，即问题化学习者的培养需要什么样的系统支持或有什么样的实现路径。

一、学校组织发展

一般而言，组织是指具有特定目标、基于特定规则而展开协作的群体。目标是组织形成的前提，规则是组织构成的关键，协作是组织运行的特征。对管理者而言，组织建设与发展需要考虑这样一些要素，包括组织目标、组织成员、组织结构、组织制度、组织文化和技术环境等。

组织之间的本质差别来自组织目标的根本不同。例如，企业组织主要追求的是"利润""效益"，社会组织主要追求的是"公平""正义"，军事组织主要追求的是"效率""胜利"。这导致它们无论在外显形态还是在内部运作等方面都存在很大不同。同时，如果说价值是"根"，目标是"本"，那么组织的"根"和"本"不同，就带来组织的领导、管理者对组织和个人的使命、职责的不一样的思考。因此，要明确问题化学习视角下的学校使命，我们就有必要探讨学校作为组织，其"根"和"本"究竟是什么。只有这样，我们才能建构起学校组织发展的问题系统，才能基于问题化学习建构起新的实践模型，才能持续地汲取时代的力量，走进学校教育改革和实验探索的新天地。

1."发展人"是学校组织的"根"和"本"

学校教育的根本任务是立德树人，这就决定了它与其他组织最大的差别，因为"人"既是学校组织建设与发展的要素，也是其目标和归宿。换句话说，"发展人"既是学校组织的"根"，也是学校组织的"本"。

2.学校组织建设是管理和教育的矛盾运动

学校组织建设归根到底是为了育人、发展人，一所高质量的学校，往往管理上科学高效，教育上专业有效。前者有力促进和保障后者发展，后者有效激发和推动前者改进，两者相互促进。两者的矛盾运动，带来的是学校的持续发展和教育质量的持续提升。

3.学校组织建设并不仅是"术"与"法"的改进

学校组织的建设和发展，包括建设怎样的学校、培养怎样的学生、提供怎样的课程、实施怎样的教学、需要怎样的教师、实现怎样的发展等基本问题。

每一个问题又都内含着"是什么、为什么和怎么样"的问题。"是什么""怎么样"给出的是"术"与"法","为什么"指向"道"。"道"就是学校的价值体系,是学校所有教育教学和管理行为所遵循的价值理念和信念信条。如果没有"道"的引领,那么学校的实践很容易陷入"碎片化""条线化",并最终导致教师和管理人员的个人本位、学科本位和部门本位。

4. 价值理念需要通过有层次地转化加以"落地"

"道"之于个体,往往表现为对学校组织发展理念的高度认同并自愿追随;之于群体,则表现为对学校组织在价值基础上所形成的原则、规则的自觉遵守并主动践行。它包括:上位的原则、规则,即组织运行的机制、体制,管理的策略,发展的方式;中位的目标、制度,即组织规划、运行的前提、保障;下位的程序、规范,即群体协作的具体内容、要求、步骤、标准等。学校价值理念要转化为师生个体的自觉行动进而成为师生共同的理想信念,不是一次"事件",而是一个"过程",不是依靠校长的个人理念宣教,而是依靠有层次的逐级转化,依靠整个群体共同参与的行动以及基于共同愿景的学校系统变革与改进,最终形成大家心理与行为上的"契约"。

5. 学校价值理念并不等同于学校文化

价值理念是组织文化的内核,而组织文化是组织变革的重要制约因素。但一个组织有价值理念不等于有组织文化,更不等于有优质的组织文化。从学校优质文化孕育的过程看,学校制度也并不等同于自上而下的强制性的政策、规则,它更是教师在共同价值与愿景基础上的心理与行为契约,是大家为更有效开展协作而形成的共同约定。要让积极的、正确的教育价值观通过组织持续的行动,逐步内化并根植于每一位教师的内心,即使之成为"信念"。事实上,当群体自觉地去坚守这种"信念"时,优质的学校文化就形成了!

二、问题化学习的学校组织建设

李克强总理在 2021 年政府工作报告中指出,"发展更加公平更高质量的教育","努力让广大学生健康快乐成长,让每个孩子都有人生出彩的机会"。对学校而言，"更加公平的教育"不仅意味着要保障学校中每一个学生入学和升学的公平，也意味着要确保他们受教育过程的公平。这个"过程"公平，要求每一个学生在每一门课、每一节课，在学校的每一刻都被充分地发现和支持，即每个学生都有出彩的机会。而"更高质量的教育"，不仅意味着学校要以遵循规律的方式让每一个学生"过得了今天的学业考试"，也要以高度负责的态度让每一个学生"赢得明天的人生大考"，即每个学生都"双基"扎实、能力出众、素养全面。因此，发展"更加公平更高质量的教育"是学校教育改革进入"深水区"的"集结号"，是学校实施改革"攻坚战"的"冲锋号"。它意味着学校组织建设与发展必须走出"守成守旧""小修小补"的思维惯性和实践窠臼，以新的价值理念和实践模型重塑、重构学校整个教育系统。

1.建构新的组织发展逻辑

一直以来，由于我国中小学校长产生和任职要求的特殊性，很多基层学校管理者在任职之前缺乏组织管理或是教育管理方面的系统学习。因此，他们往往会首先从自身学科专业出发，聚焦教育教学，以经验的方式展开组织建设，开展学校管理，形成如图 12.1 所示的实践模型。从专业发展的视角看，处于不同阶段的校长基于这一模型的实践，其系统性存在明显差异。一般而言，越是新手校长，其行为上局部的、碎片化的特征越明显，表现为学校发展主要以任务来驱动，不同任务在价值目标、行动方式、质量标准等方面缺乏一致性甚至逻辑上不能做到自洽。我们最常见的，就是学校办学理念与学校实际行为缺乏关联性，组织管理呈现以"任务"为中心的星状散射形态。事实上，这也导致了管理者管理上的"首鼠两端"，形成了所谓的"管理型"和"专家型"两种行为风格。

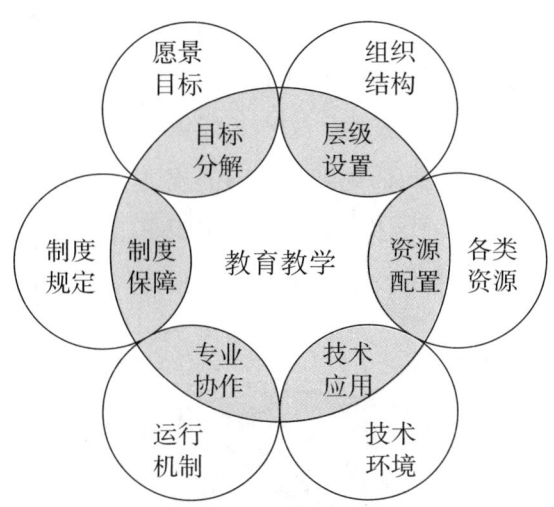

图 12.1 任务驱动的管理模型

而问题化学习有助于在学校组织建设和发展方面确立这样几个基本观点。首先，学校中的人，不管是管理者、教师还是学生，都需要学习，并且只有通过学习才能实现发展、不断发展。因此，学校是一个由学习者"以学习为中心"组成的协作群体。其次，"以学习为中心"，归根到底是解决管理者、教师和学生学习的动力问题、毅力问题和能力问题。而解决这三大学习问题，实现彼此"协作""协同"，其"交点"或"交集"就是"问题"。因此，"以学习为中心"的学校管理，必然是问题导向的管理，组织的"学习"必然是"问题化学习"。再次，学校中不同学习者的问题一定不一样。因此，从问题解决来说，问题化学习的首要原理是在不同情境和任务下，不同学习者基于各自的问题展开协作和交流，聚焦有共识的核心问题并一起解决问题。最后，策略的执行与方式的运用又依赖于学校全体成员对学校价值理念的认同和坚持。因此，问题化学习的学校组织建设，必然是价值体系设计优先，以学习为最大公约数的学校整体变革。

由此，问题化学习的学校，建构起了与以任务为中心的学校不同的组织建设与发展逻辑，即构建了由"价值""规则""样态"三个关键词构成的螺旋上升的实践闭环（见图 12.2）。价值是问题化学习学校的"理念系统"，是学校各类行为的"底层算法"，是所有组织管理行为和教师教育教学行为产生、检验和迭代的起点、标准和基点。规则是问题化学习学校的"操作系统"，是在理念系统基础上，基于协作而建立的各类运行机制与保障制度。因此，规则不以控制为诉求，而是为了更好地"激活"和"连接"。样态是问题化学习学校的"视觉系统"（界面），是在价值和规则基础上所呈现出来的学校教育全要素的内容，包括可见的行为、活动、环境、技术、文本、标识等。共同的价值转化为共同的目标，共同的目标转化为共同的规则，共同的规则驱动紧密的协作，紧密的协作激活并连接个体的创造，个体的创造成就组织丰富而多样的形态，并实现群体和个体的持续发展，持续的发展又进一步增强群体对价值和规则的认同，最终形成共同的信念。

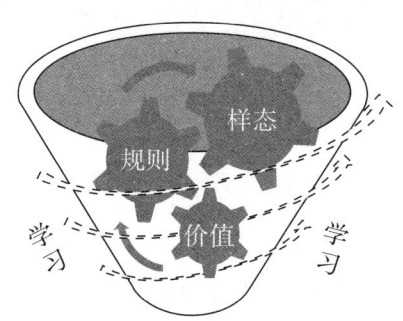

图 12.2　价值驱动的管理模型

2. 建构新的组织结构形态

组织形态是指由组织中纵向的等级和沟通关系、横向的分工及协作关系而形成的一种无形却又相对稳定的组织架构。它反映的是组织中不同成员的身份、权责、分工，以及在此基础上形成的分工和协作体系。组织形态既取决于组织自身的性质目标，也与组织建设与发展的价值理念息息相关。

从学校管理与组织建设的主体维度看，问题化学习的学校总体上呈现出"交叉－耦合"的组织形态（见图 12.3）。在这一结构中，"发现、支持和成就不一样的学习者"是价值核心，即"算法"；从这一价值核心出发，建构形成"以学生的问题为起点、以学科的问题为基础、以教师的问题为引导，以学习为中心，'三位一体'问题解决"的底层"模型"；从这一实践模型出发，确立两大控制原则和四个行动要点，即"动车式发展""魔方式管理"和"激活、连接、沟通、传递"；基于上述原则和要点，系统建设以"自教育（学生）、自驱动（教师）、自迭代（学校）"为主要特征的现代学校教育整体内容和面向未来的问题化学习者学习社群。

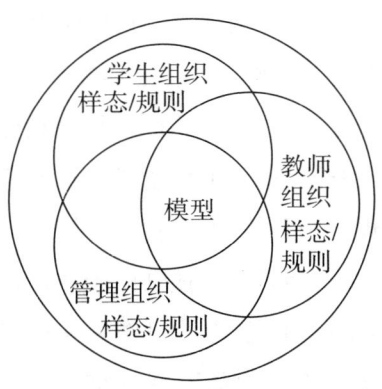

图 12.3　主体维度的结构形态

从学校管理与组织建设的内容维度看，它呈现的形态如图 12.4 所示。在这一结构中，"发现、支持和成就不一样的学习者"是价值核心，也是其逐步形成理念文化、构建价值体系、实施价值领导的原点；从原点出发"生发"形成其他管理要素，包括目标、制度、组织和任务四大内容体系。贯穿四大内容体系建设的是同一个实践模型，即"以学生的问题为起点、以学科的问题为基础、以教师的问题为引导，以学习为中心，'三位一体'问题解决"。基于此模型，形成不同内容体系的"控制"，如"基于'三全'，即全员（学生、教师、管理者）、全面（五育并举）、全时空的目标体系建设""基于激活、连接的制度体系建设""基于耗散结构的组织体系建设""以学习为中心的任务体系建设"等。在此基础上，再具体化为各子系统的实施内容，即文本的、行为的"界面"。

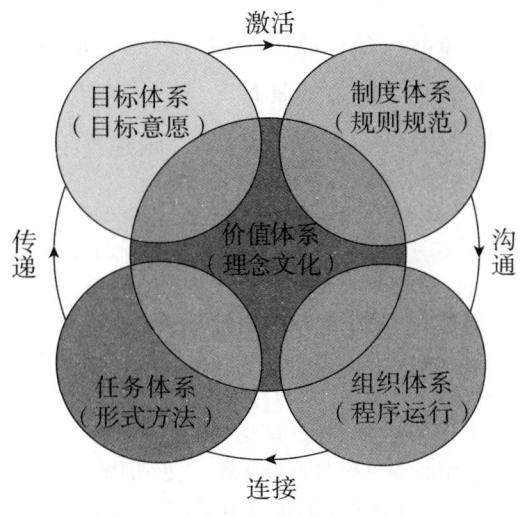

图 12.4　内容维度的结构形态

从学校管理与组织建设的运行维度看，它呈现为"耗散"的结构形态[①]。问题化学习提出并强调"系统"的概念。它把学校教育视作一个大系统，把学校教育中的各要素内容视作子系统，按照不同的维度划分"价值体系、目标体系、制度体系、组织体系、任务体系""组织管理、课程教学、队伍发展、教育科研""行政管理、学部管理、项目管理""德育、智育、体育、美育、劳动教育"等等。问题化学习作为一种"能量"，"搅动"子系统，促使子系统发生"涨落"并实现"自组织"。与此同时，问题化学习作为一种"联结"，又"耦合"了不同的子系统，随着时间的推移（"物质"持续交换），最终实现"协同"和"共振"。因此，问题化学习促进学生认知能力的发展和学校办学品质的提升，并不仅靠单一子系统的发展和自组织，还依赖于系统间能量和物质的持续交换。也就是说，当学校所有的人都是问题化学习者，学校成为一个问题化学习者社群的时候，远离平衡态的"相变"就发生了。问题化学习努力实现的是远离平衡态的新的稳定有序的结构。

总而言之，学校变革首先是教师与管理者心智模式的重构，改革成功的关键是价值体系的重塑和共同信念的形成；提升学校组织效能应该关注教育和管理的道德伦理；学校变革归根到底是一个开放系统下的复杂性互动，它注定是一个过程而不是一次事件，而校长需要的是坚定的信仰、信念、信心以及持续的学习。

3. 建构新的组织运作机制

问题化学习学校"耗散"结构的组织运行形态，形成的是一种类似"魔方"的组织运作方式，实现的是"魔方式管理"。此处"魔方"暗喻学校组织运行这一"大系统"，"魔方"中的每一个"小魔块"，则是这一大系统中的"子系统"。

---

① 耗散结构理论由布鲁塞尔学派的伊利亚·普利高津教授创立（他因此获得1977年诺贝尔化学奖）。它研究的是一个系统从混沌向有序转化的机理、条件和规律。该理论认为，一个远离平衡态的开放系统，在外界条件变化到一个特定临界值时，通过涨落发生突变，即平衡相变，就有可能从原来的混沌无序状态转变为一种稳定有序的结构。这种结构必须与外界交换能量和物质才能维持，所以称为耗散结构，即它是一种远离原有平衡状态，系统重新形成的稳定有序的结构。这一理论突出了非平衡、非线性、不稳定性和对称破缺的重要作用，指出了恰恰是非线性和非平衡，使物质产生并具有了高度的灵敏性，从而表现出宏观的秩序并演化出多种多样的自组织状态。

就问题化学习而言，"魔方"的魅力不在于看到预期的"结果"，而在于体验不变中又有万变的复原过程。学校组织运行就像是"小魔块"基于规则的有序灵活转动，最终实现学校系统"大魔方"的良好运行与优质生态。从目标来说，它实现每一个个体"被激活"，每一个个体"被连接"，在"规则"照耀下"灵活运转"、自由生长。从结构来说，一个"大魔方"是由一个个"小魔块"组成的，无论"大魔方"还是"小魔块"，都有三条"轴"，分别是"价值、制度、行为""课标、课程、课堂""管理者、教师、学生"和"时间、空间、技术"；而"小魔块"是"大魔方"的细化，如"价值分解为目标价值、过程价值、结果价值，分解为个体价值、团队价值、连接价值，分解为学校价值、社会价值、家庭价值""制度分解为基础性制度、程序性制度、支持性制度，分解为学生发展制度、教师发展制度、学校发展制度，分解为课程管理制度、教学管理制度、人力管理制度，分解为资源管理制度、信息管理制度、项目管理制度"，以此类推。无论"大魔方"还是"小魔块"，其中央都是"学习者"，即"学生、教师或管理者"，它们运转的规则是"发现、支持和成就"。因此，"魔方式管理"就是以问题为导向，以学习为中心，以发现、支持和成就不一样的学习者为规则，以贯彻落实各级各类目标要求为前提，以实现"自转"和"公转"协调推进为目标的学校组织管理。

"魔方式"组织运作和管理，实现了学校"动车式发展"。"动车式发展"，从目标来说，它体现为个体/局部能够自我驱动，整体/系统能够有力带动，在目标、行动一致的情况下，协调、快速、优质发展；从内涵来说，它体现为学校发展不再只是由校长或管理团队来推动，而是在共同的价值、目标、规则基础上，由学校中每一个部门、每一名师生自我驱动、彼此触动和系统推动。它的原理类似于动车组列车，也就是区别于传统的依靠一个火车头来驱动，方向、路线和速度完全都由火车头决定的火车，它的每一节车厢都拥有动力，尽管火车头依然重要，但列车的方向、路线和速度等更多依靠"共同的约定"（操控系统）确定。它的平稳快速运行依赖于优异的系统、良好的动力。因此，所谓"动车式发展"，是指以"魔方式管理"为基础，以"自我驱动""彼此触动""系统推动"为动力，实现学校教育各要素以及各要素组成元素协调发展，以学习者个性发展、充分发展、协调发展和快速发展为目标的学校发展方式。

总之，学校组织是一个极为复杂的教育系统、社会系统和生态系统，组织建设并不是简单的内部改革与改进行为，它是一个"从开放、在开放、到开放"的体系性建设过程。它需要在价值、目标、结构、制度、任务以及人员、技术、环境等多维度、多中心上做深入分析和通盘思考；同时，基于学校内外部环境，做好风险预测，明确变革方向和要解决的问题，与全体利益相关者构建共享愿景，通力合作去策划变革并持续推进变革。

第二节　问题化学习视角的学校使命

学校发展旨在让每一个学习者都能有出彩的机会并成为最好的自己。它不应是冰冷的数据，不应是冷漠的脸庞，不应是管理者实现个人功利抱负的"垫脚石"，不应是教师掩饰自己能力不足的"遮羞布"。学校发展应该是人的发展，应该是遵循规律的发展，应该是有温度的发展，应该是允许差异的发展。

因此，学校教育归根到底是发现、支持并成就不一样的学习者。而学校中的学习者不仅仅是学生，也包括管理者和教师自己。没有发现、不去发现，就不会真正了解、理解教育和管理的对象，当然也包括我们自己；就不会真正理解并敬畏学生、教师和教育。细心发现是充分支持的前提，充分支持又是成就的基础，发现、支持和成就对己也对人，它既是一种理性的精神，也是学校教育的应有之义。

一、发现、支持和成就不一样的学习者

如果我们把学校视作一个学习社群，那么"发现、支持与成就不一样的学习者"就是以学习为中心，以学习者充分发展、个性化发展、连接式发展、共同发展为目标，涵盖学校所有教育领域和管理要素的发展方式与实现路径。它

体现出以下四方面的特征。

1. 结构自优化

结构自优化是指学校建成问题化学习者的优质学习社群。它建设的关键是让"发现、支持和成就不一样的学习者"的问题化学习理念转化为大家共同的信念，让管理者、教师和学生成为平等的问题化学习者。事实上，不同导向的组织管理总是匹配不同的组织结构，例如目标导向和结果导向的管理匹配的是层级化的组织结构，问题导向的管理匹配的是扁平的、耦合的组织结构。学校管理并不能以单一的效率或公平为目标，实现两者平衡的最佳方式是不同主体能够基于共同的愿景目标，聚焦问题解决，主动变换角色，主动调整关系。这也正是问题化学习的"算法"与"模型"之于组织结构优化最大的价值所在。

2. 活动自组织

活动自组织的特征是"三位一体"问题解决成为管理者、师生的行为习惯。此处的"活动"泛指学校中所有的教育教学行为及其运行机制、组织方式等。活动自组织既需要也体现为学校中的每一个人具有强烈的主人翁精神和合作能力。同时，它也是实现学校有限的人力和物质资源最佳配置，充分发挥每一个个体创造能力的有效路径。它建设的关键就在于管理者、师生持之以恒的问题导向，"三位一体"问题解决的思维和能力训练。学校发展不再只是管理者的意愿，组织管理不再只是管理者发现问题、制定方案和组织实施，而是在共同愿景目标下，全体成员聚焦问题解决的主动担当、自主设计和彼此合作。

3. 行为自升级

行为自升级是指学校的每一个个体都成为问题化学习者。问题化学习是一种学习方式，但它又超越了学习方式。这是因为，问题化学习对"问题"和"学习"有着本体论、认识论和方法论的全面思考和系统建构。它最终指向的不是学习者的行为方式，而是学习者的主体精神。因此，学习者问题化学习力的提升，归根到底依赖于其主体精神的形成与培育，即成为一名真正的问题化学习者。行为自升级，对学校组织建设来说，关键在于根据问题化学习者的培养目标、内容和标准，去引领和发展学校中的每一个人。

4. 系统自平衡

系统自平衡是指变革成为学校全面、协调和可持续发展的动力源泉。无论是课堂、课程还是组织管理、队伍建设，问题化学习的首要原理都意味着对原有的系统秩序的"破坏"，即从原先的"稳定有序"到"失控无序"。但没有"破"就没有"立"，没有"大破"就不可能"大立"，问题化学习正是通过打破旧秩序，来重构新模型，以此帮助管理者和教师走出知识的"安全区"，实现更高水平的发展。因此，系统自平衡的关键就是让"变"和"革"深植于管理者和教师的心中，并通过实践来持续增强他们的幸福感、成就感和获得感，以此获取变革的动力和信心，让问题真正成为教师持续发展和学校持续进步的资源，让学校组织这个大系统实现从"失序"到更高水平"平衡"的螺旋上升。

二、培养面向未来的问题化学习者

1. 价值取向

坚持立德树人，培育学习者的理性精神与综合素养。基础教育的基础是成人。教育部印发的《关于全面深化课程改革落实立德树人根本任务的意见》指出，"立德树人是发展中国特色社会主义教育事业的核心所在，是培养德智体美全面发展的社会主义建设者和接班人的本质要求"。然而，"当前，高校和中小学课程改革从总体上看，整体规划、协同推进不够，与立德树人的要求还存在一定差距。主要表现在：重智轻德，单纯追求分数和升学率，学生的社会责任感、创新精神和实践能力较为薄弱"。"发现、支持和成就不一样的学习者"，其背后的价值取向就是培养具有现代理性精神的人，具有理性精神的人不是"完美的人"，但一定是"完整的人"。金生鈜教授在《教育为什么要培养理性精神》一文中指出，理性是在人的生活中生成的一种基本的精神，为生活提供一种具体的指导，提供一种约束性的目的。① 一个具有理性精神的人可能不是全面发展的人，可能不完美，但他是一个能够在现实中理智判断、合理选择、从事伦理行为的人。然而，当前教育过多的形塑和强制，正在让学生失去理性，从而导致个人无法确立生活目的、实现责任担当和道德自律。

---

① 金生鈜. 教育为什么要培养理性精神 [J]. 教育研究与实验，2003（3）：12-16.

尊重个体差异，聚焦学习者自我驱动与自主设计。自现代学校制度建立起，"效率优先"一直是班级授课的基本价值取向。然而，它在极大提升教学效率的同时，却忽视了教育的本原和公平。就人的发展而言，它使学生学习的主动性、独立性、创造性、实践性，特别是学生个体的差异性被严重削弱；就教育公平而言，它使"差异"成为学校、教师眼中的包袱，使学生无法享有充分的过程公平。"发现、支持和成就不一样的学习者"，就是尊重每一名学生独特的生命价值，使之公平地获得学习与受教育的权利。因此，学校教育的价值与使命就在于努力地去发现进而不断改进我们的支持系统。这一系统以尊重学习者的个体差异为前提，以提高学习者的根本动力为出发点，以培养学习者终身学习和可持续发展的能力为聚焦点，注重学习者个人"新知识"的"创生"，努力让每个学习者的个性、特长和潜能得到最大限度的发挥，让不一样的个体都享有充分的过程公平，都能成为最好的自己。事实上，这一价值取向，突出强调了人在学习中的差异性、自主性、能动性和创造性，它也是学校教育自适应的前提与基石。

遵循发展规律，实现学校内涵式发展。"你要好好学习"是教师最常教育孩子的一句话，但教师自己却又把"学习"的概念窄化为"会不会""能不能"，鲜少考虑"愿不愿""真不真""久不久"。于是，学校评价都简单地与分数画上等号，好学生等于好分数，好教师等于好分数，好学校等于好分数，好校长等于好分数……。习近平总书记在党的十九大首次提出新时代中国特色社会主义思想，明确了生态文明建设等"五位一体"的总体布局。生态发展就是内涵式发展，也就是以事物的内部因素作为动力实现可持续发展。"发现、支持和成就不一样的学习者"，就是要让学习首先建立在动力（自我）系统的激发基础上，从"愿"和"真"出发，通过积极的学习体验，让学习者学会规划、调控学习过程，自构问题解决路径，最终获取知识、发展能力。在这一前提下，学习不仅是一种向外的求知，也是一种向内的觉醒；不仅强调基于个体差异的外显学习，也强调学习者非注意状态下知识、规则与行为方式、技能等的内隐学习。学习的结果不仅仅是获取客观的知识，也是提升自我的认知，更是培育主体精神，使学习者成为理性而积极的终身学习者。因此，它是遵循学习规律和学生的身心成长规律，兼顾当下与未来，摆脱了功利却又能满足各方需求的学校质量提升新方式。

2. 目标追求

（1）培养目标。

《国家中长期教育改革和发展规划纲要（2010—2020年）》提出，"坚持以人为本、全面实施素质教育是教育改革发展的战略主题"，"重点是面向全体学生、促进学生全面发展，着力提高学生服务国家服务人民的社会责任感、勇于探索的创新精神和善于解决问题的实践能力"。事实上，问题化学习所突出的"尊重差异""立德树人"，所聚焦的"理性精神""综合素养"等，正是这一战略主题和目标重点的具体化。由此，问题化学习以贯彻国家教育方针、落实立德树人任务、实现教育公平为前提，提出"培养面对未来社会具有理性精神和主动适应能力的终身学习者"的培养目标。它具体体现为学习者对未知满怀好奇、对真理保持质疑、对实践勇于创新、对他人充满热情、对未来主动适应。

"对未知满怀好奇"意味着学习者对未知世界始终充满好奇心，对学习始终保持热情，知晓知识的丰富内涵，懂得学习的真正价值，掌握有效的学习方法；"对真理保持质疑"意味着学习者具备清晰的自我认知、独立的思考见解、大胆的质疑反思，知晓善恶美丑，懂得人格尊严，能够辩证看待事物；"对实践勇于创新"意味着学习者对生活始终充满热爱，对劳动者始终保有尊重，掌握必要的劳动技能，知晓实践是获取真理的根本途径，并能够创造性地开展实践；"对他人充满热情"意味着学习者知晓公共生活的规则与个人应有的道德表现，能看到他人的长处与不足，尊重他人的意见和选择，诚信守约、真实坦诚、平等交往，愿意通过积极参与与担当来服务和帮助他人；"对未来主动适应"意味着学习者能够主动地自我管理，包括管理身心、时间、劳动与学习等，能够对自我成长与社会发展保有积极而正确的判断，学会明智地选择具体的行为，能够恰当地处理生活事务，勇敢地面对并努力解决复杂问题。

（2）实现路径。

纵观人类社会，无论是思想的发展史、社会的进步史，还是科学的发现史、技术的革新史，无不是在不断地发现新问题中解决问题，又在解决问题中发现新问题。而对于每一个独立的个体来说，"对未知满怀好奇、对真理保持质疑、对实践勇于创新、对他人充满热情、对未来主动适应"，正是在基于问题的向外求索中获得的适应未知变化与未来社会的能力和品质，同时他们又在不断的自我追问中追寻自己的精神家园。问题化学习突出了学习者基于学习的行为发生、发展到结束的持续变化的过程，内含着学习动力、过程方法和学习结果三个层面的操作要求与实现路径。具体而言，它通过发展学习者问题的发现力、建构力、解决力、反思力和问题化学习的设计力，来实现培养"面对未来社会具有理性精神和主动适应能力的终身学习者"的目标。

本 章 小 结

培育问题化学习者，需要建立以学习为中心的学校组织管理，就是学校教育的一切要素要服务于学习者的学习，实现学生的自主学习和负责任学习，包括建立以问题化学习为中心的价值系统、制度系统与行为系统，建构"价值驱动"的组织模型，实现"自我驱动""彼此触动""系统推动"的组织管理与运行。

第十三章　问题化学习的学校任务体系建构

学校任务体系是学校组织管理中具体的课程教学改进以及与之相适应的技术迭代和环境建设等内容的总称。它指向实现学校内涵式发展，体现学校组织教育性本质的核心内容。就问题化学习而言，它是指学校中的管理者和师生围绕课程教学、德育建设、队伍发展、现代信息技术应用等专业领域，在问题化学习这一"交汇点"上的内容任务和具体行动。

第一节　成就"自教育"的学生

有学者认为，当前"五育融合"在学校层面推进还存在五大难点，即"融合日常"难、"融合机制"难、"融合评价"难、"融合主体"难、"融合生态"难[①]。事实上，我们也许会"尴尬"地发现，如果不融合德育，似乎没有那么难。我们眼前似乎出现这样一幅画面，"五育"中，其他诸育"相亲相爱"，而德育却"形单影只"。这也正是今天学校德育最大的尴点和痛点，即"德育为先"一方面让学校德育受到前所未有的重视，学校德育体系化建设越来越完

---

① 李政涛，文娟．"五育融合"与新时代"教育新体系"的构建［J］．中国电化教育，2020（3）：7-16.

325

善；另一方面它又使德育越来越"封闭"，越来越变成独立于其他诸育之外的师生的额外"任务"。学校德育的要求和活动越多，在别人看来就越"多事"，很多德育管理者感觉自己只有在帮助处理突发事件、协助教育行为偏差生时"才被需要"。

一、首要原理：建构新的德育逻辑

问题化学习认为，道德是一种自然选择而不是外在形塑，德育的最终目标是让学习者未来选择更为道德的生活。道德的养成本质上是学习的结果，德育就是"教"与"学"互动的过程，也就是"三位一体"问题解决的过程。因此，德育并不是需要渗透于其他诸育的独立的学科和领域，当德育与其他诸育都以学习为中心，都基于同一个底层结构开展的时候，学校"五育"也就自然实现了并举和融合。对于德育来说，问题化学习的"首要原理"恰恰遵循了学生道德养成的基本规律，也破解了学校"五育融合"在实践上的难题。

二、"自教育"的学生：建构新的德育实施体系

"自教育"即"自我教育"，广义上是指受教育者以一定的世界观、方法论为基础，认识主观世界，教育自己的全部过程，通常也称自我修养；狭义上是指德育的一种方法，即自我批评。问题化学习的"自教育"是广义上的"自我教育"，也就是个体（也包括群体）为获得自身的全面发展，主体和客体合二为一的自我认识和自我改造的社会实践活动。

基于问题化学习的德育，既强调了学校、家庭和社会等外部影响在学生良好德行养成中的必要性和重要性，也强调了学生自我教育在价值内化、信念生成中的关键性，并且突出后者，即把自我教育置于外部教育之上。同时，问题化学习还提出，真正内化为恒定价值观并自然外显的良好德行，最终来自学生对自我的认知与自然的选择，而学校德育，归根到底是要成就能实现自我教育

的学生。由此，问题化学习把"自主选择"作为学校德育设计、实施和评价的起点，让个体道德行为的发生，建立在自我"价值判断"和"自主选择"的基础上，从而切实避免把德育简单化为宣传说教。这一体系主要包括目标体系、规则体系、内容体系、方法体系和评价体系（见图13.1），涵盖德育目标（应然目标和实然目标）、德育场景（学科学习和真实生活）、德育方法（问题化学习和躬行实践）、德育过程（"三位一体"问题解决和个体主动反思调控）、德育结果（知行合一和自我教育）。基于问题化学习的德育，基于应然和实然的德育目标，实现了教育外部影响与个体内部选择的统一，让道德不再是外在的知识概念或不可实践的美德；基于学科学习和真实生活的德育场景，重新构建了学校德育的实施路径，让德育在全时域、全场域中发生；基于问题化学习和自我躬行实践的德育方法以及"三位一体"问题解决和自我反思调控的德育过程，让德育不再是学生被动地接受教育，而是在"五育融合"下主动地学会认知、学会学习、学会共处、学会做人、学会改变；基于知行合一和自我教育的德育结果，让德育评价指向学生自我效能感的增强而不是外部规则标准的执行，更不是纯粹的学业表现，即德育是为了让学生变得更好，让他们知道怎样能够成为更好的自己，而不是甄别优劣。

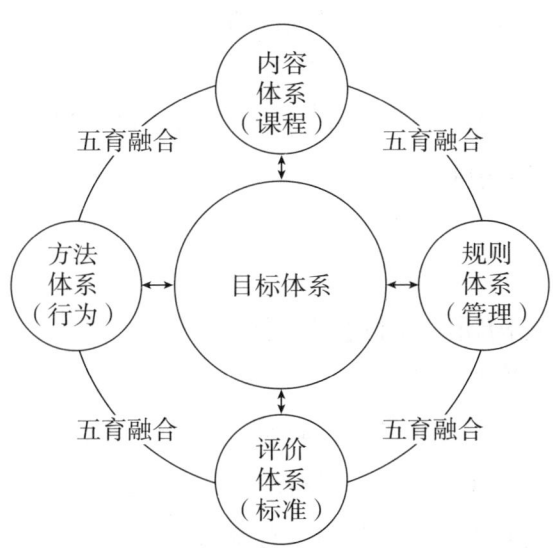

图 13.1　校本德育体系

第二节 建设"自适应"的课程

在课程建设方面，问题化学习提出建设"自适应"的课程。通过建立并实施课程首席领导制，在贯彻国家课程的基础上，赋予课程组专业的自主权；通过学校课程体系建设"三原则"，打破知识领域、学段、时空、教与学方式等的壁垒；制定个性化"学程"，实施自主学习，实现学校整个课程体系的"自生长"；通过改革课程实施方式、学生选学方式、课程评价方式，真正做到发现、支持和成就不一样的学习者。

在课程实施方面，问题化学习提出实现"自建构"的学习。通过对"问题化学习者"培养目标和"问题化学习力"学习目标两大目标体系的分学段、学科的层层分解、具体化，让每一节课的教学都建立在对"双重任务"的设计和落实上；通过问题化学习"首要原理"和"核心特征"学科化、系统化和协同化建设，让不同课程在坚持各自学科规律的基础上，形成共同的价值规范，协力构筑起保障两大目标体系有效达成的学校教育生态；通过"小金猴论坛""小学期课程""个性化学程"，让学生学会自主设计自己的问题化学习，有效实现学习在全时域、全场域中的发生。

一、首要原理：建构新的课程教学逻辑

首先，学习不再是从确定的学科问题出发，而是从复杂情境中学习者发现和提出学科问题出发；不只是解决学科问题，获得确切答案，而且把这一结果通过解释变成结论并进而对情境做出具有说服力的评价。显然，从学校课程教学变革来说，基于"问题解决"去重构实践的逻辑和结构，既是目标方向，也是要求任务。其次，从学科走向学习，从知识技能获得走向学科素养发展，更

加依赖学生的主体参与、主动参与。这也意味着，如果不能让学生成为学校课程教学的主体，忽视学生"个性化学程"的建设和自主学习的开展，那么不仅不足以落实新课改要求，也不可能真正升级学校的课程，不可能真正满足学生个性化学习的需求，不可能充分支持学习者的全面而有个性的发展。最后，从情境出发回归到情境的学习，离不开学科学习，离不开系统的学科知识和技能的获得，但它又不止于学科学习，也不是学科知识与技能的简单运用。它一定还需要跨学科、真实情境下的问题解决，因此，学校课程教学的"升级"必须走出分学科建设与实施的窠臼，用问题去连接学科，让学习融通学科。也只有这样，学校整个课程教学管理体系才能真正具备升级的可能。

二、"自适应"的课程：建构新的课程实施体系

所谓"自适应"的课程，是指学校课程体系能够充分支持学生个性化学习和发展的需求，并且能够根据学习者需求的变化，自动地调整课程内容、实施方式和进程等，使其与学习者的学习基础、能力和需求相适应，实现课程最大的育人价值，取得最佳的实施效果。

基于问题化学习，建构"三位一体"问题解决的校本课程体系，以"学会学习"和"问题解决"为主线，即课程不再仅要求学科知识和技能的获得，更要求学科素养和问题解决能力的发展；课程不再只是自上而下的学校"供给"，更是学生基于个体学习和发展需求的自我"生产"；课程不再只指向"知识"的分领域、分学科的拓展，更聚焦"学习"的跨领域、跨学科的重构。学校课程行动（包括课程建设、实施和评价等行为）的主体不应只是教师，还应包括学生；课程实施的场景不应只在课堂、校内，应该是学生所有学习和生活的场景。在校本课程体系目标的制定上，不仅包括学科课程标准的规定，还应该包括校本层面对学生学习力的界定；在内容和资源建设上，不仅包括国家规定的课程内容，还应该包括学生基于个体需求，以问题解决为主线"自生产"的内容；在教学方式上，不仅包括分科课程教学，还包括并应该突出跨学科、综合课程的教与学；在评价方式上，不仅包括教学评价，还应该包括更丰富的各类课程评价。

第三节　发展"自驱动"的教师

在教师发展方面，问题化学习提出发展"自驱动"的教师。通过建立并实施学术休假制、学科工作坊制，让专业成长和自我实现成为教师自然的价值追求和最终的职业目标；通过实施基于问题化学习的"闻道、问道、有道"计划和论坛，设计并推进教师"专业知识生产"行动，让处于不同职业发展阶段的教师都能找得到自己的起点和方向，获得属于自己的平台和舞台；通过聚焦问题化学习的"教学五环节"协同探索，切实优化课堂教学方式，扎实提升课程实施品质和课堂教学质量；通过着力推进现代信息技术、智能技术、大数据挖掘技术等的融合应用，建设"数字化问题化学习中心"，努力实现为未来而教、为未来而学。

一、首要原理：建构新的教师队伍建设逻辑

问题化学习着力解决学习者学习的动力问题（动机系统）、毅力问题（元认知系统）和能力问题（认知系统）。校长领导课程教学，就是借助课程，以学习为中心，去建构一个生态优质的学习者社群，努力提升学生、教师和管理者的"学习力"，既解决学校现时改革和改进的关键问题，也解决学校未来可持续发展的基础问题。因此，以学习为中心同样也是问题化学习教师队伍建设的"基点"。那么，从这一基点出发，怎么提升教师的学习力呢？答案是："三位一体"问题解决！也就是令队伍建设和教师专业发展始终聚焦并紧紧围绕学校情境下真实的教育教学问题的解决，而非简单地基于教师在职培训目标要求的理论学习、学历提升或学分累积。那么"三位一体"问题解决，又怎么实施呢？答案是：贯彻问题化学习"首要原理"，即以教师的发展问题为起点，以学校的改进

目标为基础，以管理者的有效作为为引导。教师的发展问题既包括专业发展需求的问题，也包括专业发展障碍的问题。就教师队伍建设来说，学校改进的目标既包括对学科队伍等整体发展的前瞻思考，也包括对其分层分类、有差异发展的具体设计。管理者的有效作为既包括管理者在对教师问题、学校问题理解和把握基础上的亲身实践，以自身的"问题解决"去引领指导和示范辐射，也包括管理者基于专业的认识和思考，有效整合教师和学校的问题，去规划设计高质量的队伍建设方案，甚至具体的校本研修方案。显然，这一队伍建设的逻辑起点不是管理者"要做什么"，而是教师"需要管理者做什么"，管理者的聚焦点是促进学习而不是完成工作，队伍建设的最终目标是有效解决教师个体和群体发展的动力问题、毅力问题和能力问题。

二、"自驱动"的教师：建构新的教师专业发展路径

所谓"自驱动"的教师，是指学校教师无论是个体还是群体，在实践改进和专业素养、技能的发展方面，都能体现"不待扬鞭自奋蹄"。就教师学习的三大系统来说，表现为动力上的"自燃"，毅力上的"自主"，能力上的"自强"。

自燃——行为改进。在教师队伍建设的目标上，问题化学习要求让教师的专业发展从"点燃"走向"自燃"，也就是说"点燃"是初始状态，"自燃"是最终目标和理想特征。打造"自燃"的教师，意味着学校管理者要有主动"发现和提出问题"的能力。首先，对教育改革要足够敏感，对学校发展要有洞见，要结合两者去积极思考教师会面临和正面临哪些问题，学会判断和分析哪些是重点问题，哪些是核心问题；其次，要珍视教师的问题，把学校的问题"隐藏"其后，管理者要时常提醒自己，教师的问题有没有被及时发现，学校的问题有没有被充分理解，要在两者的基础上发现教师专业发展的共同需求，并通过实践来满足这种需求；最后，要全程、全身心地与教师一起参与问题解决，要主动发现和追问问题，要对教师的改进行为始终保持宽容和赞赏的态度，对教师的创新创造给予及时而积极的评价。总而言之，从"点燃"到"自燃"，从个体

到群体，是一个营造改革氛围、形成改进共识、集聚变革动力的过程。而以学习为中心，基于"首要原理"的"三位一体"问题解决不仅为目标实现提供了可能，也为行动的深度开展奠定了基础。

自主——发展设计。"自驱动"的教师是具备发展"毅力"的教师，能够主动规划个人专业发展，能够主动调控发展的过程，能够主动评估和反思发展的质量。这也意味着，对于从事问题化学习的教师而言，持续的改进和反思应成为一种职业习惯和行为方式。从"他主"到"自主"，要求管理者有系统建构问题的能力。所谓"系统建构问题"，就是管理者把影响教师自主发展、自主设计、自我调控、自我反思等的问题加以全面而系统的考虑，通过建立和完善各类机制，持续增强教师个体和群体主动发展的意识和能力。具体而言，它至少包括这样几个方面：首先，保障专业发展设计自主性、真实性的机制。实践中我们时常会发现，很多学校也要求教师进行个人专业发展规划，但教师通常走过场，文本常常格式化、空洞无物。这些学校的管理者通常把这一问题归因为教师个人发展的意愿和动力不足。事实上，更深层次的原因也许在于长期以来教师发展的需求被忽视，对教师专业发展的支持不充分。也就是说，管理者并没有建立有效的"三位一体"问题产生和解决的机制，进而去发现问题、凝聚共识和满足需求。其次，保障规划持续、有效实施的机制。要确保教师自主设计的个人专业发展规划有效实施，至少需要三方面的机制。（1）智慧分享机制。建立并完善智慧分享机制是让每一名教师都有"能见度"，让他们能够把想的做出来、把做的说出来、把说的写下来、把写的传播出去。（2）团队合作机制。建立并完善团队合作机制是让每一名教师都有"安全感"，即把"三位一体"的问题解决转化为大家能够一起做事、必须一起做事的工作机制以及一致的目标和标准、共同的任务或工作内容。（3）评价激励机制。建立并完善评价激励机制是让每一名教师都有"获得感"，让他们的每一个主动而积极的创新创造行为被及时肯定，让每一个合理而迫切的专业发展需求获得及时的满足。

自强——品牌打造。从"自燃"到"自主"，是教师个体"问道""明术"和"知法"，从而持续"自强"的过程，也是学校"发现、支持和成就不一样的学习者"理念落地的过程。就问题化学习而言，教师队伍建设的目标并不是让教师成为"流水线"上下来的统一规格的产品，而是让每一个教师成为"不可复制"的独特的艺术作品，即打造形成不一样的教师教育"品牌"。对管理者而言，如果说教师"自燃"需要具备主动"发现和提出问题"的能力，"自主"需要发展"组织和建构问题系统"的能力，那么"自强"则需要提升"问题系统解决"的能力。首先，系统建立可进阶的发展指标。从新手、新秀，到能手、高手，再到首席、正高级教师，每一个阶段有着不一样的要求，每一个阶段教师的专业发展都有可参考的标准、可进阶的路径和可实现的可能。这就要求学校层面系统地建立教师专业发展的诊断和评价体系，明确"称谓"之间的边界和联系，特别是明确每一个"称谓"所指向的核心素养和关键能力。其次，系统开展有差异的品牌建设。在问题化学习中，"品牌"不仅指教师个人，也指学科群体；既可以是"人"，也可以是"事"。因此，有差异的品牌建设，实际上就是基于问题解决的学校整体立德树人任务体系的系统设计与实施。在实施过程中，始终坚持分层、分类指导，始终坚持以学为中心，实现有差异的发展。最后，系统打造能"走远"的信念文化。一所学校能走得远、走得好，关键要素是人，但决定这些人是否"走"，特别是是否"一起走"的关键也许是价值认同。今天，我们都知道建设优质校园文化的重要性，而优质校园文化的实质是信念，也就是学校中的大多数教师拥有共同的、正确的价值观，并且他们愿意坚守这些价值观，最终使这些价值观内化为共同的教育理想。由此，就教师队伍建设而言，就是要聚焦学生和学习，从价值、制度到行为入手，建构形成完整的学校教育支持系统。

第四节　展开"自连接"的合作

问题化学习的独特价值在于它不仅为优化学与教的方式、全面提升学校课程实施质量提供了具体的方案，还为改进学校管理、系统提升组织运行效能提供了相匹配的、一致性的认识论和方法论指导。就校长协调公共关系而言，问题化学习认为，校长通过建立和完善学校、社会与家庭等的合作机制，优化学校改革和发展的外部环境，拓展师生教与学的外部支持，都只是手段而不是目的，它归根到底是为了促进学习者的学习，即提升学习者向内和向外学习的动力、毅力和能力。只有学习，学习者才会有成功的体验，才能具备持续成功的可能性；只有爱学、会学和能学，才算是为其未来的幸福人生奠基。因此，就如美国校长专业标准中提出的，一名校长全部的行为是为了提升每一个学生获得成功的可能性①。事实上，也只有学习，才能为校长作为管理者的内部与外部的职责和行为找到同一个逻辑起点，实现最有效的整合。从这一认识出发，问题化学习"以学习为中心""三位一体"问题解决的策略、路径和方法，又为校长建构新的教育合作逻辑、顶层设计并建构起教育协同的整体实施方案，提供了方法论层面的指导。

一、首要原理：建构新的教育合作逻辑

首先，从"学习"这一行为的终极目标和价值内核出发，校长协调公共关系的本质就是建构一个优质的学习者社群。之前我们在分析社会、家庭和学校教育协同中存在的问题时已经提及，三者协同意愿不强、协同成效不彰的一个重要原因，是三者在目的目标、兴趣需求、内容方法上不能达成或者保持一致。即便大家主观上都认为是为了孩子、为了学生，都在支持、服务和奉献，但这种只有"输出"而没有"输入"，只有所谓的工作"成绩"而没有真正的主体"成长"的协同方式，是难以获得深刻而持久的动力的。因此，真正的教育协同，必须让不同主体具有共同的目标归宿——让学生成为平等的"学习者"，成为积极的问题化学习者，依托"教育协同"共同学习、密切合作、彼此成就和一起成长，这样才能从根本上破解教育协同中的问题和障碍。

其次，从构建优质的学习者社群这一工作目标出发，形成校长协调公共关系设计上的框架主线与行动上的策略重点。第一，从"关系"着手，即建立规

---

① ISLLC standards summary［EB/OL］.［2008-09-07］［2022-12-13］.https：//www.rafaeltejada.com/isllc_standards_summary.html.

则体系。它旨在明确教育协同各主体的权利和义务，界定学校学习者社群内部不同组织成员与外部非成员的身份边界，以增强成员的社群意识，包括归属感和认同感。第二，在"情感"上"着墨"，即密切交流沟通。它旨在增进不同主体间的相互了解，提高不同主体参与"学习者社群"建设的积极性与参与度，强化彼此的情感依赖。第三，在"成长"上"着力"，即丰富与完善"以问题为导向、以学习为中心"的工作内容与共建机制。它旨在提升全社会对学校教育这一特殊社会子系统的价值理解和科学认识，提升学校对教育作为社会大系统的责任理解与使命担当，提升家长对孩子身心成长的理性认识和对家庭教育规律的把握。也就是说，围绕着教育共同的原点——孩子，社会上不同人群都在合作和协同中学习，都在学习中"成长"。

总而言之，如果说教育协同是让不同的主体都有获得感，那么这种获得感一定包括了情感和认知，而问题化学习就是帮助构建起这样一种以学习为中心的基于"情感"和"认知"的教育合作新逻辑。

二、"自连接"的合作：建构新的学校教育合作体系

所谓"自连接"，是指学校的教育合作表现出主体维度上的自觉性、目标维度上的自主性、内容维度上的自发性和方法维度上的自生性。学校教育合作的"自连接"既是基于问题化学习校长协调公共关系的目标，也是其工作的要求与评价的标准。同时，问题化学习也为实现学校教育合作的"自连接"提供了坚实的理论指导和方法保障。

这一体系主要包括价值体系和行为体系。价值体系的构建以"虚实相间"的方式来实现。所谓"虚"，即学校既在各种场合，借各种活动，全方位立体持续地传递学校的办学理念、办学目标，学校教育教学等方面的改革举措背后的科学认识与价值取向，也在具体推进家校合作，实施"三位一体"教育的活动中，对举措、做法等进行更为具体的理念阐释与行动思考。所谓"实"，即学校把家校合作或"三位一体"教育所秉持的理念、价值，转化为具体的制度、规则，转化为具体项目、特定活动等的指导思想、行动策略乃至评价标准，切实

让理念落地。

行为体系的构建主要包括三大方面：首先，确立预期成果，建构形成学校教育合作的目标和标准体系；其次，明确职责边界，建构学校、家庭和社区（包括教育行政部门、政府、社会组织等）参与教育治理和协同合作的规则体系；最后，明确协同内容，建构学校、家庭、社区协同合作的方法和内容体系。

综上所述，在深化教育改革这一大背景下，学校教育越来越离不开社会和家庭的支持与配合。事实上，无论是立德树人任务的落实，还是"五育并举"目标的达成，仅仅依靠学校教育是不可能实现的。因此，让社会、家庭和学校教育"系统开放"，基于共建学习者社群这一理念，在坚持问题化学习首要原理的原则下，持续地"交换能量"，强化彼此的连接，才能真正构建起支持和成就每一个学生的教育大环境，也才能真正产生高质量的教育合作。

本 章 小 结

问题化学习的学校任务体系建设，包括成就"自教育"的学生、建设"自适应"的课程、发展"自驱动"的教师、展开"自连接"的合作。